経営者と会社を動かす

内部監査の課題解決法

公認会計士・公認内部監査人
藤井 範彰 著

税務経理協会

はじめに

　「内部統制」の制度対応がようやく一段落する中で、本来の「内部監査」機能を見直し、高度化しようとする動きが見られます。例えば、海外の大型買収の増加に伴う海外監査の見直しや拡大、不正事件をきっかけにした内部監査の不正対応あるいはコンサル的な価値をねらったテーマ監査や経営監査の取組みなどです。

　その背景には経営層の内部監査への期待が業務やリスクの面で守備範囲を広げるとともに、コンサル的な貢献にも向かうなど質量ともに厚みを増していること、他方、厳しさが続く経営環境の下、内部監査の具体的成果や効率化が今まで以上に求められ、目に見える内部監査の実効性や付加価値、ひいては内部監査の存在価値があらためて問われていることが挙げられます。

　これは、もはや内部監査部門だけで解決できる範囲を超えており、経営層あるいはガバナンスレベルを巻き込んだ骨太の検討と取組みが必要です。

　本書は、内部監査の見直し、高度化に取り組む内部監査人等の実務家及び経営管理者・監査役に対して、内部監査の付加価値向上のために、日本の企業は、「どのような視点で何をどうしたらよいか」という方法を、ガバナンス、人材及びインフラの面から、20の解決策として具体的に提案しています。

《本書の特長》
1. ガバナンス重視：内部監査の使命の管理、本社の間接部署との関係、リスクマネジメントの監査や連携など経営およびガバナンスレベルの対応を重視したこと
2. グローバル志向：グローバルな内部監査の動きを視野に入れ、世界標準の監査体制や手法が意識されるように最新のIIAの指針・ガイド、海外の文献を広く引用し参考にしたこと
3. 日本企業対応型：過去十数年にわたる日本企業の内部監査の支援やコン

サル経験から参考になる企業の成功例・失敗例等を紹介しながら、日本企業で現実に使えそうな道筋を提示したこと
4．実務重視：最も難しく創造力を要するのは制度や基準の議論ではなく実務の展開です。本書では、実務との関連が薄い教科書的な説明や一般論は控え目にし、その分、実務家を悩ませる論点を掘り下げて扱った新しいタイプの実務書です。

　内部監査の入門書があふれる中で、本書は問題解決型のわかりやすい使える実務書をめざしています。本書が内部監査の実効性の向上をめぐる問題点の整理や解決のヒントになれば幸いです。

2012年3月

藤井　範彰

はじめに

第1章　最近の内部監査事情

1　内部監査をとりまく環境　2

- **I** J-SOX作業が一段落―今後は内部監査が課題に ……………… 2
- **II** 内部監査の復活の要請―非財務領域、海外監査など …………… 3
- **III** 厳しさが続く経営環境―内部監査の価値が問われる時代に ……… 5

2　内部監査部門の課題　6

- **I** 本来の内部監査に対する経営ニーズへの対応 ………………… 6
- **II** 内部監査と内部統制との協調と連携 ……………………… 7
- **III** 経済低迷期における取組の検討 ………………………… 9

3　内部監査の進化の方向　11

- **I** 内部監査の守備範囲の拡大―プロセス監査など …………… 11
- **II** 具体的成果（価値）の要請―コンサル的手法の導入 ………… 12
- **III** 目的の拡大―アシュアランスとコンサルティングの整備 ……… 12
- **IV** 多様な監査課題への対応―経営監査の方向 ………………… 14
- **V** 準拠性監査からガバナンス・リスク・マネジメントの監査へ ……… 15

第2章 内部監査とガバナンスの関係を見直す

1 ガバナンス関連の課題 22

I 内部監査が目指す価値について経営層と話ができていない 22
II 内部監査の重点と経営の戦略・方針が連動していない 25
III 企業の組織や風土において、内部監査の立場が弱い 27
IV リスク管理部門と内部監査部門との連携ができていない 32
V 本社機能等にあるほかの部署と内部監査との関係がうまくいっていない... 35

2 ガバナンス関連の解決策 40

解決策1 内部監査のバリューチェーンを作って、付加価値の維持・向上をPDCA化する ... 40
(1) 内部監査のバリューチェーンとPDCAの考え方 40
(2) ガバナンスモデルとしての側面 43

解決策2 内部監査と他のリスク管理機能のタテヨコの関係を整理する 51
(1) 内部監査以外のリスク管理機能を把握する 51
(2) 内部監査と他のリスク管理機能との関係をPDCAを使って考える 52
(3) 全社的リスク管理における内部監査の立ち位置と互いの関わり方を決める ... 55

解決策3 リスク・マネジメントを理解する視点をもつ 56
(1) 2010年COSOの調査結果 57
(2) リスク・マネジメントの捉え方 59
(3) リスクモデルからリスク・マネジメントのミッションを理解する 60
(4) PDCAからリスク・マネジメントの活動を理解する 65
(5) リスク管理の組織体制を理解する 70

| 解決策 4 | リスク・マネジメントの組織体制を把握する ……………………… 70 |

(1) リスク・マネジメントの組織体制をつかむ ……………………………… 70
(2) リスク・マネジメントのチェックポイントを押さえる …………………… 78

| 解決策 5 | IIA の指針からリスク・マネジメントと内部監査の関係を決める …… 83 |

(1) IIA によるリスク・マネジメント関連の規定の全体像をつかむ………… 84
(2) IIA 基準によるガバナンスレベルでの対応………………………………… 86
(3) IIA 基準による内部監査部門レベルでの対応……………………………… 89

| 解決策 6 | IIA 指針による内部監査のリスク・マネジメントへの三つの対応 …… 92 |

(1) 内部監査のリスク・マネジメントへの関わり―独立性の取扱い ……… 92
(2) 監査計画におけるリスク・マネジメントの利用 ………………………… 96
(3) リスク・マネジメントの評価 ……………………………………………… 96

| 解決策 7 | リスク・マネジメントと内部監査との連携を最適化する …………… 107 |

(1) リスク・マネジメントと内部監査との相互の業務の利用方法を決める ……107
(2) 内部監査によるリスク・マネジメント活動への協力内容を決める …………112
(3) リスク・マネジメントと内部監査との最適化シナリオを作る
　　―アシュアランス・マップの利用 ………………………………………114

| 解決策 8 | リスク認識を経営者と共有し監査の成果を「見える化」する ……… 122 |

(1) 経営者とリスク認識を共有する仕組み作り ……………………………… 122
(2) 内部監査の成果を見える化し、継続的改善のサイクルを作る …………125

第3章　内部監査の人材を活性化させる

1　人材関連の課題　　132

I 日本企業に見られる内部監査人材の問題とは ……………………………… 132

| Ⅱ 内部監査人材の課題 | 133 |

2 人材関連の解決策　135

解決策9 「監査部員の身の丈に合った監査」から「企業リスクに合った監査」への転換　135

(1) リスク管理のための組織になっているか　135
(2) 内部監査ミッションフレームワークによる理解　138
(3) 企業リスクに照準を合わせた人材の確保　138
(4) リスク・アプローチによるリソース配分の最適化　139

解決策10 組織的監査体制の構築と人材戦略　141

(1) 組織的監査体制を作る　141
(2) 人材育成プランの見直し　144

第4章　内部監査のインフラを再構築する

1 インフラ関連の課題　150

2 インフラ関連の解決策　151

解決策11 監査モデル別に監査アプローチを整理する　151

(1) 監査モデル別に監査アプローチを具体化する　151

解決策12 アシュアランスの監査アプローチを作る　158

(1) アシュアランスの監査アプローチをデザインする　158
(2) アシュアランス監査の重さを考える　161

解決策 13	年次計画を個別監査につなげるグランドデザインを考える ……… 164

- (1) 年次のリスク評価から監査計画への展開方法を決める ………………165
- (2) 監査アプローチを配した年次監査のグランドデザインを考える ………167

解決策 14	CSA（統制自己評価）を使った監査のバリューアップ ……… 170

- (1) CSAをなぜ使った方がよいか ………………………………………170
- (2) CSAを成功させるポイントを押さえる ……………………………179

解決策 15	国内とは勝手が違う海外監査の手順を押さえる ……………… 183

- (1) 海外監査を計画する際の前提条件を確かめる ………………………184
- (2) 作業ステップ（1〜6）を固める ……………………………………187
- (3) 海外内部監査計画の手順（プロトコール）を押さえる ………………191

解決策 16	海外監査の成果を上げる監査モデルの設定 ……………………… 193

- (1) 成果を上げる監査モデルの設定 ……………………………………194
- (2) 現地子会社へのアレンジが成否を分ける …………………………201
- (3) 作業計画の策定―リスク・ベースの効率化・省力化 ………………203

解決策 17	海外拠点に固有のリスク対応 ……………………………………… 206

- (1) 定性的、定量的、プロセス的視点からのリスク認識 ………………206
- (2) 海外固有のガバナンスとプロセスリスクへの対応 …………………208
- (3) 海外固有のその他のビジネスリスクへの対応―法務・不正・契約、他 ……216

解決策 18	CSA方式監査の海外展開 ……………………………………………… 218

- (1) 海外監査における事前質問書の利用
  ―拠点数が多い場合のCSA的手法の導入の検討 ……………………218
- (2) CSA方式監査の海外展開 ……………………………………………220
- (3) 海外監査用CSA導入時の留意点 ……………………………………223

解決策 19	データ分析による内部監査のバリューアップ ……………… 225

(1) データ分析を使った異常点等の特定の方法 ……………………………225
　(2) 内部監査におけるデータ分析の利用とメリット ……………………228
　(3) データ分析・CSA による海外監査の効率化 …………………………229

| 解決策20 | 不正対応の仕組みを作る …………………………… | 233 |

　(1) 不正リスク管理体制と内部監査部門の役割の棚卸し ………………233
　(2) 不正リスク評価への対応 ………………………………………………240
　(3) 不正監査と不正調査への対応 …………………………………………258

第5章　内部監査の付加価値を向上させるメカニズム

| 1 | 付加価値向上に関する課題 | 264 |

I ガバナンスにおけるチェックポイント ………………………………… 266
II 内部監査の人材に関するチェックポイント …………………………… 268
III 内部監査のインフラに関するチェックポイント ……………………… 271

第 **1** 章

最近の内部監査事情

　内部監査を何とかしたいと考える企業は少なくありません。それは人材の能力や人手の問題、監査の方法論やインフラの問題、更に組織の問題など企業の内部的な事情によるものもありますが、一方、昨今の厳しい経済環境や定着に向かう内部統制制度など、現在の企業社会やビジネス環境において求められる内部監査の在り方にも大きく関わる問題です。

　第1章では、内部監査の付加価値をめぐる組織内の課題の検討に先立って、内部監査の実務の背景として、日本企業の内部監査をとりまく環境や内部監査に関する最近の動きをマクロ的視点からおさらいし、今後、発展すべき方向などを検討することにしましょう。

1　内部監査をとりまく環境

　最近、大手企業の内部監査部門で話をうかがうと、大抵は、内部監査はまだ体制も十分でないので、もっと充実しなければならないという声が聞こえてきます。その充実を目指す方向性は企業によって様々ですが、よく問題とされるのが、海外監査への本格的な取組みをどうしたらよいかというテーマ、それに企業によっては、コンサル的な付加価値を含んだ経営監査の進め方、あるいは不正対応への仕方といったところです。

　また、内部監査とJ-SOXといわれる内部統制業務との関係もよく取り上げられる課題です。このJ-SOX業務の方はなるべく人手をかけずに効率化を進めたい、一方、内部監査はその方法論とか、監査部員の能力とか、まだまだ十分でないので体制全般にわたってもっとしっかりとしたものに改善したい、というのが多くの企業で聞かれる話です。その背景にはJ-SOX業務が適用後、数年間の経験を経て一段落したことが挙げられます。

　内部監査機能の向上、ひいては付加価値の向上という本題に進む前に多くに企業が共通して抱える現在の内部監査に関する問題意識、悩み、今後の方向性といった状況から見ていくことにします。

Ⅰ　J-SOX作業が一段落—今後は内部監査が課題に

　内部監査をめぐる事情の一つとして、内部統制業務との関係をまず押さえておきましょう。J-SOXと呼ばれる内部統制の評価作業は、多くの上場会社では、内部監査部門によって担われています。その部門では、J-SOX業務と内部監査業務とで人員を共有している会社もありますが、組織上は、チームをJ-SOXチームと内部監査チームに分けている場合が多いようです。そうすると内部監査部門全体の人数は人事上、そう簡単には増やせませんから、部門内で

内部監査の人手を増やそうとすれば、その分、J-SOX の人を減らして振り向ける必要が出てきます。

金融商品取引法によって制度化された内部統制における経営者評価の実務は、2008年4月以降に始まる事業年度から適用が開始されました。

J-SOX 作業の導入に際しては、内部統制の充実による企業経営への役立ちに期待して、「経営に対する貢献」を旗印に各部署に内部統制作業への協力を求めた企業もありました。

しかし、実際に J-SOX プロジェクトを回してみると、制度対応に必要とされる膨大な資料や詳細な手続は、やはり法律の要請に応えるためのコストであるという受け止め方が大勢を占めるようになってきました。内部統制プロジェクトの導入によって企業経営に様々なプラスの効果があったとはいえ、費用対効果の面では、内部統制はやはり「法対応のための作業」であるという認識が定着してきた感があります。そうなると、後はなるべくそのような作業は極力簡単に済まして、浮いたリソースは本来の業務である内部監査に振り向けようという動きも出てきます。最近の上場企業による内部統制の効率化・簡素化の背景にはそのような事情も見られます。

II 内部監査の復活の要請—非財務領域、海外監査など

一方、内部監査の方は、しばらく J-SOX 業務に時間をとられて手薄になっていた企業が少なくありません。その間、経営サイドからの期待やニーズも高まっている領域もあります。例えば、次の (1) から (4) の領域です。

(1) 非財務領域の内部監査の要請

特に、財務領域では J-SOX 作業による「やりすぎ感」が漂う中で、逆に、非財務領域の内部監査はこれまで手が回ってないこともあり、相対的にニーズが高まっています。J-SOX 業務で培った3点セットの文書化手法や評価手法

を非財務領域の内部監査に活用しようと試みる企業もあります。

(2) 海外監査の展開

例えば、海外子会社の監査や特定の目的のテーマ監査など、限られたリソースの中で手が回らずに実施を手控えていた企業が、最近再開したり、新たに海外監査を始めたという例が増えています。

最近の海外の買収案件の増加を背景に海外監査のニーズは高まっています。海外で新たに子会社に加わった企業の経営には、元からの現地経営陣がそのまま経営を続けるというケースもよく見られます。このような新規子会社を親会社の内部監査部門が監査する際には、現地の事情がよくわかっている既存の海外現地法人とは勝手が違うため、新たな内部監査領域として特別なメニューで監査を始めたという動きも見られます。

(3) 経営監査

内部監査として、経営監査にどこまで踏み込むかは、企業の考えによって違いがあります。ただ、経営に役立つ内部監査を志向するという考えから、この経営監査の領域に内部監査の付加価値を求めようとする企業は増えていると考えられます。

(4) 不正対応

コンプライアンス領域、中でも不正対応というテーマは、内部監査にとっては、目の前に不正の兆候がないとしても疎かにできない領域です。

不正対応といってもいろいろな側面があり、内部監査だけの問題ではありませんが、内部監査部門の関心が高いのは、例えば次のようなトピックです。
- ・企業としての、あるいは監査計画における不正リスク評価への対応
- ・不正監査で不正リスクにどこまで踏み込むか、また、不正調査との違い
- ・不正が発生した場合の内部監査部門の関わり方
- ・内部統制、特に全社統制における社内制度の不正対応

また内部監査機能を年々、充実させ、その発展途上にあった企業も、J-SOX作業の負荷によって、一旦、内部監査の発展を中断させられていたのが最近ようやく前に進みだしたという状況も見られます。

こうして内部監査部門が本来の内部監査の活動に復帰したり、海外監査や経営監査等の新たな監査領域に踏み出すという動きが見られるようになりました。

Ⅲ 厳しさが続く経営環境―内部監査の価値が問われる時代に

しかし、一方で、ここ数年間続いた経済不況の中で企業をとりまく経営環境は回復の兆しもあるとはいえ、いまだ厳しい状況が続いています。更に、2011年3月11日に発生した大震災はこれに追い打ちをかけた格好です。

多くの企業では間接部門経費の抑制が進み、内部監査もその影響を受けています。内部監査について確固たる考えをもっている企業の中には、内部監査だけは人員や予算をむしろ増やしている企業もありますが、多くはありません。

そうした状況では、人員抑制に傾きやすいだけでなく、内部監査を実施したことによる具体的な成果、例えば業務の改善が進んだとか、経費節約ができたとか、不正の防止に役立ったといった、経営への貢献がこれまで以上に求められます。コストをかける以上はそれ相当の成果を見せてほしいということです。

こうして内部監査という機能及び部署は、企業としてどれほど価値があるかという存在意義にまで立ち返って、今後、経営として、どう扱っていけばよいかがあらためて問われているともいえるわけです。

2 内部監査部門の課題

　さて、このように日本企業の内部監査の現状をとらえてみると当面の課題としては次の三つの項目を挙げることができます（図表1-1参照）。なおここでは主として内部統制報告制度の適用を受ける上場企業を想定しています。

1 本来の内部監査に対する経営ニーズへの対応

　まず、話の前提として、企業にとって内部監査は誰のための活動かを考えてみましょう。日本の企業では内部監査部門は社長か社長に準ずる役員の指揮命令下にある場合が一般的です。このほかにも内部監査の活動に影響を与える関係者、いわゆるステークホルダーと呼ばれる人や機関は、監査役、監査委員会、

図表1-1　内部監査の高度化の要請

> 日本企業の内部監査部門の立ち位置
> - J-SOX作業がようやく一段落　⇒　今後は内部監査にシフトの動き
> - 非財務領域・海外監査等への内部監査の要請・ニーズの拡大
>   ⇒　本業の監査再開の必要性。ただし、監査人員の制約
> - 厳しさが続く経営環境　⇒　内部監査の付加価値が問われる時代に

> 内部監査部門の課題
> - 本来の内部監査に対する経営ニーズへの対応（リスク管理、ガバナンス）
> - 内部監査と内部統制との協調と連携
> - 経済低迷下における取組みの検討

> 内部監査の進化の方向
> - 内部監査の守備範囲の拡大（地域・部署・本社・プロセス他）
> - 具体的成果の要請（業務改善・問題解決・コスト削減等）
> - 目的の拡大（アシュアランスからコンサルティングへ）
> - 多様化するリスク・監査課題（経営戦略、コンプライアンス、不正、人材、環境、ERM、ガバナンス、他）

開発 → 人材／方法論／ナレッジ／テクノロジー

取締役会、事業部門責任者など挙げることができます。しかし、上記のような日本型のガバナンスの場合には社長に代表される経営者が内部監査のいわばオーナーということになります。であれば、その経営層からの要望に応えることが、まさしく内部監査にとっての優先課題です。

これは当然できているようでも、経営層のリスク認識や内部監査への期待を確認する機会や仕組みが十分でないと、意外とできていないこともあります。

この経営者からの要請が経済環境の変化に伴って変わってきます。企業によっても経営者の求める内部監査の充実が不正対応だったり、経営監査だったりそれぞれに異なるわけです。こうした各社に固有の経営層からの要望に対応できていることが内部監査の付加価値や実効性の実態を示すものとなります。これを抽象論ではなくて、実際の監査活動が経営者の視点にベクトルを合わせて計画され実施されるための仕組み作りがここでの課題となります。

Ⅱ 内部監査と内部統制との協調と連携

次に、内部統制の関連ですが、一般に内部監査と内部統制との間で検討しなければいけないのは、組織上の切り分け、人材の育成、及び手続ないし方法論の活用・共有化という側面です。ここでの検討課題は企業の状況によって異なると思いますが、例を挙げると、図表1-2のようになります。

内部統制報告制度の下では、内部統制評価作業を内部監査部門が行うケースがよく見られます。これは、内部監査部門が経営者評価の作業に適した人材を多く抱えるから作業支援をしているのであって、内部監査以外の部署がこの任にあたることもあります。この経営者による評価機能自体は本来の内部監査機能ではありません。ここは「組織としての機能」と「作業の支援」は混同せずに区別して考えるのが適当です。ただ、J-SOXによる内部統制関連の作業を内部監査部門で行っている場合には、内部統制評価の効率化は内部監査部門内のリソース配分や方法論の共有という面から内部監査にも影響がありますので、

図表1-2　内部監査と内部統制との協調と連携の課題例

A. 組織上の課題

1. ガバナンス上、内部監査と内部統制（J-SOX）評価の担当部署は分離するか、あるいは内部監査部門の中で併存させるか
2. 上記1のいずれの場合でも、内部監査機能と内部統制評価機能の経営層からの指揮命令系統、機能の切り分け及び両機能の互いの連携をどうするか
3. 内部監査の対象として、内部統制の活動をどのように位置付けるか
4. 内部統制の評価機能とは別に内部統制の事務局（PMO）機能を維持するか
5. 内部監査部門の中で二つの機能を併存させる場合、機能別に部内でグループ分けをするか
6. 内部監査規定上の取扱いをどうするか

B. 人材面の課題

7. 内部監査部門内で所属グループを分けた場合、各人の業務の割当て（アサインメント）において、内部監査と内部統制のチームを互いに交流させるか、各チームの業務に専任させるか
8. 部内の人材育成、専門技術研修、キャリアパスにおいて、内部監査グループと内部統制グループとで所属の違いによる差異を付けるかどうか

C. 方法論・技術面の課題

9. 内部監査の対象拠点の決定等を含めた内部監査計画において、J-SOX業務の全社統制及び業務プロセスの各統制に関する作業結果をどのように利用するか
10. 内部監査の方法論において、J-SOX業務で習得した文書化とテスティングの手法をどのように活用するか、しないか（主に、非財務領域、J-SOX対象外拠点）
11. 内部監査の主導によりCSA（統制自己評価）が運用されている場合、その活動を内部統制評価においてどの程度、受け入れて活用するか、しないか
12. ナレッジの共有をどこまでするか

その関係においては検討が必要です。しかし、内部統制の簡素化・効率化そのものは、本書のテーマではないのでここでは割愛しています。

Ⅲ 経済低迷期における取組の検討

(1) 効率性志向のリスク・アプローチ

　経済低迷期でもリスクの重要性に応じて監査の範囲や作業量を決めるというリスク・アプローチは依然として必要です。ただ、リスク・ベースというと、リスクを網羅して監査作業を増やす方向で検討されがちでした。しかし、これからのリスク・アプローチのテーマは、監査作業の効率化や経済性に重点が移ります。つまり、いかにして、監査作業を省力化し、監査拠点を減らせるかという監査の方向を裏付け、合理化する考え方として、リスク・アプローチをこれまで以上に活用することが必要になると考えられます。

(2) 変動期固有のリスク状況の変化に対応

　またビジネスの変動期には、普段起こらないような事故が起こったり、不況対策として経費の見直しなど特別なプロジェクトを立ち上げたりということがあります。企業外部では、顧客や取引先等のリスクの状況が変わってきたり、サプライチェーンの見直しや変更によって新たな契約リスクが生じるなど、思わぬリスクに遭遇することもあります。これは内部監査からすると、企業内外のリスク認識の変化に伴って監査の重点領域がこれまでとは違ってくることがあります。また、不況時固有の様々なプロジェクトや取組みに対して、内部監査の立場で関与すべきケースが増えてくることがあります。

　例えば、東日本大震災後に急遽、BCM（事業継続マネジメント）対策を打った企業もありました。BCP（事業継続計画）・BCMは従来より内部監査のメニューにはありますが、こうした状況に合わせて内部監査として社内でどのような役回りを担い、どういう動き方をするかが課題となってきます。

　また、経済変動期の不透明なリスク要因の特定には、運転資本や取引先等へ

の分析的なレビューを広く浅く網をかけて異常点を洗い出す方法が適しています。

3 内部監査の進化の方向

　それでは、これまでの検討を踏まえて、企業の内部監査はどのような方向で高度化し、進化することが求められるのでしょうか。これが次のテーマです。

1 内部監査の守備範囲の拡大—プロセス監査など

　まず内部監査が本来の責任を果たすためには監査の対象範囲を、地域と部署とプロセスの三つの面から十分に広げる必要があるという点です。

　この中には、海外拠点あるいは海外でも非英語圏など特定の地域が範囲から漏れていないかという点、本社における法務・人事・総務等の間接部門がきちんとカバーされているかという企業組織内のカバリッジ、それに企業活動をプロセスという面から見るときに研究開発などビジネス上、重要な基幹プロセスが監査の対象から漏れていたり、企業全体を一体としてとらえた大きな基幹プロセスが監査の対象として考えられているかということがあります。

　このプロセスから業務を見るというプロセス思考は、J-SOX業務においてもプロセス・オーナーを確認するなど、一部に意識されてはいますが、従来より日本の内部監査ではやや手薄な領域であったと思われます。

　例えば、通信や電力・ガスといった業種では料金徴収プロセスが各地域の至る所にはりめぐらされており、これらの設備産業の入金・収益計上に関して全社にわたる重要な基幹プロセスを構成しています。しかし、そのプロセスが適切に働いているかというチェックは個々の業務を管轄する支店や営業所等の事業所単位に細分化して行われ、内部監査もその単位でしかなされていないという場合があります。その場合、誰もこの重要プロセスの全体像を見ていないとか、企業活動の一角を支える基幹プロセスであるはずなのに、その全体を部署横断的にとらえてその働きを確認するという視点が盲点になっていないでしょ

うか。部署ごとの縦割り監査という発想を転換させて、プロセスの視点から企業のビジネスをとらえ直して、プロセスの単位で監査する、プロセス監査の意味と必要性をそこに見い出すことができます。

Ⅱ 具体的成果（価値）の要請――コンサル的手法の導入

　これは業務改善に役立つ監査、業務上の問題解決やコスト削減のヒントとなる監査などを発展させて、経営に役立つ監査を実現することです。
　このために重要なのは、まず経営からのニーズや要請をリスク評価等の方法できちんと棚卸しをすること、アシュアランスだけではなくコンサルティング的な付加価値を出せる監査方法を導入すること、更には、その方法を実行に移して成果を出せる人材を育成・確保することです。

Ⅲ 目的の拡大――アシュアランスとコンサルティングの整備

　内部監査には、そのミッションとして、アシュアランス（保証）とコンサルティングという二つの座標軸があるといえます。ちなみに内部監査のアプローチをアシュアランスに重点を置くか、コンサルティングに重点を置くかという視点からいくつかの類型に分けることもできます（図表1-3参照）。
　内部監査は、まさにアシュアランス（保証）とコンサルティングという二つの機能があり、それぞれの機能に重点を置いた監査業務を通して企業に付加価値を提供するものです。このように概念的にいうのは簡単ですが、監査の現場でこれを実行するとなると、監査の道具仕立てとして、それぞれの監査の手順、いわゆる監査アプローチを構築し、その中で必要となる調書の書式やチェックリスト、報告書様式等のツールや品質管理のルールを整備する等のインフラが必要となり、更にこれを実施する人材の研修等が必要になります。

図表1-3 内部監査アプローチの類型化の例

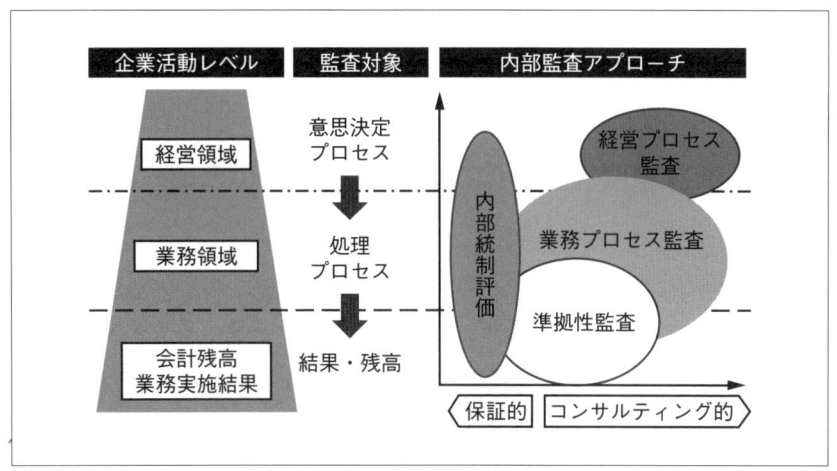

　幸い、J-SOX業務はアシュアランスの実地経験と実施に必要なインフラの整備の機会を内部監査部門に与えてくれました。これを活用して内部監査にアシュアランス内部監査の手法を取り入れて、どちらかと言えばコンサル的な色合いの内部監査の実務に、新たな息吹を吹き込んで、アシュアランスからコンサルまで幅広い付加価値を提供できる、企業に役立つ内部監査機能を作るというのが一つの方向と考えられます。

　ただ、内部監査の現場を見ると、チェックリストなどの定型書式は利用するにしても、実際はアシュアランスともコンサルともつかない、どちらからも中途半端に見える監査を行ってきた面もあるのではないでしょうか。

　アシュアランス的監査とコンサル的監査の二つの武器を使いこなして、それぞれの付加価値を必要に応じて発揮できる能力と体制を備えることは、内部監査の基本です。スポーツ選手に、足腰の強さとか、まず基礎体力が必要なように、内部監査で最低限押さえておきたい基礎体力、いわばベースラインの一つに含まれるのが、アシュアランスとコンサルティングの作法です。これらを自由に使い分け、適度に組み合わせて個々の監査に最適の価値を発揮できるよう

になれば、多様な経営ニーズへの対応能力が広がります。そのためには、既存の監査方法を見直してそれぞれの道具仕立てを整備して使えるようにしておくことが必要です。

Ⅳ 多様な監査課題への対応―経営監査の方向

　内部監査を高度化させる一つの方向は、米国などでいわれているようなビジネスアドバイザーとしての役割です。つまり、従来からルーティン化して実施されてきた定例の業務監査に止まらず、経営が望むのであれば、内部監査の持つ立場や能力を生かしたプロジェクト支援やアドバイスを内部監査の一部として請け負い、実施することです。例えば、新しく導入予定の経費削減のスキームとか、シェアードサービスのプログラムの適切性の点検を内部監査のテーマとして行うことです。このような監査の結果、例えばそのプログラムはコスト削減にはある程度貢献しても、肝心な内部統制が抜け落ちてしまうという指摘が出されるかもしれません。またこれらのプログラムが実施された後に、実際、そのように運用しているかという本来のモニタリングも監査の範囲になるでしょう。

　これは従来の内部監査よりもずっと経営に近いところで経営の片腕として経営を支援する監査です。日本では特命監査と呼ばれる、社長から特別の使命を帯びた監査もこの一種と考えられます。

　ただ、このような形での内部監査をするかどうかは、内部監査というよりは経営者が決めることですから、一概に何が良いかを決めることはできません。その点、ある程度、内部監査主導で経営監査を実現する方法はいわゆるテーマ監査というやり方です。

　大企業で、それも中堅クラス以上の規模になると重要性が高くなるのがテーマ監査です。内部監査というと多くの企業では、数年置きに循環的に実施する部署別監査が行われています。つまり、事業部、部門、部課、支店、工場、研

究所、子会社といった部署あるいは事業所を監査の単位として実施し、その組織の長に対して監査結果を講評するという方式です。このやり方は、各部署に固有の重要なテーマを扱うため、各部では最重要ではないとしても各部に共通の重要なテーマ、例えば、人材育成や人材の活性化、コンプライアンス、セキュリティなどの問題が十分に扱われない可能性があります。そこで、このように企業全体の経営改善につながるような課題について部署横断的にテーマ監査を行い、通常の部署別監査の限界を補います。

この方式に落とすことによって、定例の監査とは違って、個別課題の専門領域まできちんとカバーでき、コンサルティング的な奥行きのある監査を展開しやすいというメリットもあります

Ⅴ 準拠性監査からガバナンス・リスク・マネジメントの監査へ

最後に、内部監査の進む方向として留意しておきたいのは、ガバナンス及びリスクマネジメント領域への取組みが重要になってくるということです。

監査白書によると、日本では法令の遵守状況に内部監査の重点があることがわかります（図表1-4参照）。

そして、そのときの監査手法は、チェックリストなどを使用して監査をするいわゆる準拠性監査が実務の大半ではないかと察せられます。これは前掲の図表1-3にもありますが、遵守しているかどうかという結果に重点を置いた監査手法です。しかし、今日のように複雑化した大企業において法令等に準拠しているかどうかは、現場での局所的な遵守状況のチェックだけではその本質にせまるのには十分ではありません。むしろ、経営者を含めた管理者のモニタリングや下からのエスカレーションの仕組みまで視野に入れた組織全体としてのコンプライアンス体制を問題とする必要があります。これはコンプライアンスリスクについて、リスクマネジメントが十分に働く仕組みが十分備わって運用されているかということです。

■ 図表1-4　日本における内部監査の重点

2010年監査白書では、法令の遵守状況は2003年以降、最上位の監査重点項目に挙げられている。
（有効回答数2042社）

2010年子会社関連会社の重点項目	
1. 法令の遵守状況	73.9%
2. 財務報告に係る内部統制	2.7%
3. 業務全般	59.8%
4. 業務(事務)指導・改善	51.9%
5. リスク・マネジメント	46.9%
6. 決算書類の信頼性	39.6%
7. 在庫管理	34.5%
8. 債権保全状況	32.0%
9. 経営全体としての利益採算性	27.6%
10. 安全・衛生	24.7%

出典：(社) 日本内部監査協会「月刊監査研究」2011年6月臨時特別号〔調査報告〕第17回監査総合実態調査2010年監査白書、54頁、第96表より抜粋

　更に、企業に最終責任を持つ取締役は、経営者からリスク・マネジメントが十分に働いているという証拠を入手する責任があり、そのような仕組みが企業の中で整備・運用されていることを確認する上でも内部監査の働きが期待されています。

　そうすると、企業における法令遵守の重要性は、変わらないとしても、内部監査から見た監査対応というのは、リスク・マネジメントやガバナンスの仕組みがきちんと構築され、働いているかという視点からアプローチすることが必要になってきます（図表1-5参照）。

　また一方で内部監査とリスク・マネジメントとの関連性が密接になるにつれて、内部監査部門がリスク関連部門との関わりや監査をどうすればよいかという課題も多くの企業で意識されるところです。

　このように日本の内部監査の実務に感じられる高度化の必要性は2010年に行われた内部監査人協会（The Institute of Internal Auditors：以下IIA）に

図表1-5　準拠性監査からの監査視点の拡大

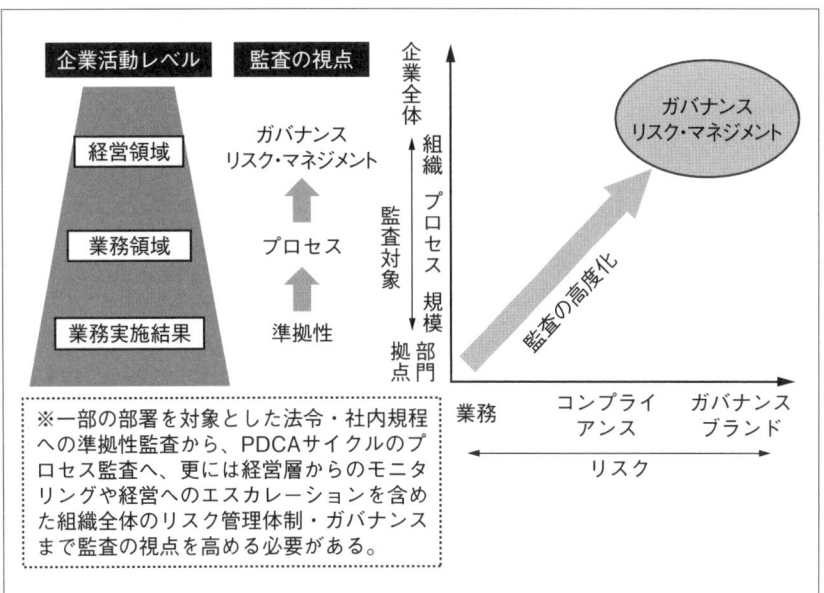

よる「世界内部監査調査（The IIA's Global Internal Audit Survey）」の調査結果からも同様の方向性を読み取ることができます。

図表1-6に上記調査結果による、現在の内部監査の重点分野と今後5年間の重点分野の予想を並べて掲載していますが、これを見ると、現在は、「規制法規への準拠性の監査」が2位であるのに対して、今後5年間の予想の方には、6位までに入っておらず、それに代わって、コーポレートガバナンス・レビューとERMプロセスの監査がそれぞれ1位と2位を占めています。

IIAの調査報告の中でも、「変化のための要請（Imperative for Change）」は、内部監査責任者に向けて、内部監査が取り組むべき10の課題を挙げています。その第一番目の要請である「リスク・マネジメントとガバナンスへの注力」について、同報告は、そのイントロダクションにおいて次のように説明しています。

■ 図表1-6　調査結果にみる内部監査の重点分野の変化

2010年IIAの世界内部監査調査
（107カ国から13500件の有効回答によりデータ集計）

現在の経験に基づく内部監査活動の順位 （複数回答）		今後5年間の内部監査における重点の予想 （複数回答）	
1. 業務監査	88.9%	1. コーポレートガバナンスレビュー	23.0%
2. 規制法規への準拠性の監査	75.1%	2. ERMプロセスの監査	20.4%
3. 財務リスクの監査	71.6%	3. 戦略と業績の関連付けの検討（バランススコアカード等）	19.9%
4. 不正調査	71.2%	4. 倫理監査	19.3%
5. 内部統制の有効性評価	68.8%	5. IFRSへの移行	18.8%
6. IT/ICTリスクの監査	61.7%	6. 社会的持続可能性の監査	18.6%
7. 情報リスクの監査	61.4%		
8. ERMプロセスの監査	56.6%		
9. プロジェクトマネジメントの保証/主要プロジェクトの監査	55.4%		
10. セキュリティの評価と調査	52.8%		

出典：THE IIA'S GLOBAL INTERNAL AUDIT SURVEY, Characteristics of an Internal Audit Activity（The Institute of Internal Auditors Research Foundation）, Table 4-1, page24, 25より一部加工して訳出

出典：THE IIA'S GLOBAL INTERNAL AUDIT SURVEY, Imperatives for Changes: The IIA's Global Audit Survey in Action,（The Institute of Internal Auditors Research Foundation）page 4の表より一部加工して訳出

リスク・マネジメントとガバナンスの重視

「リスク・マネジメントが取締役や上級経営者、それに規制当局からも第一の懸念事項と考えられている今、内部監査人は、内部統制やアシュアランスといった伝統的な重点分野の枠を超えて、目まぐるしく変化する経済環境にすぐにも適用できることを示す必要がある。10の要請が総合的に示唆しているように、内部監査人は、内部監査プロフェッションの要になると見込まれるリスク・マネジメントとガバナンス・プロセスに対する焦点を鋭くするとともに、より対応性と柔軟性の高いリスク・ベース監査計画を実施することが必要である。(前掲書、1ページ)」

ここに述べられたことは、内部監査のミッションや存在意義に関わる重要な方向性を示すものであって、内部監査の人材育成やインフラの整備など内部監

査体制全般に波及するものです。日本企業の内部監査部門にとっても、いまだ手を付けていないとすれば、早晩、対応が急がれる分野であると考えられます。

【参考文献】
(社) 日本内部監査協会第「2010 年監査白書」(第 17 回監査総合実態調査)、2011 年 6 月
2010 IIA Global Internal Audit Survey :A Component of the CBOK Study, Report Ⅰ, Characteristics of an Internal Audit Activity (Altamonte Spring,FL:The IIA Research, Foundation ,2010)
2010 IIA Global Internal Audit Survey :A Component of the CBOK Study, Report Ⅴ, Imperatives for Changes(Altamonte Spring,FL:The IIA Research Foundation,2011)

第 **2** 章

内部監査とガバナンスの関係を見直す

　内部監査部門が自ら監査の実施上の課題として挙げるのは、人材や監査のインフラの問題に集中しがちです。確かに内部監査の付加価値を生み出すのは、直接的には内部監査部門の人材であり、監査に利用できる方法論やナレッジ、ツール等のインフラの装備です。しかし、内部監査人がいかに監査インフラを適切に活用して高い付加価値を実現できるかどうかは、企業のガバナンスにおける内部監査の位置付けやその役割の設定に大きく影響されます。

　そのため内部監査の実効性が上がらない原因を探ってみると、内部監査と経営層ないしガバナンスとの関係に突き当たることも少なくありません。第 2 章では、まずこのガバナンスレベルの領域に目を向けて、そこに潜む様々な課題とそれに対応するための解決法を解説します。

1 ガバナンス関連の課題

　内部監査がうまく行かないのは、それなりの理由があります。それは単純に内部監査の人数や経験の不足などすぐにわかる理由もありますが、組織やカルチャーに根ざした問題など、なかなか対応が難しい理由もあります。

　とりわけ、企業の組織構造における内部監査の位置付けや内部監査の使命や役割に関する取決めなどに問題があると、内部監査に大きな影響が及ぶことがあります。通常、これらの事項は経営層で決められますが、内部監査の在り方を根本的に規定する事項であるだけに点検してみることが肝要です。

　ここではまず、内部監査の実効性が上がらない原因となっているガバナンス関連の状況を例にとって、その理由や対応策を探っていきます。

1 内部監査が目指す価値について経営層と話ができていない

（1）コミュニケーションの機会
　　　―ルーティン業務に関する社長とのコミュニケーションだけでは不十分

　内部監査の品質評価とか体制評価の業務では大企業の経営者にインタビューをする機会があります。そこで感じるのは、社長と内部監査との間にある意識のギャップともいうべき状況です。社長は、「うちの内部監査とはよく話をしている」と言われるのに、内部監査部の方は、むしろ、あまり話ができていないという問題意識があり、それがいろいろな問題が解決に向かわない潜在的な原因にもなっていることがあります。

第2章 内部監査とガバナンスの関係を見直す

> **CASE01 | 営業管理のお目付け役としての内部監査**
>
> 　大会社A社の社長は、営業部店の業務チェックなど、営業現場のモニタリングに内部監査の活動の重点を求め、内部監査の結果は各部署の業績評価にも組み込まれています。社長は自らの手足として営業管理の一端を担う内部監査の現状に満足しています。
>
> 　一方、内部監査責任者は、従来から続いている内部監査の方法が旧態依然としてマンネリ化しており、一見、網羅的で厳しいように見えても、不祥事対応、不正防止などの面から、よりリスクアプローチの視点を取り入れた抜本的な見直しを図るべきと考えています。しかしそのための議論の機会も少なく、このテーマが社長との間できちんと議論されたことはありません。

　内部監査の評価を外部から受けようという企業は、概して、経営者も内部監査に前向きですから、毎月のようにそのつどの監査報告や次の計画の報告を受け、その度に詳細な指示も与えているというケースも多く見られます。ただこれらの面談は基本的に定例的なルーティンの作業です。

　おそらく、ルーティンの報告に加えて、必要なのは、もっと根本的に、今後、数年間で内部監査をどのように向上させたいか、どの分野に重点を置きたいかという経営の意向をアップデイトする機会です。

(2) 監査のプロとしてのコミュニケーション
―経営のプロたる社長に監査のプロとして解決策の提示

　内部監査の実施に際しては、組織の壁や人材やインフラの不足、能力や経験の限界など様々な制約があるはずです。その中で、内部監査の立場から、少しでも経営に役立とうとすれば、経営から見た優先順位に沿って課題を解決に向かわせる必要があります。これは、内部監査の組織における位置付けや役割、これまでを振り返って何が問題で、今後どうしよう、という内部監査のビジョンに関する考えを経営から聞き出し、内部監査の活動計画にそれを織り込むという作業です。

　社長は、経営のプロですから、企業組織のどの部署が内部監査で問題にすべ

きかという点は経営者としての見解をおもちのはずです。しかし、必ずしも監査のプロというわけではないでしょうから、内部監査でどう対応できるかは、監査のプロである内部監査責任者の力量にかかっています。監査のプロとしての内部監査人は経営の感じる懸念や心配事にどのような対応策があるか、内部監査だったら、こういうやり方があって、ここまでなら対応できますという解決策を内部監査の側から提示して認識していただく必要があるでしょう。このようなコミュニケーションは、定例的な報告だけではおそらく十分ではなく、別途そのための機会を設けるのにふさわしい重要な課題と考えられます。

　そこでは、今後、数年間を見据えた内部監査に対する経営者としての期待及び内部監査が描く中長期的なビジョンがそのテーマとなります。

　例えば、内部監査にはアシュアランス（保証）とコンサルティング（ないしアドバイザリー）という二つの機能があることは一般に知られていますが、どちらの方向に軸足を置いて監査の実務を構築していくかは、企業ごとの決めごとです。二つの機能はそれぞれが内部監査による価値でもあり、それぞれを高めるためにふさわしい、監査の方法論や品質管理の仕方あるいは内部監査の人材に求められる能力や必要となる研修の内容も違ってきます。

　経営の方から見ると、それぞれの方向に重点を置いた場合、あるいは両者をミックスさせた場合、どのようなインフラが必要で、つまりコストがかかり、どのようなバリューが企業として期待できるか、あるいは逆に、ここで手を抜くとどんなリスクがあるかということを知りたいはずです。内部監査責任者としては、企業の実情を踏まえて、経営者が選ぶことのできる選択技を用意して、それぞれのメリット・デメリットについて経営者の十分な理解を得たうえで、方向性について決裁を仰ぎます。そのような材料を揃えて、経営層に提示し、経営者あるいは監査役等の他のステークホルダーの理解を求め、適切な判断に導くというのが内部監査責任者に期待されているところでしょう。

　こうして内部監査が今後向かうべき中長期的なビジョンを経営層からの了解を得た形でまとめておけば、これが内部監査が目指す具体的な方向性となり、年次の監査計画を策定する際の一つの根拠にもなってきます。

第2章 内部監査とガバナンスの関係を見直す

Ⅱ 内部監査の重点と経営の戦略・方針が連動していない

（1）経営の意向を監査に取り入れる仕組み作り
――毎年、経営の方向と無関係に同じ監査を繰り返していないか

　企業の経営戦略とは関係なしに、毎年、同様の内部監査を続けている会社もあるようです。しかし、経営に貢献する内部監査を志向するとすれば、内部監査のやり方やテーマの決定に際して、経営の意向を踏まえて経営環境の変化を取り入れる必要があります。逆に、さしたる検討もせずに、十年一日のごとく旧来の内部監査を続けるのは、危険でもあります。監査の形骸化を招き、その合理性に納得できない現場の反発を受けることも考えられます。

　経営の意向を取り入れるというのは、生きた経営の戦略や重点施策を内部監査活動に適切に反映させる仕組みを作るということです。前記の課題Ⅰで述べた経営から内部監査のビジョンを聞くというのもその一つですし、年次の計画や個々の監査の計画と報告における関わりなどいくつかの聞き取りの機会を設け、それを監査に反映させる仕組みを作ることです。

　具体的には、次のような仕組みや情報の整備の中で「経営から監査へ」という流れを「見える化」し、その手順をルール化することです。

・年次及び個々の監査計画の計画策定プロセス及び承認プロセス
・上記プロセスに組み込まれた情報のソースと収集ルート
・経営施策や方針を監査活動につなげるための仕組み（経営活動、業務プロセス、リスク等の把握と集計方法及びそれらの情報間の関連付けの方法等）等

(2) 業務の後追い監査から経営に遅れない内部監査に
―内部監査としての説明責任にも周到な準備を

「経営の意向を監査に取り入れる仕組み」――その一つの側面は、監査のベースとなるリスク認識です。これまで、国内での生産販売が中心であった企業が、タイや中国で生産を始めた結果、海外事業の売上規模が急に全体の何割も増加したとしたら、内部監査も新しい地域やマーケットでの事業開始によるリスクに注力すべきでしょう。従来どおりの国内監査だけに終始していたのでは、生きた経営に即した監査とはいえません。まずは内部監査が業務の後追いに終わることなく、むしろ経営と同じ方向を向いて経営に遅れずに走っていくという姿勢がまず第一に重要なことです。次に重要となるのが、それを実現するための仕組み作りです。

環境は目まぐるしく変化し、経営が向かう矛先も変わってきますから、過去の監査をただ踏襲するのは、一見、保守的なようで、実は、もはや合理性を失った監査メニューを惰性で続けることになるかもしれません。内部監査はこの点でも「(経営環境が変わったのに)なぜ監査は今のままでよいか」ということについて説明責任を果たせるようでなければいけないでしょう。

内部監査はそのような周到さが求められる部署です。いざ不祥事が起こったときに、対外的に説明責任を負うのは経営者です。普段は内部監査に口をはさまない経営者であっても、非常時ともなれば、「なぜ監査をしなくてよかったのか」、「なぜ見つからなかったか」と明確な説明と根拠を求められるのではないでしょうか。その事態を普段から想定して、一回り先に、内部監査部門としてのリスク認識、監査計画の根拠を用意しておくというのが、内部監査に期待される周到さではないかと思います。これは、内部監査においてなぜリスクアプローチをとるべきかという理由にもつながります。

ただ、公益性が高い企業や規制の強い業種では、内部監査としてすべきことが法律や行政等の要請によってある程度、決まってしまうこともあるかもしれません。そこでは年次の監査計画のうち、ある割合までは業種固有の状況で決

定され、残りが経営層の判断によるという決め方はあると思います。
　そのような業種の特殊性や例外はあるとしても、一般には、社長を中心とする経営者の意向をどのように監査に組み入れるかという仕組みを作り、更に、経営者以外のステークホルダーである監査役や事業部担当の役員などの意向も適宜、吸い上げ、監査に反映していく仕組みが検討されるべきでしょう。

Ⅲ 企業の組織や風土において、内部監査の立場が弱い

　大企業であっても、「うちの会社では内部監査の立場が弱いので…」とため息をつく内部監査担当者がいます。だから、部署によっては監査に行きづらいとか、他の部署が言うことを聞いてくれないとか、社内で発言力がないといったことの一つの理由になっているようです。確かに、内部監査には、営業やマーケティングのような攻める部署に比べて、後ろ向きのイメージがあり、また営業や生産部門ほど直接的な付加価値を見せにくい業務でもあります。
　しかし、組織内での仕組みやコンセンサスが十分に醸成されていないために、内部監査の活動がうまく受け入れられないとか、実効性が上がらないという状況が生じているのであれば、組織として何らかの対応を考える必要があります。
　「内部監査の立場が弱い」と言われる背景には色々な事情や原因があるとしても、組織として対応すべきと考えられるのは、以下のような場合です。
　① 社内で内部監査の独立性が確保されていない場合
　② 内部監査の社内の認知度が低く、イメージが良くない場合
　③ 内部監査の役割や使命が明確にされていない場合
　④ 内部監査部門の力不足のため実績が上がっていない場合
　それでは、上記のそれぞれの場合について検討してみましょう。

（1）独立性の問題―社内で内部監査の独立性が十分に確保されておらず、監査対象部署や監査の方法等に制約がある

　内部監査は、被監査部署に対して独立的な立場が確保されていないと監査される側に遠慮して本来の監査の役割を果たすことができません。日本企業の内部監査部門は、社長直属になっていることが多く、組織内の位置付けという面からは内部監査の独立性が表だって問題になることはあまりありません。また、内部監査は、社長の管理下にある執行業務を担当する企業組織の全体を対象とするのが一般的ですから、内部監査が監査に行けない部署は作らない、つまり、監査に聖域を作らずというのが、独立した監査機能を果たす前提として重要です。実際に、大企業の内部監査部門では、企業グループのどの部署でも子会社でも内部監査の対象にできることになっているのが普通です。

　そこで、もし内部監査部門が監査の対象として選ぶことのできる部署に制約があったり、監査の内容や程度に制限があるとしたら、そこをルールとして解消し、経営層からその旨を社内の各部署に周知してもらうように働きかけるべきでしょう。

　これは組織としては、外観上からも実質上からも、本来の内部監査機能を確保するために重要な要素です。また、内部監査部門から見ると、内部監査が本来の力を発揮できるために、最低限、クリアしておきたい形式要件となります。

　「内部監査の独立性と客観性」については、（社）日本内部監査協会の内部監査基準（平成16年6月）においても要請されています。

（2）社内の認知度の問題―内部監査の社内の認知度が低く、イメージが良くない

　ある大手メーカーの内部監査人によると、社内の制度上は監査可能となっていても、部署によっては見えない壁を感じて、内部監査に入りにくいそうです。例えば、法務部とか総務部とか古くから企業組織内に根を下ろした部署にはそれぞれに独自の管理様式があって、内部監査のように最近立ち上がった新米の

部署が監査に入るのには敷居が高いそうです。

これはその会社の企業風土に根ざした問題かもしれませんが、そこにはいくつかの要因が考えられます。第一は、内部監査のアピール不足です。

〈要因１〉内部監査のアピール不足

> 内部監査の役割や意義が企業としては定められていても、企業内の各部署や社員にそれがきちんと伝わっていないため現場から十分な対応をしてもらえていない場合

これは、内部監査の制度はできているとしても、内部監査に対する社内の各部署の理解を促し、協力を取り付けて、内部監査を機能させるための社内の説明や伝達が十分になされているかという問題です。その対応としては、企業組織や経営に対する「内部監査の役立ち」とそのための「業務内容」をきちんと整理して、それを情報として社内に発信することです。その情報には、「何のための内部監査部門か」という納得感のある内部監査の目的や価値の説明、及び、その目的のために「内部監査では何をするか」、また、「各部署ではどのような協力が求められるか」という内容が含まれます。

このような情報の伝達の手段は、経営幹部会議等の閉じられた会議での説明だけでなく、社内一般に開かれた社内掲示板や情報誌等によるアナウンスなども一般社員に知らせるために有効です。これによって内部監査の社内認知度、いわゆるビジビリティ（visibility）を高めることが重要です。

本来、内部監査が何をするかという規程は社内ではあまり知られていません。そこで、あえて内部監査のやっていることを社内でアピールして、内部監査の役立ちについて理解を促し、協力を求めたらどうでしょうか。悪いイメージが一掃され、活動しやすい環境作りにもつながります。

（3）内部監査機能の位置付けの問題―内部監査の役割や使命が明確にされていない

上記の〈要因１〉は、内部監査のイメージの伝え方の問題ですが、伝えるべ

き内部監査の役割が十分に整理されていない場合は次の〈要因2〉です。

〈要因2〉内部監査の役割があいまいなため悪いイメージが先行

> 内部監査の使命や機能を十分に議論・認識されないまま内部監査部門として組織化されている場合。その役立ちとか価値がはっきりせず現場の協力を得にくい。監査を受ける部署も積極的なメリットを思い描くことができず、付加価値を生まない、ネガティブなイメージが先行してしまっているような場合

この場合は、もっと根本的に、内部監査の役割を明確にして、経営層も含めて合意を形成することが重要です。この内部監査の役割は、まず内部監査部門と社内の各部署との関わりという面からとらえることができます。

内部監査部門が被監査部署に対してどのような内部監査を行うか（図表2-1のA矢印）は、経営層と内部監査部門との間で決定されます（図表2-1のC相互矢印）。

ここでは経営者は内部監査の目的や使命を設定し、監査部門にその実行を指示します。その内容は監査規程等で文書化されます。これは監査実務の全体を規定する憲法のようなものですから、言葉のうえだけの建前論で終わることのないように、監査の人員モデルや監査の課題領域、対象部署など「実務とのつながり」を意識した取決めが望ましいでしょう。

また、実際にはこれだけでなく、現場に対してそれぞれの関わりをもつリスク管理機能と内部監査がどのような役割分担の下にどのように関わっていくかをはっきりさせておかないと（図表2-1のB矢印）、効果的な監査が達成できません。

（4）内部監査の力不足の問題—内部監査の力不足のため実績が上がっていない

次に、上記の（1）から（3）までの問題がなくても、内部監査部門がまだ発展途上にあって、内部監査を実行できる人材がいないとか、必要な制度や規定、

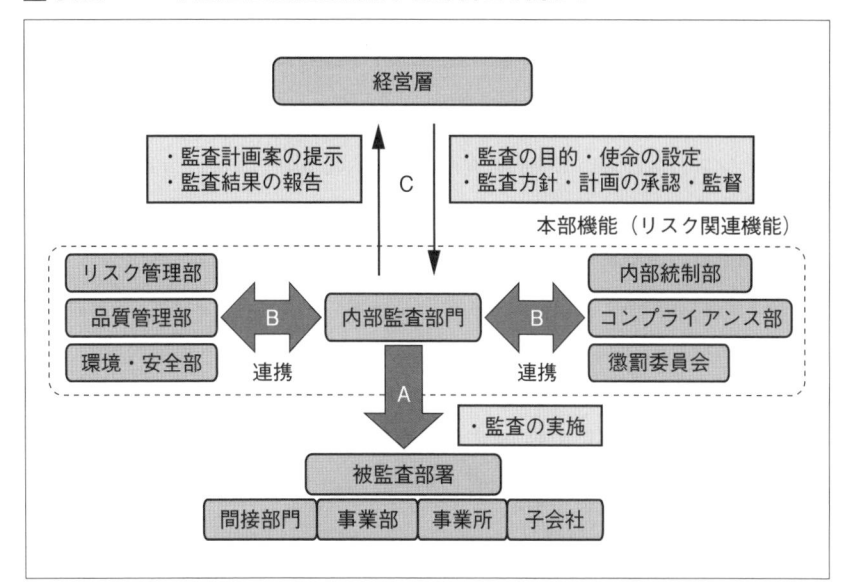

第2章 内部監査とガバナンスの関係を見直す

図表2-1 内部監査と経営層及び各部署との関わり

```
                        ┌─────────┐
                        │  経営層  │
                        └─────────┘
    ・監査計画案の提示  ↑ ↓  ・監査の目的・使命の設定
    ・監査結果の報告   C    ・監査方針・計画の承認・監督

                              本部機能（リスク関連機能）
  ┌──────────┐           ┌──────────┐         ┌──────────────┐
  │リスク管理部│           │          │         │  内部統制部  │
  │品質管理部  │ ⇔ B ⇔   │内部監査部門│ ⇔ B ⇔ │コンプライアンス部│
  │環境・安全部│           │          │         │  懲罰委員会  │
  └──────────┘  連携      └──────────┘  連携   └──────────────┘
                              ↓ A
                          ・監査の実施
                         ┌──────────┐
                         │ 被監査部署 │
                         └──────────┘
                    ┌────┬────┬────┬────┐
                    │間接部門│事業部│事業所│子会社│
                    └────┴────┴────┴────┘
```

書式等のインフラが十分できていないために、内部監査の実績が上がらない場合が次の〈要因3〉です。

〈要因3〉内部監査の役割に人材やインフラが追いついていない

> 内部監査の人材やインフラといった体制が企業が必要とする内部監査のレベルに達しておらず、被監査部署から歓迎されるような内部監査の価値を実績として示せていない。被監査部署は、社内のルールなので監査を拒否はしないが、監査から何も期待しないという場合

　この場合には、すでに予定された内部監査の役割や機能と整合性をもった人材戦略や方法論、ナレッジ、ツール等の体制整備を進めていくことが必要です。
　内部監査の人材とインフラに関する問題は本書の第3章と第4章で取り上げます。

Ⅳ リスク管理部門と内部監査部門との連携ができていない

　ガバナンス領域において内部監査が直面する問題の一つは、リスク管理部門と内部監査部門との連携というテーマです。私の実感では、リスク管理部ないし委員会組織のある企業で、そのリスク管理部署と内部監査との関係がうまくいっていない企業は3分の1を超えるのではないでしょうか。
　内部監査から見ると、リスク管理部門によるリスク評価は、その結果をそのまま内部監査の計画のベースに使うには適していなかったり、あるいは、十分でないということがあります。それは、内部監査部門とリスク管理部門との間でリスク評価をめぐって、図表2-2に例示したような様々な違いがある場合です。
　上記の例は、内部監査部門が、リスク管理部門によるリスク評価結果を活用しようとする際に障害となるケース、更に、広くとらえれば、両部門間において、何らかの連携を図ろうとする際に問題となる場合です。しかし、企業によっては、そもそもこのような連携を予定していないので、評価手続や評価結果の情報シェアはするとしても、リスク管理部門からの情報を特に内部監査に関連付けて利用することはしていないという場合も見られます。
　連携を全く考えないというのも問題ですが、内部監査としては複雑化した企業全体のリスクをまともに自部門で評価できるほどリソースもないし、だからといって、リスク管理部門の評価結果を見ると、リスク管理の視点や目的、あるいはリスク情報のまとめ方の違い、または、実務がまだ成熟していないことなどが原因となって、内部監査のベースとしては使いにくいといったことがあります。
　これらは、内部監査部門から見た事情として説明しましたが、リスク管理部門としても、内部監査部門との関係やリスク管理自体に経験のある人材の不足に悩んでいることがあります。

図表 2-2　内部監査部門とリスク管理部門とのリスク評価の違い（例）

①評価の対象とするリスク領域が違う場合

　リスク管理部門がリスク評価の対象としているリスクが、例えば、総務部を主体としたリスク管理部であれば、事故災害等のハザード系のリスクや危機管理系のリスクに重点を置いてリスクを評価しており、内部監査がカバーしてほしい、業務プロセスリスクやITリスク等の扱いが抜けていたり、内部監査の目的からはリスクの網羅性や取り上げる深さが十分でないと考えられる場合

②評価の対象とする地域や組織レベルが違う場合

　リスク管理部門がリスク評価の対象としているグループ企業の属する地域が限定されていたり（例えば、国内事業だけを対象とし、海外事業が対象から外れている場合）、特定の組織レベルや役職者からの情報収集に限定されている（例えば、ある一定の中間管理職からの意見だけで、組織責任者の意見が反映されていない場合）ために、内部監査が必要とする全社レベルの総合的なリスク評価結果が十分に入手できない場合

③リスク評価の信頼性が十分でない場合

　リスク管理部主導のリスク評価の仕組みがいまだ発展途上で、信頼できるレベルに達していないため、リスク評価結果を内部監査に利用できない場合

④体系的なリスク評価を実施していない場合

　リスク管理部門といっても、業務関連の事故が起こった場合の後処理を行ったり、特定の業務テーマに関して、現場業務に指針を与え、指導すること等を職務としており、一覧性のあるリスク棚卸し表などによる定期的なリスク評価は特段、実施しておらず、リスク管理部門からは、内部監査におけるリスク評価に必要な体系的な情報が得られない場合

　また、経営者の立場からは、いろいろな形で対外的にも報告を求められるリスク情報について、社内体制としては、内部監査部門による監査等を通じて適切なリスク対応をしていると説明したいところですが、リスク評価の中心となるリスク管理部門とモニタリングの中心となる内部監査部門との連携が整備されていないと、その関係を説明しにくいという状況になります。

　参考までに、それぞれの立場から内部監査部門とリスク管理部門との連携に関して企業に見られる懸念を図表2-3に例示しておきます。

図表2-3　内部監査部門とリスク管理部門の連携に見られる懸念

内部監査部門にとっての懸念
- 企業リスクの複雑化等のため、内部監査部門が自前のリソースで全社のリスク評価をすることが難しくなってきている。内部監査部門内ではリソースと情報量の面でリスク評価作業が完結できない。
- リスク評価をリスク管理部門に任せ、リスク評価結果を内部監査が利用するという方式をとりたいが、必ずしも内部監査に有用な、あるいは信頼できるリスク情報が上がってこない。
- 背景として、内部監査の重点が準拠性からビジネスリスク全般に広がる傾向の中で、より本格的なリスク評価を内部監査プロセスに組み入れる必要性が高まっているにもかかわらず、リスク・アプローチ自体が仕組みとして十分整備されていない場合が少なくない。

リスク管理部門にとっての懸念
- 認識されたリスクに対して対応策を提示する必要があるが、そのための実務の経験値が不足する場合もある。
- モニタリング機能としての内部監査にリスク管理の作業をつなげるという選択肢もあるが、そのような慣行や制度がない中でどうつなげたらよいか。
- リスク管理のPDCAも構築されていないことがある。
- リスク関連の専門性を持つ人材が不足気味で、内部監査等の他部門の人材が委員会などを通して活動をリードしている場合もある。

経営者にとっての懸念
- 対外的に公表している重要なリスクに対して、内部監査等が必要な対応をしていることを説明する責任を果たしたいが、うまくその関係を描けていない。

　さて、これらの問題を整理し、解決に向かわせるにためには、次の①、②及び③の三つの段階における議論を踏まえた検討が望ましいと思います。

① 企業の全社リスク管理の視点

　企業の全社的リスク管理はどのような視点から構築すべきか、また、リスク管理部や内部監査部門に止まらず、企業のリスク管理機構の中で、各部署がどのように関係し合ってそれぞれの機能を果たすべきかという問題です。

② ガバナンス機構におけるリスク管理機能の相互連携の視点

　リスク管理部門と内部監査部門は、共に企業のガバナンスレベルで設置された、企業全体を対象とする一種のリスク対応部署です。同様の機能は、コンプライアンス部、内部統制部、環境部、法務部等にも見られます。ここではこれをリスク管理機能と呼びます。①の各論として、リスク管理機能がそれぞれどのような役割を担い、互いにどのように連携すべきか、特に内部監査と他のリスク管理機能との関係をどう扱うかという問題です。

③ リスク管理と内部監査の連携に固有の視点

　上記①及び②の議論を踏まえて、ともにリスク管理機能である、リスク管理と内部監査というある程度、似通った二つの機能の連携やIIA指針の検討など内部監査から見た監査に特有の問題もあります。

　このうち、②については、次の「本社機能等にあるほかの部署と内部監査との関係がうまくいっていない」において、あらためて検討し、**解決策2**を提示します。①は**解決策3と4**で解説します。最後の④は、**解決策5、6**でIIAの指針との関係を見た上で、**解決策7**で具体的対応を取り上げます。

Ⅴ 本社機能等にあるほかの部署と内部監査との関係がうまくいっていない

　上記の4では、内部監査部門とリスク管理部門との連携を例に取りましたが、このほかにも、本社機能に含まれる営業管理なども一種のリスク管理活動としてリスク管理機能に含まれ、それぞれに内部監査との関係が整理されていないと問題になることがあります。例を挙げて説明しましょう。

CASE02 ｜ 営業管理部と営業店と内部監査との関係

　B社の本部営業管理部は、営業関連のリスク管理を統括し、営業店が遵守する規則を次々と作っては通達を出しています。ただ営業の現場を見たり、現場にフィードバックを求めることはほとんどなく、規則を出すことが主な責任のようです。現場に疎

> い本部が作った規則は、現実に即していないところもあるようです。しかし、規則の説明会や研修は少なく、現場から不満の声もあります。一方、顧客対応に責任のある現場は自らの判断で状況に応じた業務を行っています。これを内部監査すると、規則からの逸脱が細かいところでいろいろ出てきます。準拠性という点では現場にもルール違反の問題があります。ただ顧客対応に支障をきたさないようにルールの運用に柔軟性をもたせている点はやむを得ない面もありそうです。当社の内部監査は現場の業務監査はしますが、経営管理の一翼を担う本部の活動に対して改善提案することまでは求められていません。内部監査がこの事態の収拾に責任があるようにもいわれますが、内部監査部門は、与えられた役割の中で解決できる能力に限界を感じています。

　この事例では、監査以前の問題として、本部と内部監査との関係、それにこれらそれぞれの部署と現場の営業店との関係、この全体を誰がPDCAを描いて責任をもって運用させるかが見えないことに原因がありそうです。

　また、本来、営業管理の仕組み全体に対して、実地検証を踏まえた改善提案を提起できるユニークな立場にある内部監査部門がその本領を発揮する機会を十分に与えられずに、むしろ内部監査の機能を矮小化されて、現場のチェックマンに止まっているところにも大きな問題があります。

　図表2-4の左側に「現在の責任不明確な体制」として図解してみましたが、営業管理のPDCAを考えた場合、業務指針の提示によって一応は営業管理部はPlan（計画）の一部を行い、そのDo（実行）は営業店が行い、Check（確認）は内部監査部門が行っており、監査の結果は営業店にフィードバックすることでAction（改善）も部分的になされます。しかし肝心の営業業務の規則自体に見られる問題は、内部監査で指摘してもそれを営業管理部で受け止める体制がなく、営業管理部の責任がはっきりしません。

　これを改善するとしたら図表2-4の右側の「PDCAによる責任体制」のように、営業管理部が営業活動全般の責任者として活動のPDCAを明確にし、これを回す責任を担うことが考えられます。この中のPDCAのうち、Cの確認プロセスを内部監査部門が担うことも人手の問題もあり、あながち悪いとはいえません。しかし、執行業務に対して独立的モニタリングを担うという内部

図表2-4　B社の場合　PDCAによる責任体制の確立

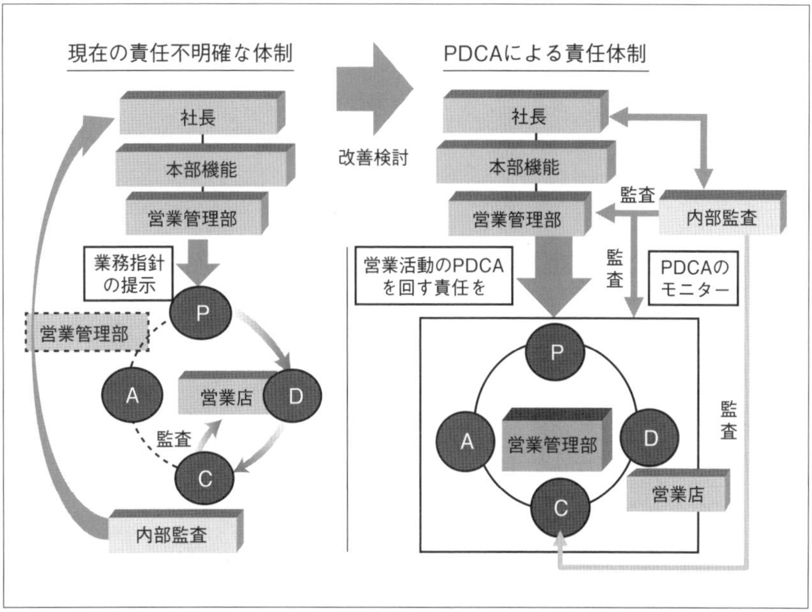

監査の本来の役割からすると、これは営業管理の中でなされる業務であって、内部監査部門としては、その外側からチェックするのがふさわしい役回りです。その場合、PDCAについては、これがきちんと回っているかを監査してその設計や運用の不備や改善点をその責任者である営業管理部に提案し、指導するというのが、内部監査の役割としては適当でしょう。ここでの教訓として整理しておきたいポイントは、以下の三つです。

(1) リスク管理機能の存在と特徴を認識する

第一は、組織全体のリスク管理に使命を持つという点で、内部監査と横の関係をもつほかのリスク管理機能（上記の例では営業管理部）の存在を認識することです。これらの部署は内部監査と似たような機能をもつだけに、業務の重複・非効率や現場の混乱の原因となる可能性もあります。お互いの機能を理解

したうえで、整理や棲み分けを意識する必要があるということです。

(2) 企業全体のリスク管理体制の中の内部監査の位置付けを最適化する

　第二は、内部監査と個々のリスク管理機能との相互の関係、並びにこれに、上層部の経営層と現場の各部署を加えた全体最適の視点から、その中の内部監査の位置付けを明確にする必要があるということです。

(3) 内部監査が本社機能の直接に改善提案できる体制を確保する

　第三は、上記②の当然の帰結として、内部監査部門が本社機能に改善提案を提起できる立場が確保されなければいけないということです。内部監査は、企業の経営から現場の管理まで組織全般にわたって幅広い知見を実証的にもちうる企業組織の中でも特異な存在です。この持ち味を無駄にせずに最大限生かすには、このような仕組みが重要となります。

　Ｂ社の場合は、本部にある営業管理部が自ら汗を流して現場を統括し活性化に努めようとはせずに、むしろ現場サイドの管理を本来は立場の違う内部監査にまかせようとしている点と本社機能と現場機能とがうまくかみ合っていない点で、全社的リスク管理に不安があります。全社的リスク管理といえば、管理の強化や不正の対応の面からよく問題とされますが、本来は、大企業病を排して、規模は大きくても機動力があり、活力のある組織を作ることに主眼があります。その意味でＢ社に垣間見えるのは、大企業に潜む組織の脆弱性です。せっかくコストを使って内部監査部門を抱え、各部がいい仕事をしても、その結果を企業の活力につなげる仕組みがないと、大きな無駄を生み、組織の壁に閉ざされて現場からの警鐘を見過ごすことになりかねません。

　こうした全体観を踏まえた検討や仕組みがあって、初めて内部監査は内部監査としての本来の機能を十分に発揮できることになります。

　これは監査というよりも、監査機能も含めたリスク管理と呼ぶにふさわし問題です。逆の見方をすると、内部監査が本来の役割を果たすには、各部署がそれぞれのリスク管理にどのような責任を果たすかということについて、きちんと

と役割分担ができて活動しており、その中で内部監査の位置付けが明確になっていることが必要です。この全体の仕組みがあって、内部監査は初めて他の部署と協調してその力を発揮できることになるのです。

　同様のことは、J-SOXと呼ばれる内部統制の評価作業でも同じです。これも内部統制部等の組織において担われる一種のリスク管理機能です。いくら評価チームに優秀な人がいたとしても、それだけでは全社にまたがるプロジェクトを回すには限界があります。企業全体を構成する各部署がお互いにどのような役割を担うかということについてコンセンサスがまず必要で、更に、同じ目標に向かって協調的に活動をし、皆で汗をしているという意識を共有できる状況を作る必要があります。これがなければ大企業の内部統制の作業はうまくいきません。

　その個々のリスク管理活動がそれぞれに企業全体の大きな経営目標にベクトルを合わせて、全体として統合されて動いている、そういった状態を振り返ってみると、なるほど、そこに全社的なリスク管理の営みがある。そうした状況をいわゆるERM（全社的リスク管理：Enterprise Risk Management）と呼ぶこともできると思います。ERMというと、COSOモデルの適用にこだわる向きもあるようですが、大事なのはその会社なりの現実的な落としどころを見極めることでしょう。そのためには、むしろ現場で動いている活動に軸足を据えて、これを生かしながら高めていくという地に足のついたアプローチが確実であり、また効率的でもあります。

2 ガバナンス関連の解決策

> **解決策1** 内部監査のバリューチェーンを作って、付加価値の維持・向上を PDCA 化する
>
> (1) 内部監査に責任をもつ主なステークホルダーの期待を確認する
> (2) 内部監査のミッションステートメントで方向性をコミットする
> (3) 体制の不備は戦略計画で数年間で達成させる

(1) 内部監査のバリューチェーンと PDCA の考え方

　内部監査が企業経営に貢献する存在であるためには、まずその組織における足場を固めることです。内部監査の見直しというと、人材やインフラの問題もありますが、その前に必要なのは、企業組織において、「うちの内部監査部門は何をする組織か」という機能を明確にして認知させることではないかと思います。

　確かに、内部監査人が強い大企業もあります。ただ中には、内部監査部門に力があるというよりは、その後ろ盾である社長の威光によって各部署に受け入れられており、内部監査の存在意義やその力量が十分認識されているかというと、それはまた違うという面もあるようです。

　また、内部監査部門がその力を発揮して付加価値を上げるには、まずその活動のベクトルを経営の向かう方向にきちんと合わせることが大事です。

　概して、日本のように人と人との信頼関係を重んずる社会では、監査のような欧米直輸入の制度が自然発生的な形で企業風土になじんで根付いていくとは考えにくいところもあります。内部監査がいまだ未成熟な企業風土の中では、意識的にその機能を組織全体に理解させ、活性化させる仕組みを導入していくべきなのではないかと感じます。

　そのためには、どのような仕組みを作ればよいでしょうか。

第2章 内部監査とガバナンスの関係を見直す

　ここで推奨するのは、「内部監査のバリューチェーンを作って、付加価値の維持・向上をPDCA化すること」です。

　これは、現在ある内部監査の制度の流れをバリュー、すなわち価値という視点から見直しをかけて、更にそれをプロセスないし手続として、正式に定めることによって、その実施に関する責任と権限を明確にすることです。これによって、経営層が望む内部監査を現実的な形で実現させ、また、必要な改善も行っていくことを仕組みとして明確にすることになります。

　バリューないし価値というと、聞こえは良くても、何かつかみどころのない感じがします。これをしっかり押さえて責任をもって回していくために、関連する文書の中にその扱いを文書化します。その関連文書として図表2-5では、ミッションステートメントと戦略計画、それに年次計画を挙げています。

　この後は、図表2-5を見ながら、流れを説明しましょう。まず第一に、経営層の期待の確認というプロセスがあります。この中で経営層のステークホルダーが内部監査に期待する価値や監査の重点を明らかにします。内部監査の活動

■ 図表2-5　内部監査のバリューチェーンを作ってPDCAを回す

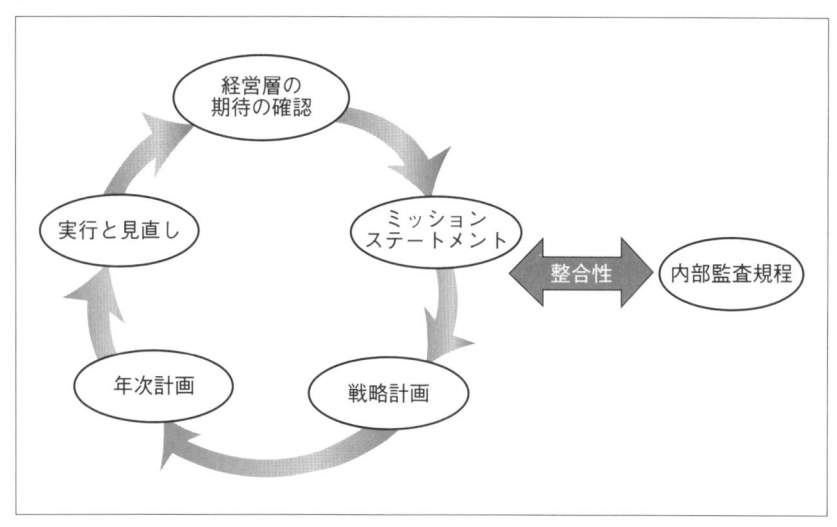

の方向や重点を経営の意向に合わせるために重要なステップです。

　第二に、その結果を受けて、ミッションステートメントでは、それらの価値や重点に対応して、どのような使命や目的をもって内部監査を進めていくかを明確にします。これは内部監査のガバナンス機構における位置付け、その責任と権限を明らかにします。またここではその目標とともに、できればその目標達成度合いを測る尺度についても示します。

　第三に、ミッションステートメントに示された目的や目標に向けて、ここ数年間の期間で戦略的にどのような重点目標で監査作業を展開するかを戦略計画に記載します。目標の達成には、人材とかインフラの整備など、現状と目標とのギャップを埋めるのに数年がかりで段階的に整備する項目もあります。この計画もこの戦略計画に含めて記載します。

　ここまでで基本的な内部監査の大筋ができます。このレベルのPDCAはこれを実行に移して、見直し作業を経て、最初の経営者の期待の確認に戻るというようにも描けますが、実際にはその実行の中で年次の監査計画も合わせて行いますから、図表2-5では年次の計画を示しています。

　そこでこれらの戦略計画、ミッションステートメントと平仄を合わせて、当年度の監査計画を策定し、それを実行し、見直をかけて、経営層の期待の確認に戻るという流れになります。

　このようなアクションは、内部監査の立ち上げのときだけでなく、定期的にアップデイトすることが肝要です。このPDCAを年次で回すとすれば、一度作られたミッションステートメントや戦略計画は次年度には必要な範囲で見直しを行うことになります。またミッションステートメントの改定に対応して、内部監査規程も必要な改定を加えることになります。

　このような作業の流れと文書の中で、当初、経営レベルで確認した内部監査に期待する価値がどのように実現していくかという工程、つまり価値の連鎖（バリューチェーン）が「見える化」されます。また、こうした作業をPDCAとして認知することによって、個々の手続が組織の責任体制に組み込まれます。

（2）ガバナンスモデルとしての側面

　上記の説明は、主として経営者を中心とする企業の執行サイドにおける、経営の期待する内部監査の価値の維持・向上の仕組みとして説明してきましたが、取締役会及び監査役（ないし監査役会又は監査委員会）を経営レベルのステークホルダーと位置付けることによって、企業のガバナンスともつながってきます。企業経営の最終責任をもつ取締役会は、上記で紹介したような内部監査のPDCAが経営によって適切に運用されていることをモニターすることによってその執行に対する監視機能を果たすことができます。同様に監査役もステークホルダーとして実質的な協議に加わるとともに、ミッションステートメントや戦略計画書のレビュー・承認を通じて監査役としての監視機能を果たすことになります。

　つまり、経営者は上記のような内部監査のPDCAの仕組みの導入と「見える化」によって、適切な内部監査の整備・運用を実証でき、取締役会及び監査役に対してその説明責任を果たすことが容易になります。他方、取締役会及び監査役（ないし監査役会又は監査委員会）はそれぞれの立場で、経営活動をモニターする際に利用できるツールとしてこのPDCAの仕組み及びそこに組み込まれた文書を活用することができるわけです。

　ちなみに、内部監査人協会（The Institute of Internal Auditors：以下IIA）による2010年世界調査のレポートでは、内部監査活動のガバナンス構造に含まれる、主要な内部監査ガバナンス文書（key internal audit governance documents）として以下の文書を挙げて、それらの相互の関連性という点から各文書を解説しています。

・内部監査規程
・内部監査ミッションステートメント
・内部監査ビジョンステートメント
・内部監査戦略計画

以下では主なステップごとに解説を加えておきます。

① **内部監査に責任をもつステークホルダーの期待を確認する**
1）定期的な期待の確認が必要

　内部監査の使命や目的は、経営レベルで決定されます。その決定に責任を持つのは、一般に、社長をはじめとする経営者、監査役（監査役会）ないしは監査委員会です。このほか状況によっては主要事業部門の役員者等もステークホルダーに加わることがありますが、どのような役職者が内部監査のステークホルダーであるかはその会社のガバナンス構造によって決まります。

　内部監査部門を新たに創設したり、その機能の見直しをする際には、これらの内部監査に関する主要なステークホルダーが、内部監査の目的や使命を決定することが必要です。また、一度決定された後も、内部監査部門はこれらのステークホルダーの意向に沿った内部監査の運営及び今後の方向付けができていることを確認するための機会を定期的に設けることが必要です。

　これは企業として内部監査機能にどのような価値を求めるかという重要な決定です。これによって、内部監査部門の組織体制、業務の内容、部門としての目標、備えるべきインフラ等の体制のすべてが決まります。

　ここで想定される内部監査の主な役割としては、以下の項目が例として挙げられます。

1. 重要なビジネスリスクの評価と報告
2. 内部統制の有効性・効率性の評価（J-SOX業務のテスティング等）
3. 業務プロセス・事業活動の改善に関する提案
4. 経営者が指示する個別課題や緊急案件への対応
5. 企業組織全般にわたるリスク意識、管理意識の醸成
6. 経営幹部候補の養成機関としての役割
7. 外部監査の効率化、省力化への貢献

　企業活動の進展に伴って経営方針や戦略も年々、推移していきます。内部監査の使命や目的は、それがステークホルダーの期待に沿っているかどうかという点から定期的に再評価すべきものです。こうした期待についてステークホルダーと話し合うことは、そのリスク認識やリスク・アペタイトを知り、どこを

重点的に監査してほしいか、アシュアランスが必要なのはどの分野か、コンサル的な監査はどの領域に必要かといったニーズを理解することになります。

　これから内部監査部門の見直しを検討する企業は、まず第一に、上記のような項目に関するステークホルダーの期待を確認して、それが内部監査体制の中に適切に反映されているか検討すべきでしょう。

2）ステークホルダーによって期待が異なることに留意

　その際、留意すべきことは、ステークホルダーの立場や考えによって内部監査への期待が異なるということです。

　一般に、企業の業績に責任をもつ経営者は、売上や利益、マーケットシェアを拡大させる際の妨げになるリスクへの対応を重視しがちです。例えばビジネスプロセスの改善とか、内部統制の不備の解消、新しい施策の導入に伴う障害への対処などのリスク対応であり、これらはいわば企業の業績の向上に役立つリスクです。

　一方、ガバナンスに大きな責任をもつ監査役や監査委員会は、法令や規制への対応とか、風評リスクへの対応などある意味、もっと保守的な立場からの期待があります。ここで想定しているのは、法令違反や罰金・和解金、規制対応の遅れ、有価証券報告書等の修正、税務申告の誤り、外部からの告発や制裁措置、風評被害等、企業にマイナスの影響を与えるいわば真正のリスクです。

　日本の企業では、社長が内部監査の主たるステークホルダーであることが多いでしょう。だからといって、監査役等の他のステークホルダーの考えを聞かずに、社長とだけ話をして内部監査の方向性を決めてしまうのは企業のガバナンス上もよくありません。内部監査部門としては、いろいろな立場のステークホルダーの意向をバランスさせてリスクへの対応を考えるのが望ましく、できれば経営レベルで合意された期待事項を整理して各ステークホルダーの同意のもとに内部監査の取組を進めることが期待されます。

② **内部監査のミッションステートメントで方向性をコミットする**

1）ミッションステートメントを作る意味

　ステークホルダーの期待が整理できたら、その期待を反映した、内部監査の

使命や目的をミッションステートメントという文章にまとめて、その内容について経営層の賛同を得ます。

内部監査を活性化するには、まずその使命や目的を規程した内部監査規程等の内容がそのままでよいか見直しをかけることが重要です。

（社）日本内部監査協会の内部監査実践要綱には、「内部監査規程は、実効ある監査活動遂行のためには必要不可欠のものである。この規程は、組織体における内部監査の使命（目的）及び実施の内容を明らかにするとともに、これによって監査活動を規律し、あわせて組織体内の人々から内部監査に関する理解と協力が得られるように作成される必要がある。」と規定されています。

ここで問題としているのは主には上記の後段の部分、「組織体内の人々から内部監査に関する理解と協力が得られる」ことで、そのためには、内部監査規定のようにどちらかというと内部監査部の中で使う規定というよりは、そのエッセンスを簡潔に記して、また、他の部署との関わりや責任関係を明確にした、ミッションステートメントという文書を作ることが、望ましいと考えます。

これを作るのは、経営層の内部監査への期待を反映した内部監査の方向付けを明確にコミットするとともに、図表2-4で示したようなPDCAを説明し、導入するツールとしても好都合だからです。そこでは、ミッションステートメントの目標とする内部監査の価値について、その価値の達成に至っていない分野を数年間の計画で戦略的に強化し、この大局的な流れを年次の監査計画の作業にもつなげていくという、バリューチェーンを作り、それぞれの作業プロセスをPDCA化するという段取りです。

ミッションステートメントの内容は、内部監査規程に書かれることと大きな違いはありません。しかし、内部監査規程は説明資料には向いていないし、頻繁に変えることは想定されていません。その点、状況変化に応じて機動的に内部監査の重点に変更を加えたり、経営管理層の賛同を得て協力を取り付けるといったコミュニケーションのツールにも使えるという点でも、その要約版であるミッションステートメントは使い勝手が良いはずです。この利用は、企業内で内部監査の価値を実現する作業を戦略的に進めていくのに適しています。

2) IIAによる2010年調査報告のスタンス

　ちなみに、2010年のIIAによる世界内部監査調査の五番目の報告書である、「変化のための要請（Imperative for Change）」（THE IIA'S GLOBAL INTERNAL AUDIT SURVEY, The Institute of Internal Auditors Research Foundations）において、その調査結果を踏まえて内部監査の対応が必要と考えられる10の要請が挙げられています。その三つ目の要請が「内部監査の戦略的なビジョンを作る」ことです。そこでは、内部監査活動のガバナンス構造には、通常、内部監査規程、ミッションステートメント、ビジョンステートメント及び戦略計画が含まれるとし、これらのガバナンス文書の目的と関係を示すために各文書の要旨を述べています。

主要な内部監査ガバナンス文書の整合

　内部監査活動のガバメント機構には、通常、ビジョンステートメント及び戦略計画とともに、監査規程とミッションステートメントが含まれる。これらの核となるガバナンス文書の目的と関係を明らかにするために、それぞれについて、その概略を以下に説明する。

内部監査規程：内部監査規程はIIA基準1000「目的、権限及び責任」に要求されるものであって、内部監査部門が所管する主要なガバナンス文書である。それは内部監査活動の目的、権限及び責任を定義するものであり、上級経営者及び取締役会によって定期的にレビューされ、承認を受けなければならない。それはまた内部監査の現行のミッションステートメントを含むべきである。内部監査規程は、単に形式にこだわった文章とは対照的に、実際の内部監査活動を反映したものにする必要があることに留意しなさい。

内部監査ミッションステートメント：ミッションステートメントは、その

組織の内部監査活動についての現在の全般的な使命を概括的に述べた説明文である。ミッションステートメントは、アシュアランスやコンサルティング活動の提供のような、内部監査の中心的な活動を反映するだけでなく、組織の主要なステークホルダー、とりわけ、監査委員会、取締役会及び上級経営者に固有の期待を伝えるものでなければならない。

内部監査ビジョンステートメント：ビジョンステートメントは、内部監査の戦略的な方向の概要を示した将来の見通しに関する簡潔な文章である。それは、通常、内部監査が現在、提示している活動ではなく、提供することを目指している活動を記述する。

内部監査戦略計画：戦略計画は、内部監査のビジョンを達成し、実行に移すために必要なアクション・ステップを提示する、将来に向けた文書である。通常、戦略計画は、テクノロジー、人材及び業務の慣行といった領域をカバーする（付加的トピックとしてページ xx の内部監査戦略ギャップ分析を参照）。戦略計画はその実行に1年以上要することがあるため、それはたびたび年次の戦術計画によってサポートされる。

(前掲書「変化のための要請」の13ページの表を訳出)

内部監査規程は、IIA 基準によって作成が要求されていることもあって、通常、内部監査部門であれば作成していますが、上記報告書によると、ミッションステートメントは、今回の 2010 年の調査の回答者でもっているのは 57 ％だけだったそうです。それでも半分以上が使っているということです。
3）ミッションステートメント作成の際の留意点
　ミッションステートメントを作成する際には、以下の点に留意します。
―自分の組織の実態に合うように書かれているか（形式のためではなく、実質的に使うために作る文書なので、他からの借り物ではうまくいきません）

—ステークホルダーの期待に即して、内部監査の重点や方向性が設定されているか

—内部監査部門の組織上の権限及び責任が明らかになっているか

—内容は経営層に承認され、社内の管理層に広く認識されているか

—監査目標の達成には達成度を測る尺度や参考となる KPI などが検討されているか

③ **体制の不備は戦略計画で数年間で達成させる**

上記の IIA の説明では、内部監査ビジョンステートメントが挙げられていますが、図表2-5 では簡素化のためミッションステートメントから分けていません。これを切り出して表示すれば図表2-6 のようになります。

ミッションステートメントの目指すバリューの一つが、例えば、「事業部門の業務プロセスの効率化のための改善提案をする」、という内容であるとすると、

図表2-6　達成すべき価値を支えるインフラ・人材が不足していれば戦略計画に挙げる

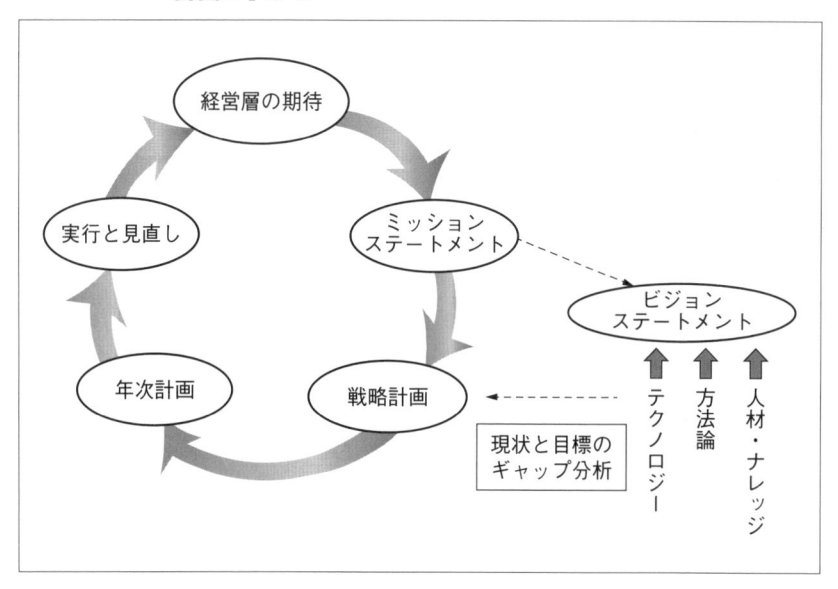

それを実現する人材やインフラについて、現状とあるべき状況との差異を認識してそれを今後の改善計画に挙げていくという考え方です。

　また、ステークホルダーの期待する内部監査のバリューを実現するということは、そのための監査のアプローチないし方法論がしっかりと構築できているということでもあるはずです。例えば、図表2-7（再掲）に例示したような、いくつかの内部監査のアプローチがそうだとすると、それぞれの実施に必要な最低限の実施要領ができていなければなりません。つまり、例えば、子会社循環監査モデル、テーマ監査モデル、経営監査モデルなど、ミッションの異なる内部監査の類型ごとにそのアプローチ（作業プロセス、人材モデル、必要な書式等のインフラを含む）が監査のための品揃えとして必要になります。これもこの段階で大まかに決めておいて、後の詳細はインフラ整備の段階で精緻に準備するということになります。

　また、内部監査規程やミッションステートメントは、内部監査部門が経営層と一緒に作成する大筋の取り決めです。内部監査規程に監査の種類として保証とコンサルティングとがあると、規程のサンプルに出てくるような文章をそこ

図表2-7　内部監査アプローチの類型化の例

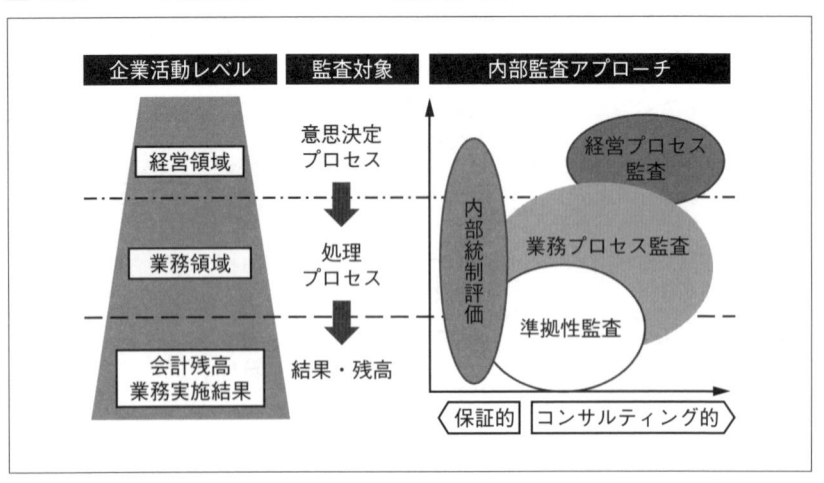

に書いてもおかしくはありません。ただ実務展開する際に、その骨組みとなる上記に例示したような監査モデルの設定や更にその肉付けとなる書式やチェックリストなどの作り込みと整合していないと、形式だけの作文になってしまいます。ですから、文書の形骸化を避ける意味でも、内部監査規程やミッションステートメントを草案する際には、その後の下流工程でどのような作業や文書につなげるかという現実的なイメージを持ちながら作ることが大事です。

> **解決策 2** 内部監査と他のリスク管理機能のタテヨコの関係を整理する
>
> (1) 内部監査以外のリスク管理機能を把握する
> (2) 内部監査と他のリスク管理機能との連携をPDCAを使って考える
> (3) 全社的リスク管理における内部監査の立ち位置と互いの関わり方を決める

(1) 内部監査以外のリスク管理機能を把握する

　図表2-8（再掲）は、内部監査と経営層及び被監査部署との関わりを内部監査から見た図として描きましたが、実際には、内部監査以外にも、リスク管理部門、コンプライアンス部ないし委員会、法務部、内部統制部、環境安全部、品質管理部、等々、本部機能において広い意味のリスク管理をそれぞれの課題について司る部署があります。これらの個々の機能をリスク管理機能と呼ぶことはすでに説明しました。大企業の組織図を見ると、この種の機能が本部のコーポレート機能に含まれていることがよくあります。

　ところで、内部監査の視点から見た図表2-8では、A矢印の下にある被監査部署には間接部門も含まれており、ここにはB矢印の両側にある各リスク管理機能も監査対象に含まれます。ただし、これらの部署はそれぞれに所定のリスクにかかる全社的な活動を行っているわけです。そのリスク管理機能の役割ないし活動と内部監査との役割・活動を互いにどのように整理し、必要な連

図表2-8 内部監査と経営層及び各部署との関わり

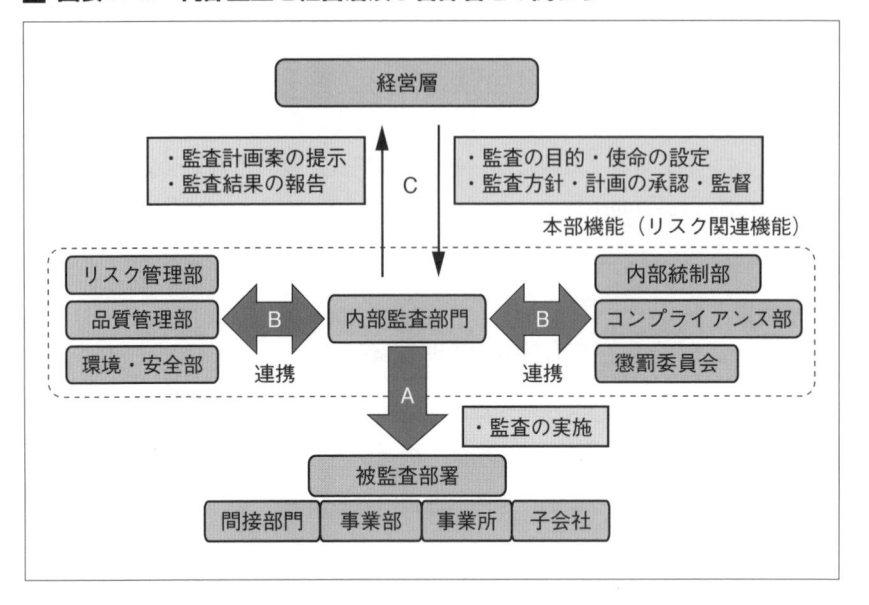

```
                            ┌─────────┐
                            │  経営層  │
                            └─────────┘
         ・監査計画案の提示      ↑ ↓    ・監査の目的・使命の設定
         ・監査結果の報告        C      ・監査方針・計画の承認・監督

                                        本部機能（リスク関連機能）
    ┌──────────┐              ┌──────────┐            ┌──────────┐
    │リスク管理部│              │          │            │ 内部統制部 │
    │品質管理部  │ ⇔ B ⇔      │内部監査部門│ ⇔ B ⇔   │コンプライアンス部│
    │環境・安全部│   連携       │          │   連携     │ 懲罰委員会 │
    └──────────┘              └──────────┘            └──────────┘
                                    ↓ A
                                  ・監査の実施
                            ┌─────────┐
                            │ 被監査部署 │
                            └─────────┘
                       │間接部門│事業部│事業所│子会社│
```

携をさせるかが、組織全体のスムーズな運営のために重要となります。

ここでは、リスク管理機能という部署の働きを理解し、自分の企業の中でどの部署がこのリスク管理機能に該当するかを認識することが大事です。

（2）内部監査と他のリスク管理機能との関係を PDCA を使って考える

内部監査以外のリスク管理機能もそれぞれの使命（ミッション）の下に経営層と各部署との関わりがあります。内部監査とこれらのリスク管理機能はどのような関係をもつべきでしょうか。それを考えるときの一つのモデルになるのが PDCA です。各リスク管理機能は、この PDCA サイクルをそれぞれのミッションについて回していると説明ができます。それを表したのが図表2-9です。例をいくつか挙げて説明しましょう。

第 2 章　内部監査とガバナンスの関係を見直す

図表 2-9　内部監査と他のリスク管理機能との関わり

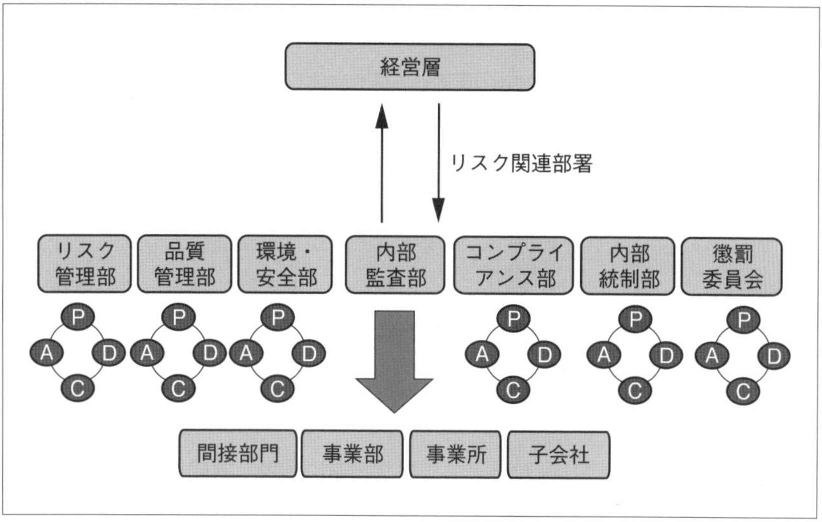

```
                          経営層
                            ↑ ↓  リスク関連部署

  リスク    品質    環境・   内部     コンプラ   内部     懲罰
  管理部   管理部   安全部   監査部   イアンス部 統制部   委員会
   PDCA   PDCA   PDCA     ↓        PDCA      PDCA    PDCA

              間接部門  事業部  事業所  子会社
```

CASE 03 ｜ 内部監査部門とコンプライアンス部との連携

　C 社のコンプライアンス部は、企業の行動規範などの規則を社内に浸透させるための活動の一環として規程を作成し、社員向けの研修を実施することがあります。これは PDCA のうち P（計画）と D（実施）までカバーした活動と考えられますが、それが各部署で浸透しているかという C（確認）は内部監査部が内部監査活動の一環として行っています。その結果はコンプライアンス部にも伝えられるのでその情報を通してコンプライアンス部としては C（確認）及び次の A（改善）という作業を行っています。PDCA を回す責任はコンプライアンス部にあるとしても、このうち C（確認）の作業は内部監査を通して実質担われていることになります。

CASE 04 ｜ 内部監査部門とリスク管理部の連携

　同じような例として、D 社ではリスク管理部が各部署にリスク管理を実施させるために、リスク評価の体系を作成し、関係各部に必要な説明や研修を行い、リスク評価をさせています。ただし、いまだリスク管理の実務経験が浅いため、各部が適切にリスク評価をしたかというモニタリングは経験のある内部監査部門がこれを行うというように分業して実施することが一つの選択肢として考えられています。これも

> PDCAのうち、リスク管理部が全体の責任をもつとしても、C（確認）のプロセスは内部監査に任せるという方法です。しかし、リスク管理部が経験を積んで慣れてくると、PDCAの全プロセスを自ら実施するようになることも考えられます。その場合、内部監査は、C（確認）プロセスの実施はもはや支援することはありませんが、このPDCAサイクル全体がうまく回っているかという視点から内部監査部門としてモニタリングをするという方式に移行することも考えられています。

　このように、リスク管理機能に所属する人員がその機能にふさわしい能力や経験を有しているとは限りませんから、その能力や経験のある部署に支援を依頼することは、全体の最適化や効率の面からは望ましく、その点では、適切な横の連携ということができます。逆に、お互いの連携を全く考えていないとか、PDCAを回す責任がどこの部署かをはっきりさせていないと、互いに作業や役割に重複や無駄ないし不効率が生じたり、逆に重要な機能を誰も自分の責任とは認めていなかったり、業務を押し付け合ったりする一方で、全体としての整合性を誰も見ていないといったことが起こる可能性があります。

　ただし、内部監査部門は、リスク管理機能の活動も含めて経営者による執行活動の全体が監査の対象となるということを考えると、他のリスク管理機能とは異なる立場に立っています。そこで問題となるのは内部監査の独立性ということです。例えば上記D社の例の後半で述べたように、リスク・マネジメントの人材が経験を積んで自らPDCAを回しているという状況であれば、内部監査部門はその外側からモニタリングすればよいわけで、独立性が問題になることはありません。しかし、同じくB社の前半で想定したように、リスク・マネジメントのC（確認）のプロセスを内部監査部門が支援をしながら、この業務をその後で監査すれば自己監査になりますから、本来、内部監査部門はそのような作業をその責任者として手掛けるのは適当ではないということになります。

　このように、企業のリスク・マネジメントに対して内部監査部門による支援がぜひとも必要であれば、「全社的リスク・マネジメントにおける内部監査の役割」という、ポジション・ペーパー（IIA, Position Paper, "The Role of Internal Auditing in Enterprise-wide Risk Management", January, 2009）が

IIA より出されていますのでこれを参考に取扱いを考えるのが相当です。ここには、このような支援に際して内部監査部門が本来の独立性を維持するために、手当てしておくべきことがまとめられています。この独立性のテーマは、**解決策6**であらためて取り上げます。

（3）全社的リスク管理における内部監査の立ち位置と互いの関わり方を決める

さて、内部監査とリスク管理機能の関係を整理するために、まずリスク管理機能の存在を認識し、PDCA サイクルを念頭に置いて、各部署で動員可能な人材の能力・経験なども考慮に入れて、各リスク管理機能と内部監査との適切な連携の仕方を考えることを推奨してきました。

ここまでの話では内部監査と他のリスク管理機能とをあまり明確に区別せずに説明してきました。しかし、内部監査は、本来、企業のガバナンスやリスク・マネジメントも監査対象としています。内部監査基準実施要綱においても「内部監査部門は、組織体のリスク・マネジメント・システムの有効性を評価しなければならない」（実施要綱［5］2（1））とされています。そうすると、経営者が経営管理の中で行うリスク評価や、認識されたリスクに対するリスク対応が適切かどうかを内部監査の立場から評価・診断等を行うということになります。そのような強い内部監査を想定すると、リスク管理機能のそれぞれのPDCA が適切に運用されていることも、当然、内部監査の対象になるでしょう。

ただ、一方で内部監査の使命・目的は、経営層の決定事項でもありますから、経営の意向によって、どこまで内部監査の対象に入れるかは異なってきます。企業によっては PDCA の互いの機能を補うという面で、各リスク管理機能のC（確認）のモニタリングプロセスを内部監査部が支援して実施することがあることも紹介しました。

しかし、内部監査の守備範囲は企業によって差異があるにせよ、内部監査部門は、基本的には、経営層の負託を受けて経営に含まれる執行活動を独立の立

場から監査を行うという役割を担うものです。リスク管理機能はその執行活動の中に含まれます。そのため監査の対象になるリスク管理機能と内部監査機能は一線を画しておく必要があります。そのため、その一部を支援することはあっても PDCA を回す責任を含めたリスク管理自体の「機能」までも内部監査部門としては請け負うべきではないでしょう。

　現実的な、人材や人手不足という問題には、内部監査部門の本来の「機能」を拡大したり、これに例外を設けるということはせずに、むしろ、人事の問題として、必要となる人材の期間を限定した兼務や一時的な応援という形で対処する方が説明しやすいと考えられます。ただその場合にも、「内部監査人は、以前に責任を負った業務について、特別のやむを得ない事情がある場合を除き、監査業務を行ってはならない。(前掲、内部監査基準〔2〕1)」という規定があることも、内部監査部門としては念頭に置いておくべきでしょう。

　経営管理も内部監査も共に経営トップが責任者となる多くの日本企業と、経営者からは独立した監査委員会に内部監査がレポートする米国型の企業とではガバナンス構造に違いがあり、同列に扱えない面もありますが、ここは、経営管理機能と内部監査機能との間に一定のけじめを付ける米国式の方法が理にかなうと考えられます。

　いずれにせよ、内部監査部門の全社的リスク管理における位置付けは、上記のような独立性への配慮も含めて、経営層を交えて十分に議論し、適切なポジションを確保することが、内部監査のしやすさだけでなく、経営にとっても、内部監査機能から経営への役立ちを最大限引き出すうえで重要となります。

解決策3　リスク・マネジメントを理解する視点をもつ

（1）リスクモデルからリスク・マネジメントのミッションを理解する
（2）PDCA からリスク・マネジメントの活動を理解する

　リスク・マネジメントは、なかなかやっかいな問題です。リスク対応を何と

第2章　内部監査とガバナンスの関係を見直す

かしなければいけないという問題意識があっても、どこから手を付けてよいかわからない、いろいろなリスク対応もやらないよりやった方がよいが、費用対効果が見えず進めにくいといった声が聞かれます。また、一通りリスク・マネジメントのことは理解していても、検討すべき領域があまりに広すぎる、COSOなどの文献を読んでも実務の実感が先にないと抽象論のように見えてそこから実務のヒントを得ようとしてもできないと感じる人も少なくはないと思います。

(1) 2010年COSOの調査結果

折りしも、2010年にCOSOから「COSOのERMに関する2010年度報告―全社的リスク監視の現状とCOSOのERMフレームワークに対する市場の認識」(COSO's 2010 REPORT ON ERM–Current State of Enterprise Risk Oversight and Market Perceptions of COSO's ERM Framework) というレポートが公表されています。そのポイントは以下のとおりです。

◆参考◆

COSO'S 2010　REPORT ON ERM
《所見要約からの抜粋》

1. ほとんどの組織ではERMはいまだ未成熟か未発達な状態にあり、多くの回答者は現在のリスク監視のプロセスに不満を示している。
2. マネジメントや取締役会は組織がさらされている最大のリスクを議論しているが、重要なリスク指標（key risk indicators）等も含めて、その議論に基礎や根拠を与えるための正式なプロセスや構造が欠けているように思われる。
3. 組織のほぼ半数（44.4％）が新たに出現する戦略リスクを特定し、モニターするプロセスをもっていないか、もっていても最低限のプロセスしかもっていないと回答している。このことに裏付けられているように、組織のリーダーは、リスクの監視と戦略の行使との間の相互のつながりを見い出すことができていない場合がある。
4. 具体的なリターンを得るにはリスクを取らなければいけないという現実にあらためて目を向けるべきだ。組織のリーダーは、これによって、もっと頭を使ったリスク重視のマネジメントこそが、実際に戦略目標を達成する勝算を高める助け

となることに気付かされるだろう。
 5. 組織のリーダーは企業全般にわたってより強固なリスクの監視を望んではいるが、組織内の既存のリスク管理機能（例えば、内部監査、法務、保険、財務等）を超えて特に何をすべきかを見定められずに苦しんでいる。概念的にはERMの利点を確信していても、概念を実務に適用し、ERMの根本原則を既存の諸機能のプロセスに導入する道筋を突き止めるのに苦心している。

（調査対象：組織内でERM関連作業をリードしている人、またはそのような組織内の活動に詳しい人、回答数：460名の個人）

出典：COSO's 2010 REPORT ON ERM−Current State of Enterprise Risk Oversight and Market Perceptions of COSO's ERM Framework から一部を訳出

　これはCOSOのERMフレームワークの利用、検討及び依拠の状況を見るために、COSOが北カリフォルニア州立大学に調査を委託した結果報告です。これを見ても「多くの場合、企業のリーダーは、正式ともいえないその場しのぎのリスク監視の方法で十分で適切であると考えており、大きな外圧がマネジメントや取締役会に押し寄せるか、組織のリーダーが対応せざるを得ないような危機管理の事態をもたらす重大なリスクが起こるまでは、進展は難しいだろう」と指摘されています。日本でも違和感のない所見ではないでしょうか。

　このように、リスク・マネジメント、とりわけERMと呼ばれる全社的リスク・マネジメントについては、格付け機関がERMを重視する動きが見られたり、企業内外でもその本質的な価値や必要性が認識されながらも（図表2-10参照）、いまだ発展途上か研究段階という企業が多いのではないかと思います。

　一方、内部監査においては、リスク管理との関連性がますます求められるようになってきています。リスク管理制度に対する監査はどうしたらよいか、あるいは未発達のリスク管理体制に監査部としてどのような指導・アドバイスができるかという課題も現実の問題になってきています。

　しかし、内部監査人にとっては、完成したリスク・マネジメント体制をただルールに従って監査すればよいというケースはまれで、むしろ、未成熟のリスク管理体制を前にして、自らの知見と経験をフル稼働させて、何が問題で、ど

図表2-10　リスク・マネジメントはどんな価値があるか

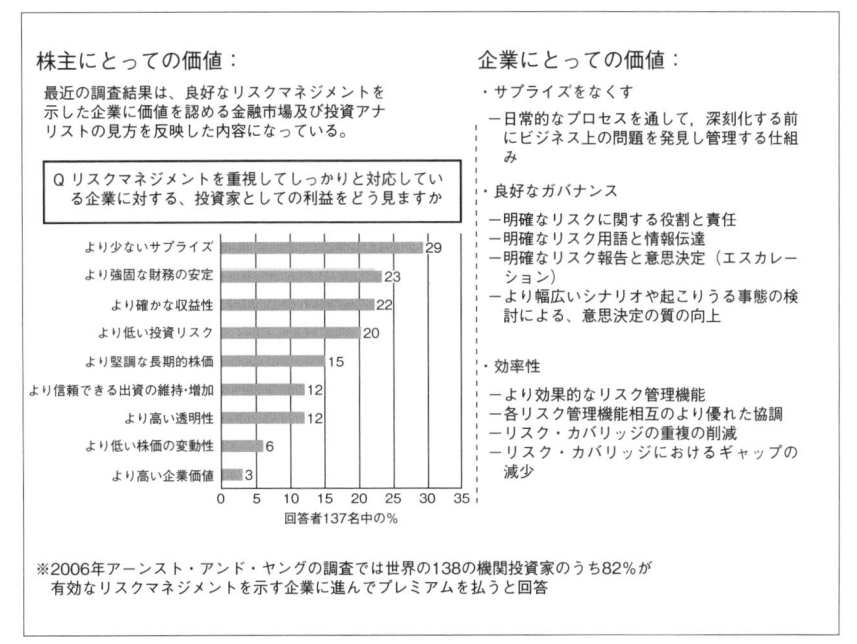

株主にとっての価値：
最近の調査結果は、良好なリスクマネジメントを示した企業に価値を認める金融市場及び投資アナリストの見方を反映した内容になっている。

Q リスクマネジメントを重視してしっかりと対応している企業に対する、投資家としての利益をどう見ますか

- より少ないサプライズ　29
- より強固な財務の安定　23
- より確かな収益性　22
- より低い投資リスク　20
- より堅調な長期的株価　15
- より信頼できる出資の維持・増加　12
- より高い透明性　12
- より低い株価の変動性　6
- より高い企業価値　3

（回答者137名中の%）

※2006年アーンスト・アンド・ヤングの調査では世界の138の機関投資家のうち82％が有効なリスクマネジメントを示す企業に進んでプレミアムを払うと回答

企業にとっての価値：
- サプライズをなくす
  - 日常的なプロセスを通して、深刻化する前にビジネス上の問題を発見し管理する仕組み
- 良好なガバナンス
  - 明確なリスクに関する役割と責任
  - 明確なリスク用語と情報伝達
  - 明確なリスク報告と意思決定（エスカレーション）
  - より幅広いシナリオや起こりうる事態の検討による、意思決定の質の向上
- 効率性
  - より効果的なリスク管理機能
  - 各リスク管理機能相互のより優れた協調
  - リスク・カバリッジの重複の削減
  - リスク・カバリッジにおけるギャップの減少

出典：Ernst & Young, Investors on Risk ─ The Need for Transparency, 2006 より一部訳出

う改善したらよいという、本格的な力量が試される領域でもあると思います。そこに必要なのは、リスク・マネジメントの専門性というよりも、「うちの会社では、ここまでやっていれば大丈夫」という判断能力と、それを支える自分なりの視点です。

(2) リスク・マネジメントの捉え方

さて、リスク・マネジメントにはいろいろな論点もあるし、企業の成熟度合いやこれに取り組む人の知識や経験、目的意識によって解決したい問題も違ってきます。ここでは、詳しい専門的な話は一旦置くとして、まず内部監査などに携わる実務家として、リスク・マネジメントを理解する方法として自分なりの視点をもつことをお勧めします。

ところで、内部監査に出向いた部署が自分の経験したことのない業務を扱っている場合、いくら話を聞いても内容を理解できたようで実は何もわかった気がしないということはないでしょうか。本部機能、それもリスク・マネジメントなどはその最たるもので、自分なりにその業務の本質を押さえるチェックポイントを用意せずに、受け身的に聞いても案外理解できないものです。

　さて、リスクマネジメントの仕組みは、全社的なリスク・マネジメントのような高度な仕組みであっても、大体、次の要素からできています。

　① 仕組みの背景にあるリスクについての考え方
　② 仕組みを動かすプロセス
　③ ①、②を機能させる仕組み全体の組織構造・各機能の役割分担
　④ その他のインフラ（全体の管理、報告方法、リスク測定方法、人材、テクノロジー等）

　このうちリスク・マネジメントの全体像をイメージするのに大事なのは、①、②、③です。そこで、この後は、この三つの面に話を絞って説明します。

　ここで紹介するのは次の三つの点からリスク・マネジメントの内容を理解するという簡単なものです。これをヒントに自分なりのリスク・マネジメントを把握する方法を身に付けていただければと思います。

> ・リスクモデルによってリスク・マネジメントのミッションを理解する
> ・PDCAによってその活動内容を理解する
> ・リスク管理の組織体制を理解する

　これはどこかの専門書にそう書いてあるというのではなく、長年の経験上、私が実感としてもっている感覚をそのまま伝えているだけです。以下、それぞれの考え方について説明しましょう。

(3) リスクモデルからリスク・マネジメントのミッションを理解する

① リスクモデルとはどんなものか

　まずミッションとは使命や目的のことで、何を目指してこの活動をしている

かという目的意識のことです。ここでリスクモデルといっているのは、その企業のリスク・マネジメントにおいて使用するリスクの類型のことで、具体的には、その企業がリスク評価の対象とするリスクの一覧表、そこに現れたリスクの分類、及び個々のリスクの定義などを含みます。

図表2-11にアーンスト・アンド・ヤングのリスク・ユニバースの一部を参考までに掲載していますが、これもリスクモデルの一例です。ここには、当社としてどのようなリスクグループを見るかというリスクカテゴリーとそのグループを構成する個々のリスク項目が表現されています。

更にこの一覧表には出てきませんが、個々のリスク項目の定義も文書として必要です。定義文書がないと、個々のリスクの意味やリスク間の区分があいまいになりますから、それだけ漠然としたリスク管理しかできなくなります。

アーンスト・アンド・ヤングのようなコンサルティングファームには、更に、実務を助けるナレッジとして、どのような状況になればその個々のリスクが顕現するかというケースの例示、あるいは各リスクが高いかどうかを評価する際の質問の例、各リスクを抑えるために一般にとられるコントロールの例なども辞書のように揃えてありますが、一般の企業は必要に応じてナレッジの拡充を検討すればよいでしょう。

図表2-11のリスクモデルを見れば、リスク評価の領域として、戦略、業務、コンプライアンス、財務の四つがあることとそれぞれに詳細なリスクの内訳が示されています。

② リスクモデルのリスク・マネジメントにおける働き

また、これらをどのように設定するかに、その企業のリスク・マネジメントのミッションが現れてきます。つまりどのような目的でリスク管理の活動を行い、どこに重点を置くかということです。例えば、戦略リスクはリスク・マネジメント部門の対象外と経営者が考える企業では、戦略リスクがこのリストから外されることもあるし、コンプライアンスを重視する企業はこの範疇のリスクの切り出しをより厳密に行って多岐にわたるリスク項目を提示するといったことがあります。ですから、リスクモデルを見ればどんなリスク管理をしたい

図表2-11 リスク一覧表の例（Risk Universe®）

戦略	業務	コンプライアンス	財務
ガバナンス： ➤取締役の遂行能力 ➤トップの姿勢 ➤…… ➤……	販売及び営業： ➤マーケティング ➤広告 ➤…… ➤……	行動規範： ➤倫理規定 ➤不正行為対策 ➤…… ➤……	市場関係： ➤金利 ➤外国為替 ➤…… ➤……
計画及びリソース配分： ➤組織体制 ➤第三者（部外者）との関係構築 ➤…… ➤……	サプライチェーン： ➤計画立案及び予想 ➤…… ➤……	法務： ➤契約関係 ➤…… ➤……	流動性及び与信： ➤資金繰り ➤……
経営方針の中核となる取り組み： ➤企業理念と方向性 ➤…… ➤……	人材： ➤社風 ➤…… ➤…… IT： ➤IT投資 ➤…… ➤……	規制関係： ➤取引・貿易関係 ➤……	経理及び報告： ➤会計報告及び情報開示 ➤…… 資金： ➤有利子負債 ➤…… ➤……
M&A： ➤バリュエーション及び価格設定 ➤…… ➤……	災害対策： ➤自然災害、テロ及び犯罪対策 ➤……		
市場動向： 競合状況 ➤…… ➤…… ➤ コミュニケーション： メディア対応 ➤…… ➤…… ➤	現物管理： ➤不動産 ➤…… 課税対策： ➤税金対策（節税対策） ➤…… ➤……		

出典：アーンスト・アンド・ヤング／新日本有限責任監査法人の資料より

かというその企業のリスク管理に関する考えがわかります。逆にいえば、そうした企業の考えを反映させたリスクモデルを作成することが大事です。つまりリスク・マネジメントのミッション（使命）、更にはそのベースにある経営の考え方を体現したリスクモデルを設定するのが本来、望ましい姿といえます。

このことを会計の世界に例えて考えてみましょう。年度末に作成されるB/S（貸借対照表）やP/L（損益計算書）等の決算書は、年間の多くの会計処理を積み上げた結果ですが、個々の会計処理をするためには、勘定科目があらかじめ体系的に決まっていて、その処理のルールが会計原則として定められていることが前提条件として必要です。この前提条件が異なると、同じ企業でも結果が違ってくることは、日本の会計原則と米国やIFRSなどの基準によった場合とで異なる利益が計算されることからもわかります。

会計においては企業のビジネスを所定の会計ルールという鏡に映してB/SやP/Lという計算書に表現するのと同じように、リスク・マネジメントの世界では、あらかじめ決めたリスクモデルという鏡ないし「ものさし」を通してその企業のリスクの残高をリスク一覧表に表現してみせるわけです。ですから、そのモデルが危機管理重視であるか、あるいはコンプライアンス重視であるか、等によって写し出されたリスクの見え方は違ってきます。

CASE05 | E社リスクモデルのない残念な会社

以前、図解リスクマネジメントという本を刊行したところ、あの本のとおりマネしてやっていますという会社が出てきました。聞くと、PDCAのプロセスや書式は確かに本のとおりでした。しかし肝心のリスクモデルは、難しかったのか、まだ手付かずで、各部の判断に任せてリスク評価をさせているとのこと。リスクのイメージも評価のものさしも各部でまちまちでは、集計結果に信憑性もないし、それを監査するベースもないし…。肝心なところを読んでいただけなかったのか…。

③ 経営方針・戦略からのアラインメント

図表2-12「リスク・マネジメントの整備と活動の流れ」を見てください。上段が体制の整備で下段がそれに基づいた作業の実施です。リスク一覧表は上

図表 2-12　リスク・マネジメントの整備と活動の流れ

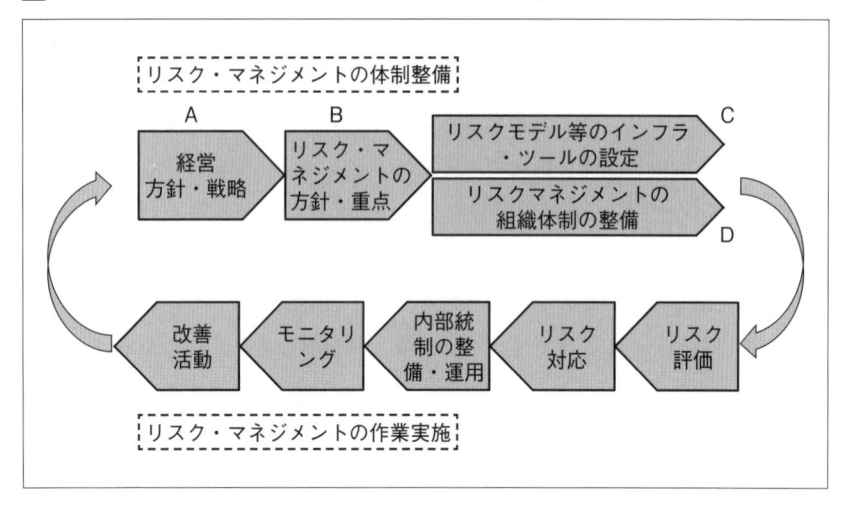

```
┌─ リスク・マネジメントの体制整備 ─┐
      A           B
   経営         リスク・マ      リスクモデル等のインフラ    C
   方針・   →   ネジメントの →  ・ツールの設定
   戦略         方針・重点      リスクマネジメントの
                                組織体制の整備        D

   改善    ← モニタリ ← 内部統 ← リスク ← リスク
   活動       ング       制の整   対応     評価
                         備・運用
└─ リスク・マネジメントの作業実施 ─┘
```

段の左から三番目です。左端のA「経営方針・戦略」に基づいてBの「リスク・マネジメントの方針・重点」が決定され、その内容に合わせて、Cの「リスクモデル等のインフラ・ツールの設定」作業が行われます。こうしてAからCへとつながっているということは、互いに整合性をもって次のプロセスに引き継がれていることを表しています。リスク・マネジメントなどの英語でアライメント（alignment：整合）といわれるのがこれです。

なぜこの辺を強調するかというと、逆に不整合であることが、リスクマネジメント活動の不効率や形骸化の原因となるからです。リスクマネジメントは経営の方針や戦略とつながっているから有効な活動足りうるわけで、そこを踏み違えると壮大な無駄や不効率になりかねないのです。

リスク一覧表はリスク・マネジメントの本や文献からそのサンプルを見つけることはできます。それをたたき台に使うことも良いでしょう。ただし、その内容は経営の視点や考えと合っていることの確認が重要だということです。

さて、あれだけリスクビジネスの盛んな米国において、ERMの導入をためらうマネジメントがいるのはなぜでしょうか。その答えとして、リスク管理の

担当が仕事をやりすぎて「リスト・マネジメント」になることをマネジメントが恐れているからだといわれることがあります。

つまり、リスク管理は本来、マネジメントのためにあるべきですが、リスク管理の担当者は詳細なリスクのリストをどこからか調達してきて、これを完成することに血道を上げて、いつの間にか、立派なリストの完成それ自体が目的化してしまう。だから、経営のための「リスク」のマネジメントではなく、自己満足のための「リスト」のマネジメントに陥ってしまうというわけです。専門性を要するリスク評価にいかにもありそうな落とし穴ではないでしょうか。このように組織の末端まで本来の目的からぶれないで一貫した活動を導くためにアラインメントという思想があるのです。

④ リスクモデルの成功例と失敗例

これまでのリスクモデルの説明は、リスク評価をする際の共通尺度としての意味や、経営の意思に合ったリスク・マネジメントを可能にする道具（enabler）としての側面に重点を置きましたが、リスクモデルには、このほかにも組織間の共通言語としての意味もあります。参考までに、これらの三つの機能から見たリスクモデルの成功例と失敗例を図表2-13に例示しておきます。

なお、共通言語（common language）という側面もリスク・マネジメント活動ではよく強調されます。ここでは、同じリスクを表現するのに、経営企画、法務、経理、営業等々の各部署での業務や関連法規等の違いから異なる概念や呼び方を社内で使っていることを問題としています。このことが、組織間の意思疎通や議論の妨げとなることから、共通のリスク名に統一して、互いの議論や伝達を円滑にしようという考えです。有効なリスク・マネジメントを支える重要なインフラの一つと考えられています。

(4) PDCAからリスク・マネジメントの活動を理解する

① PDCAのサイクルはできているか

PDCAというのは、リスク・マネジメントの活動のプロセスを定型化したものです。イメージを示すと図表2-14のようなもので、PDCAという四つの

図表2-13　成功するリスクモデルと失敗するリスクモデル

	成功するパターン	失敗するパターン
1. 経営方針・戦略とリスクモデルとの整合性		
経営方針とリスクモデルの連携	連携している 図2-12のA、B、Cが連携	連携がない 図2-12のCがA、Bと断絶
効果	経営の意向に従ったリスクの評価・管理が図2-12の下段の実務によって実現する	リスク管理の形骸化 リストマネジメント化 図2-12の下段の実務が経営を離れて一人歩き
2. 共通評価尺度としてのリスクモデル		
各部署によるリスク評価作業	リスクモデルを共通評価尺度として同じルールでリスクの洗い出しをしてもらう	リスクモデルを決めないで、各自、思い思いに重要と考えるリスクを考えて洗い出してもらう
効果	リスクモデルに沿った均一尺度による評価が期待でき、評価結果が信頼できる	ばらばらの尺度で評価されるため、評価結果を集計しても実態を表しているか不明で信頼できない
3. 組織間の情報伝達ツールとしての共通言語		
親子会社間、事業部間等の縦横の情報伝達	リスクモデルというグループ内の共通言語を使った伝達	リスクモデルがないか、あっても組織間でばらばら
効果	正確・迅速で確実なリスク情報の伝達・蓄積・共有化を促進。機動力のある意思決定・組織の一体化に効果	組織間の言語の壁が正確で迅速なリスクの情報伝達・共有を妨げる。組織の断絶・非機動性の原因

プロセスにこだわる必要はなく、五つに分けても、それでサイクルの各プロセスがうまく位置付けられればよいわけです。

　こうしたPDCAが一つのサイクルとしてどのようにデザインされているかが、効果的なリスク管理の重要な要素となります。またこうして活動を定型化し、

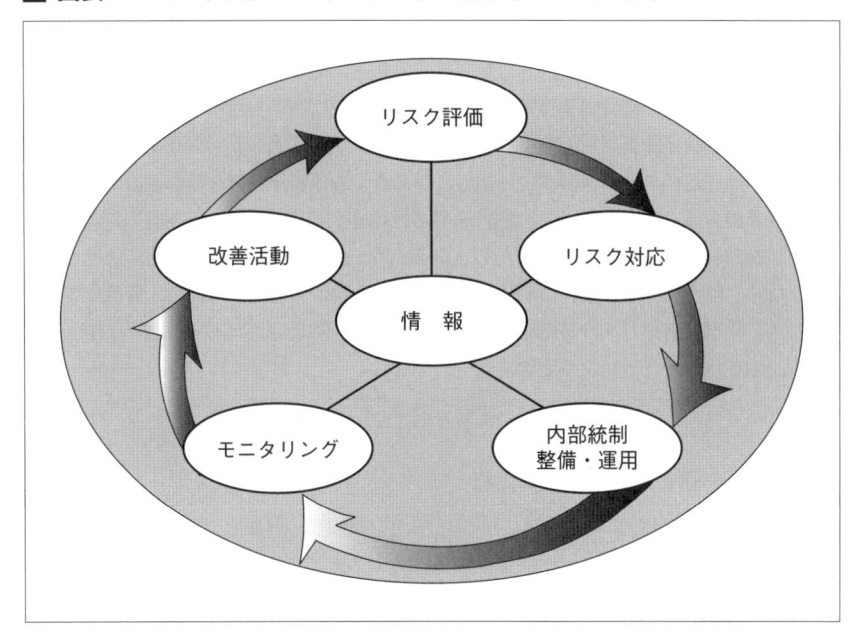

図表2-14 リスク・マネジメントにおけるPDCAのイメージ

(図：中央に「情報」、周囲に「リスク評価」「リスク対応」「内部統制 整備・運用」「モニタリング」「改善活動」が循環するPDCAサイクル)

可視化することは、管理やモニタリングのしやすさにもつながります。

　会社によっては、リスクモデルやその評価結果としてのリスク一覧表だけは詳細に作り込んでいても、PDCAのようなものは何もないという会社もあります。その場合、リスクごとの責任部署が決めてあったりしますが、その活動を動かす下地になる動的なPDCAが決まっていないと、いつまでたっても本格稼働しなかったり、活動していても何をしているか周りからわからないということが起こります。

　ビジネスモデルとPDCAサイクルは会計におけるB/SとP/Lのようなもので、「残高」と「フローないし作業プロセス」を表します。これはリスク管理活動を動かす車の両輪です。片方だけでは、はうまく動きません。

CASE06 | F社 PDCAのない残念な会社

　F社は、リスク委員会において立派なリスクモデルを作成して承認しています。そのリスク一覧表には大きなリスクカテゴリーのもとに個々のリスク項目が設定してあり、リスク評価を段階評価する欄もあります。リスクごとに担当する組織名が付され、リスク評価の責任部署が明記されています。そのリスク評価の妥当性を内部監査部門が監査することになっています。しかし、リスクの評価作業はなかなか進みません。リスク委員会はフレームワークの意思決定はしてくれますが、各部を指導して実務の旗振り役となる事務局もありませんし、作業パターンを示すPDCAも特に決まっていません。監査部門は、代わりにリスク評価をするわけにもいかないし、評価作業が終わって内部監査にリスク評価結果がまともに回って来るようになるのはそれから1年以上の年月がかかったようです。

② PDCAを回す組織単位を考える

　また、PDCAが設計されているとしても、これを誰がどの組織単位で回すかが明らかになっているでしょうか。例えば、部とか課単位で組織一つに一つのPDCAを回すかといったことです。このように、リスク・マネジメントの活動を動かすには、どのような組織レベルでPDCAを回すかという組織とのすり合わせが必要になります。図表2-15に組織階層別のPDCAのイメージを例示していますが、このように、企業グループ全体で考えた場合、親会社レベル、各子会社及び事業部レベル、並びに、業務プロセス（あるいは業務課）レベルの3段階に分けてPDCAをそれぞれのレベルにある組織ごとに回すということも考えられます。このとき、次の二つの点に留意が必要です。

　一つはリスクの目の粗さが組織レベルによって違うことです。

　図表2-15のように3段階でリスクを考えた場合、一番上の親会社レベルではグループの経営戦略に関するリスクなどコーポレートレベルで扱うリスクが出てきますが、一番下の業務プロセスレベルのリスクは、経営や企業ブランドというよりも、個別業務に即したリスク、例えば、販売における納期遅れや欠品の発生とか、製造における製品の欠陥や環境安全の問題など個別具体的なリスクの設定の方が実務的です。これを実態に合わせて二つのレベルで定義を変

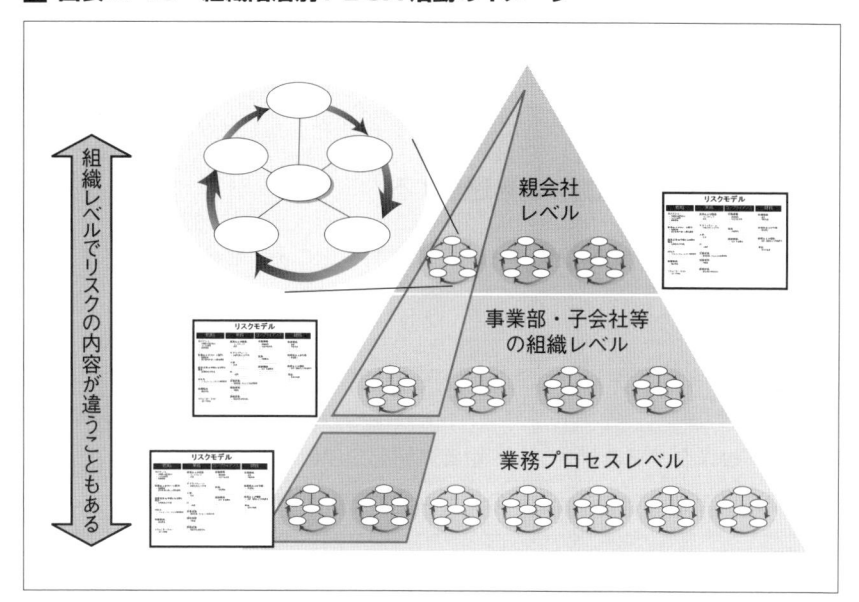

図表2-15　組織階層別PDCA活動のイメージ

（図：ピラミッド構造で上から「親会社レベル」「事業部・子会社等の組織レベル」「業務プロセスレベル」の3階層、各階層にPDCAサイクルとリスクモデルが配置されている。左側に「組織レベルでリスクの内容が違うこともある」と上下矢印で示されている。）

えるのか、別な方法をとるのかといった課題が出てきます。

　もう一つは、3段階のPDCAをどのような方法で互いにつなげるかという方針を決めることです。会計の世界では連結決算のルールに従って下位組織の財務諸表が上位の連結財務諸表に連結されます。リスクの世界ではそのようなルールが決まっていないので、自分で考える必要があります。

　前に述べたようにリスクの定義を組織レベルで変えるとしたら、その関係で上下の組織のリスク評価結果の統合をどうするかという課題もあります。

　これに対しては、会計において個別財務諸表を合算して連結財務諸表を作るように、下位組織のリスク評価結果を合体させて上位組織のリスク評価結果に加工するというやり方も考えられますが、発想を変えて、評価方法を組織レベルで変えるという方法もあります。例えば、下位の組織のリスク評価は、関係者に対する質問書への回答を主体に評価を行い、一方、上位のマネジメントレベルによる評価は、下位組織のリスク評価によって作成された各組織のリスク

評価表を材料にして、経営管理層のメンバーでグループを構成し、ワークショップ方式で行うというような方法です。このワークショップというのは、ファシリテーションを取り入れた一種の会議形式によって、議論を重ね会議の目的（この場合はリスク評価）について共通の結論を導くという方法です。

(5) リスク管理の組織体制を理解する

このテーマは、次の**解決策4**で詳しく説明することにします。

解決策4　リスク・マネジメントの組織体制を把握する

(1) リスク・マネジメントの組織体制をつかむ
(2) リスク・マネジメントのチェックポイントを押さえる

---

(1) リスク・マネジメントの組織体制をつかむ

① 個別リスク管理に見られる問題と総合リスク管理のメリット

さてリスク・マネジメントを理解する視点について、次の二つを見てきました。
① リスクの考え方（リスクモデル）
② 仕組みを動かすプロセス（PDCA）
次は組織体制の話です。

ここでも、専門的に深入りせずに、よく見られる個別的リスク管理の組織と、これを進歩させた統合的リスク管理の組織とを見ながら解説しましょう。

図表2-16は、よくありがちな個別的リスク管理の例で、それぞれが異なるリスク管理を担当する部署が間接部門として並立的に位置し、それぞれに必要なリスク管理をするために業務・事業部門に働きかけるという状況です。各部によって扱うリスクは異なり、ここでは、企業全体という視点は薄く、各リスク管理機能の横のコミュニケーションや連携は乏しく、そのための共通言語やデ

図表2-16 これまでのリスク管理（個別的リスク管理）

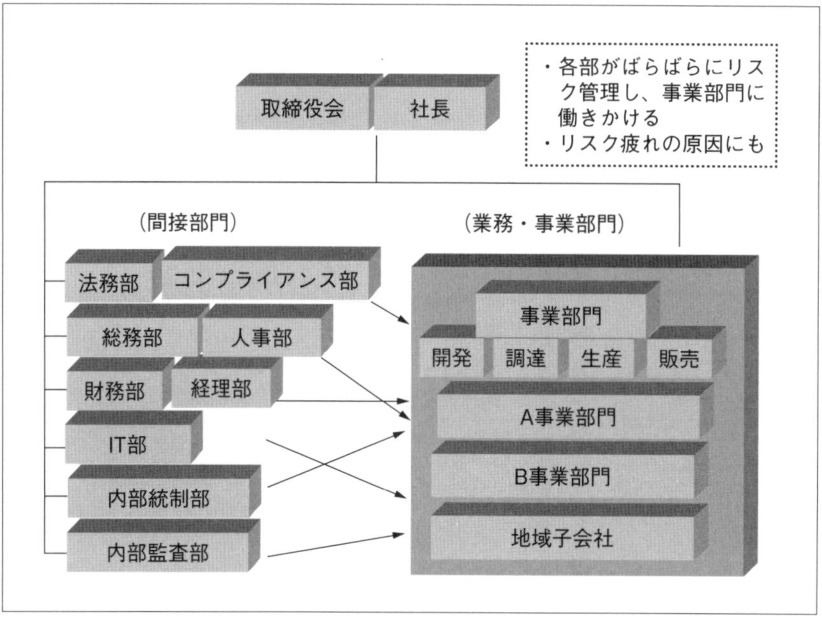

[図: 取締役会・社長の下に、間接部門（法務部、コンプライアンス部、総務部、人事部、財務部、経理部、IT部、内部統制部、内部監査部）と業務・事業部門（事業部門：開発・調達・生産・販売、A事業部門、B事業部門、地域子会社）が配置され、間接部門から事業部門へ矢印が向かっている。注記：各部がばらばらにリスク管理し、事業部門に働きかける／リスク疲れの原因にも]

ータの共有化など連携に有用な道具や仕組みもないという縦割り型管理、いわゆるサイロ型アプローチ（silo approach）による弊害が現れやすいパターンです。

特に問題となるのは、

・企業全体としてのリスクの優先順位が見えないこと

・各部のリスク管理活動を規定するPDCAサイクルがないこと

・各部のリスクに対する責任が明確でないこと

などです。

これに加えて、ばらばらの個別対応による「リスク疲れ」という言葉も聞かれるようになりました。近年の世界的な傾向として大企業は社内に各種法対応、制度対応のためにリスク管理機能を増加させています。こうした環境の中で、米国などでは、企業の対外的なリスクの説明責任が重くなるにつれて経営管理者は、テーマに応じて社内のそれぞれのリスク管理者にリスク情報の収集を求

■ **図表2-17 統合的リスク管理体制の例**

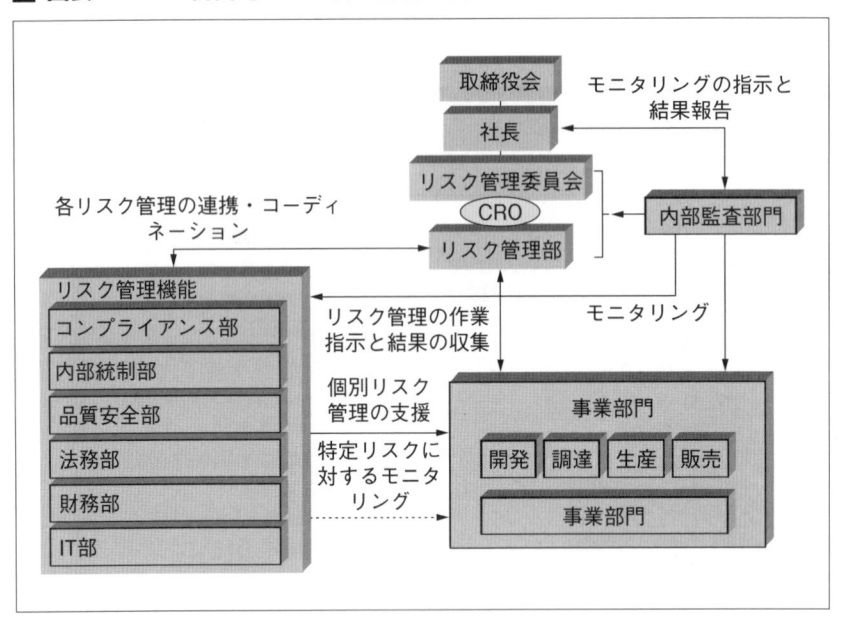

めます。課題を与えられたリスク管理者は一般の事業部門にそのリスク情報の提供を求めます。こうして各リスク管理者は、横の連絡もないままに、似たような情報収集のための作業を次々と社内で作り出し、受け皿となる事業部門を巻き込んで多大な負担をもたらし、本業でもない作業に、社内みんなを疲弊させてしまうというのが、ここで「リスク疲れ」という状況です。

これに対して、図表2-17は総合的リスク管理の状況を示しています。ここでは、組織全体の視点から、同じ方向に向かって協調的に連携し活動するように、それぞれの機能が位置付けられ、責任と権限が明確にされます。例えば図表2-18に例示したような機能の設定です。

これらの各機能の構成や個々の役割や責任の範囲は、企業によって違ってきますから、一概にこうだと決めることはできません。ただし、このような組織を見るときの一般的な留意点として、いくつかの視点を紹介しておきます。

図表 2-18 総合リスク管理体制における各機能の例

- 取締役会
—経営者の ERM の設計と運用を監視し、組織のリスク・アペタイトの設定と承認に責任をもつ

- 社長
—リスク・アペタイトを定め、ERM フレームワークを作り、望ましいリスク・カルチャーを促進し、取締役会のリスク・アペタイトの範囲内でリスクを管理するコントロールを設定し、遵守させる責任をもつ

- リスク管理委員会
—組織全体を統一的にリスク管理するために、リスク管理の方針や統一的フレームワークを意思決定し、組織的に必要な調整を図る

- CRO
有効な ERM フレームワークの策定と維持、並びにリスク管理における取締役や経営者への支援及び進捗管理に責任をもつ担当役員

- リスク管理部
—リスク管理委員会で決まった方針等を各部門に支持し、実施させるとともにその結果を集計し、リスク管理委員会に報告する

- 事業部門長
—各事業部門のリスク管理の PDCA を回す責任をもつ

- 内部監査部門
—EMR 全体のモニタリング、コントロールの評価、遵守状況の監査、発見事項の報告及び改善提案によって上記プロセスにおいて社長(ないし取締役会や監査役)を支援する

② **総合リスク管理体制における各機能を理解する**

1) 取締役会・経営者の役割—適材の人選が重要課題

　企業の経営については、リスク管理も含めて、究極的な責任は取締役会にあります。取締役会は、リスク管理の必要に応じて、リスク管理委員会等の組織を構成し、適切な役職者をリスク管理の任にあてます。

　おそらく取締役会及び経営者にとって最も重大な仕事は、リスク管理業務に

適材の人をCRO等の役職者に任命して権限移譲することでしょう。そう考える理由は、一般にERMの成功要因の一つに、適材の人にきちんと権限を与えて力を発揮させる（empowerment）という人的側面が強調されていることと、もう一つは、多くの日本企業にとって、リスク・マネジメントはまだ経験の浅い分野であって経験則だけでは仕事ができないという面からです。

また取締役会は株主価値という視点から適切なリスク管理が行われていることを確認する責任があります。そのために取締役会は、リスク管理体制のレビューを行い、その仕組みが有効に働いて、経営目標の達成、資産の保全、ひいては株主価値の向上に貢献していることを確かめるべきでしょう。

2）リスク管理委員会

取締役会及び経営者層の意思に従ったリスク管理体制の構築とそれに必要な組織内のアレンジを担当します。事業部等の各部署で担われるリスク管理の方法をフレームワークとして決定し、その導入のために必要な社内のコーディネーションなどを担当します。

図表2-16で見たような、個別リスク管理の弊害をなくして、各リスク管理機能が共通の経営目標のもと、互いに協調して、統一的な活動をするようになるには、そのための体制整備として、リスク管理機能相互間のリスク管理の守備範囲・役割分担の整理やリスク評価手法、データベースあるいは報告手続等の一元化などの改善が必要です。このような、いわゆるリスク統合と呼ばれる課題に向けた検討もリスク管理委員会の取組みにふさわしい課題です。

役員のほか、主だったリスク管理機能の責任者を構成員に加えることもあります。

3）CRO―大事なのは経営の考えをリスク管理に吹き込むこと

CROの任命は必須ではありませんが、一般にERMを導入する企業であればCROの設置を検討するのがふさわしいでしょう。

その役割は企業の目指すリスク管理の在り方等によって違いますが、上記リスク管理委員会に関して触れたリスク統合の活動などもCROが旗振り役として推進するのが適切と考えられます。

第2章　内部監査とガバナンスの関係を見直す

　CROは一般にリスク管理部から各事業部におけるリスク管理活動を統括する役割を果たしますが、リスク・マネジメントに精通したCROをはじめリスク管理関係の役職者にとって、最も重要な役割は、経営者や取締役会とのコミュニケーションを通じて、経営層の経営についての考えをリスク・マネジメントの思想としてリスク管理体制の中に吹き込むことです。前にリスクモデルについて図表2-12でアラインメントの説明をしましたが、この図のA経営方針・戦略とBリスク・マネジメントの方針・重点の整合性は、このような責任者レベルの意思の疎通や感性の共有に負うところが大きいと考えられるからです。

4）内部監査との関連

　内部監査の業務と各機能との関係は、以下のように説明できます。
・内部監査においては、経営層の意思を反映してリスク管理体制が当社にふさわしい形で適切に構築・運用されており、重要なリスクが適切に対応されていることを確認する。また内部監査の立場や経験から、リスク管理体制やその活動結果にアドバイスすることが適当である場合にはアドバイスを行う。
・内部監査部門もリスク管理機能の一つであるが、総合リスク管理体制においては、むしろ独立的なモニタリング機能を担う立場から総合的リスク管理体制も内部監査の対象に含める。
・内部監査部門は事業部門がリスク管理部の指示に従って適切にリスク管理のPDCAを回していることを確認する。
・内部監査部門は、リスク管理機能がそれぞれのPDCAを適切に回していること及び必要に応じて、事業部門のPDCAの支援や補助機能を果たしていることを確認する。

③　リスク管理のオーナーシップを理解する

　さて、リスク・マネジメントを実感としてとらえるための概論は以上ですが、一点だけ、リスク管理のオーナーシップ（責任）について補足しておきます。
　図表2-17では、明示していませんが、各事業部門はあらかじめ決められた

図表 2-19　リスク管理機能による事業部門の PDCA の支援の可能性

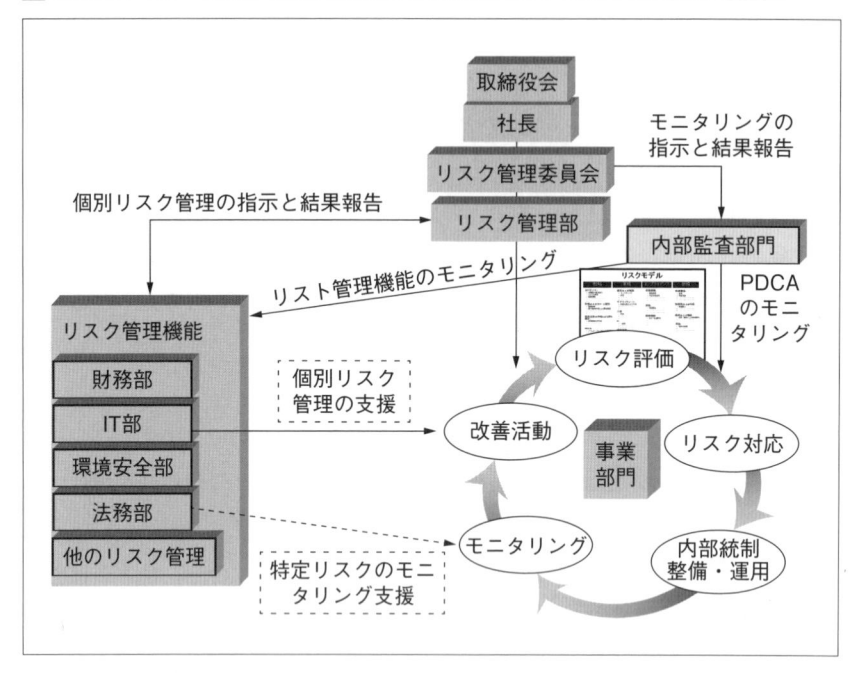

リスクについて、各事業部門の責任者がリスク管理の責任者、つまりリスクオーナーになって管理することを想定しています。

このイメージを表現したのが図表 2-19 です。ここでは各事業部の責任者はそれぞれにリスク管理部から提示された仕組みに基づいて、PDCA を回してリスク管理をします。ただし、中には IT リスクのような専門性の高いリスクは事業部の中ではやりにくいので IT 部門にリスクオーナーとしての責任を任せて直接にやってもらうことがあるかもしれません。あるいは図のように法務リスクについてモニタリングだけは専門の法務部に代わりにやってもらい、全体の PDCA は事業部で責任をもつという役割分担をするかもしれません。

これが一種のリスク管理機能と事業部門との連携であり、このようなアレンジをしない場合には、各リスク管理機能は事業部で回している各担当リスクの管理が適切かをモニターするにとどまることになるかもしれません。

第2章　内部監査とガバナンスの関係を見直す

図表2-20　リスク管理体制の変遷

一元管理アプローチ
Centralized Approach
- リスク管理部門がリスクを一元的に直接管理
- 現場はリスク管理部門の指示に従う

サイロ型アプローチ
Silo Approach
- リスクの種類や地域ごとにそれぞれのリスク担当部署が別々に管理を行う
- リスクに詳しい管理部門が個別にリスク管理をするが、他のリスク管理部門との調整はほとんど行われない

↓

統合化アプローチ
Integrated & Aligned Approach
- リスク管理部門が共通のフレームワークを提供し、全社調整を行う
- 事業部門がリスク責任をもち管理する
- 統合アプローチでは、リスク管理担当役員（CRO等）は、各部門のリスク管理、統制が全社レベルで統合化され、企業の目標・戦略に対して一貫して働いていることを確認する

　本来、専門性の強いリスク管理は専門部で行った方が効率的でもあります。例えば、金融機関などで為替リスクや信用リスクといった業種として決まったリスクは、各店舗の自主的管理に任せるよりも、専門部署が各店舗を一括して管理した方が効率的という面もあるでしょう。

　しかし、金融機関のような規制産業はやや別格としても、一般事業会社については、なるべくなら事業部の中でリスク管理を自主的に行わせるというのがむしろ最近では一般的のようです。これは、事業部において行う業務とそれに関連するリスク管理は実際には不可分の作業であって、これを一体として事業部に任せることにより、組織の活力を維持するという考えがあります。逆に、独立の部署から直接にリスク管理だけをされると、その事業部は部の全体の業務に責任をもてなくなりやる気をなくすということが考えられます。

　こうしてリスク管理体制の大きな流れとしては、図表2-20にあるように、サイロ型アプローチや一元管理アプローチから、統合化アプローチに進んでい

■ **図表2-21　リスク・マネジメントの成功要因**

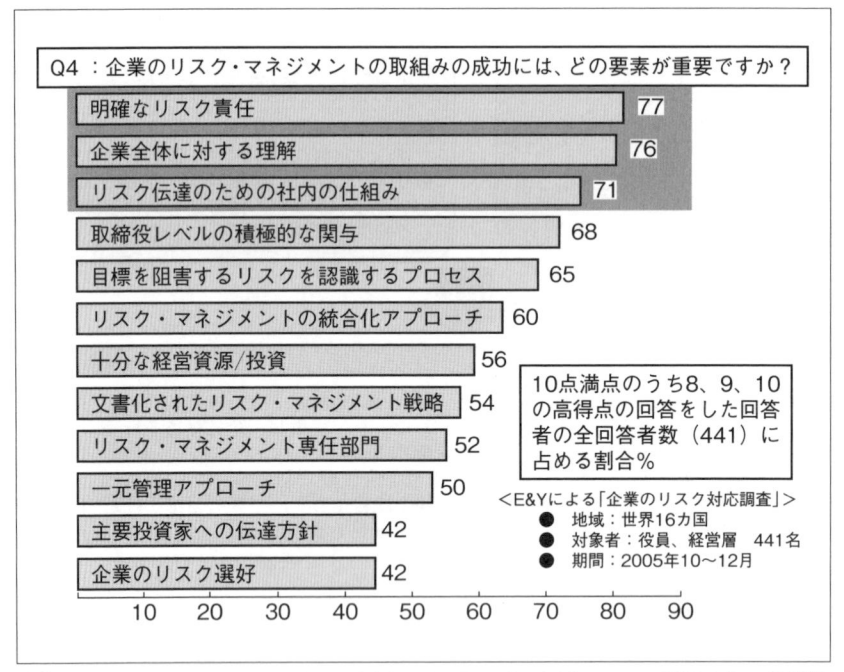

Q4：企業のリスク・マネジメントの取組みの成功には、どの要素が重要ですか？

項目	%
明確なリスク責任	77
企業全体に対する理解	76
リスク伝達のための社内の仕組み	71
取締役レベルの積極的な関与	68
目標を阻害するリスクを認識するプロセス	65
リスク・マネジメントの統合化アプローチ	60
十分な経営資源/投資	56
文書化されたリスク・マネジメント戦略	54
リスク・マネジメント専任部門	52
一元管理アプローチ	50
主要投資家への伝達方針	42
企業のリスク選好	42

10点満点のうち8、9、10の高得点の回答をした回答者の全回答者数（441）に占める割合%

<E&Yによる「企業のリスク対応調査」>
● 地域：世界16カ国
● 対象者：役員、経営層　441名
● 期間：2005年10〜12月

出典：Ernst & Young, Companies on Risk - The Benefit of Alignment, 2006 より一部訳出

るというのが最近の傾向です。

またそのような、昨今の企業のリスク・マネジメントの成功要因としては、「明確なリスク責任」、「全社的な理解」及び「リスク伝達の仕組み」が上位に挙げられています（図表2-21参照）。

(2) リスク・マネジメントのチェックポイントを押さえる

ここでは、企業のリスク・マネジメントの体制を客観的に見たときに、何が足りないか、どこに問題があるかを考えるときのポイントを紹介します。

図表2-22の七つの項目は、一般にERMの適用において共通の課題となる項目として、アーンスト・アンド・ヤングが先進的企業との業務経験から導き出したものです。日本と状況が違う点などは補いながら解説してみましょう。

図表 2-22　ERM の効果を高める 7 つの共通課題

1. シンプルで適切なフレームワークを設定する
   ⇒全社活動を支える共通の屋台骨
   例）COSO 等の既存のフレームワークをベースに必要なリスク範囲をカバーするよう改良する
   既存の内部統制・コンプライアンス等の基準との整合性も考える
2. 明瞭・簡潔なリスクの考え方を求める
   ⇒リスク概念は ERM のミッションを設定
   経営陣・取締役は企業の主要リスクに適したわかりやすいリスク概念と経営管理、モニタリング方法を強く求めている
3. 最も重要なものを守る　⇒株主価値
   「価値」は株主（ステークホルダー）の最大の関心事であるのに、リスク評価では顧みられなかったことへの反省で取締役会・経営層で企業の価値のキードライバーは何か、それに影響するリスクは何かを理解しようとする動きがある。
4. エンタープライズ・"リスト"・マネジメントを避ける
   ⇒何のための ERM かを見失わない
   細かいリスクを並べた長大な「リスト」の管理よりも、リスク対応のアクションやモニタリングに注力すべき
5. 知らないことを知ろうとする
   ⇒経営者が夜も眠れないリスクを早く知らせ、サプライズを最小化
   伝統的リスク評価は新しいリスクを洗い出さないこともあるため、匿名式フィードバック、ファシリテーションによるワークショップ等を導入
6. 組み込まれた活動としてリスク評価を行う
   ⇒スタンドアローンでは行き詰る
   ERM の勢いと適切性を維持するため、企業戦略、事業、監査計画プロセスに組み込む
7. 重要なリスク領域を内部監査にカバーさせる
   ⇒ SOX 以外の分野が手薄になりがち
   経営陣は内部監査の重点を吟味し、リスク・カバリッジの低すぎる領域に対応

出典：Ernst & Young, Managing the Risk Across the Enterprise-Connecting New Challenges With Opportunities, 2005 より抜粋して一部加工して訳出

① **フレームワーク**

　一番目はリスク・マネジメント活動にグループ全体で統一的に適用する適当なフレームワークを決めて導入すること。日本ではCOSO ERMくらいしか知られていませんが、Australia-New Zealand 4360やThe Federation of European Risk Management Association（FERMA）Risk managementなどもあり、これらを改良・簡素化してもよいので、企業のビジネスに合ったフレームワークをグループ全体で共通して使うということです。特に、リスクマネジメントを運用させるビジネス環境がどのようなものか、例えば取締役会や経営者がその企業の事業環境や風土から適当と考えるリスクの量、つまりリスク・アペタイト（**解決策6の用語解説参照**）がどれくらいかなどの考えをベースにフレームワークを考えます。

　これに関連して日本企業について気になるのは以下の点です。
- ・リスク・マネジメントが経営企画など一部の部署だけで活動し、全社的な活動になっていないのではないか？
- ・リスク管理体制の全社的フレームワークや各部署の役割分担についての共通の認識が欠如してないか？
- ・全社レベルの作業と事業部・子会社ごとの作業をどのようにつなぐか？
- ・PDCAは設定され、見える化されているか？

② **リスクの考え方**

　これは前述のリスクモデルの話につながる考えで、リスク戦略としてわかりやすいリスクのとらえ方をしようということです。経営に望まれるリスク要約レポートとしては、例えば、次の項目を含んでいることが推奨されます。
- ・リスクの種類（財務、業務、コンプライアンス、戦略等）
- ・リスクの記述
- ・全般的レーティング結果（影響度、発生可能性、コントロールの有効性）
- ・主要なリスク・マネジメント活動
- ・モニタリング方法と結果（例えば内部監査とかCSA）
- ・差異／問題点／アクション

・リスク・オーナー／関係者
・影響するプロセス、施策ないし目的

このリスクのテーマについて確認しておきたいのは以下の点です。
・経営方針との整合性、経営管理上の役立ちを考えてリスク定義集が作られているか？
・経営陣・取締役会への報告に適した重要リスクレポートの様式・内容が検討されているか？
・各部署が挙げたリスクが正しいか検証がなされているか？
・リスクの評価にふさわしい組織単位で評価がなされているか？

③ 最も重要なものを守る

　リスクと企業のステークホルダー、とりわけ株主にとっての価値とのつながりを確立することは極めて重要なことです。これに関して企業は一般に四つのことをすべきです。第一に、ステークホルダー（株主）は企業からどのような価値を得ようとしているかの検討、第二に、その価値にとってのリスクは何かの決定、第三に、それらリスクへの最適の対応は何かの決定、第四に、それらの作業の株主への報告です。これについては以下の確認が重要です。

・プロセスレベルのリスクばかりに注目して、経営や株主の視点が二の次になっていないか？
・株価に影響する、将来の成長の機会につき、戦略、施策、予算等のリスクは考慮されたか？
・株価に影響する、収益源のコアビジネスの資産・プロセスのリスクは考慮されたか？

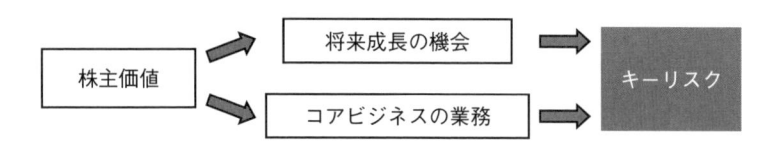

```
株主価値 → 将来成長の機会   → キーリスク
        → コアビジネスの業務 →
```

④ エンタープライズ・リスト・マネジメントを避ける

　これはすでに解説しましたが、確認事項は以下が考えられます。

- 長大で扱いにくいリスクのリストがERM導入の障害や経営層から反対される理由になっていないか？
- リストの作成よりも、それが導く改善のアクションの価値に重点を置いているか？
- 対応するアクションはモニタリングと改善の面から挙げられているか？

⑤ **知らないことを知ろうとする**

これに関しては以下の確認事項が考えられます。
- 評価方法として様々な切り口（例：従業員、顧客、仕入先等へのサーベイ、ワークショップ、分析手法等）が検討されたか？
- 開示事項に関連するリスク評価は、開示関連部署からのサポートや連携があるか？
- 専門分野の評価・モニタリングにはサポート機能（法務、IT、税務等）の活用・連携があるか？
- 未知の事象への評価には外部専門家、外部ベンチマークなどが検討されたか？

⑥ **組み込まれた活動としてリスク評価を行う**

これに関しては以下の確認事項が考えられます。
- ERMの機運と適切性を維持するため、企業戦略、事業、監査計画プロセスに適切に関与する仕組みが定められたか？
- 他の関連する活動（J-SOX、会社法対応等）との関連付け・守備範囲は整理されたか？
- リスク管理部の役割と関連部署との関係は明確に定められているか？
- 特に経営層や事業部との縦の関係とともに内部監査など他のリスク管理機能との横の関係。

⑦ **重要なリスク領域を内部監査にカバーさせる**

これに関しては以下の確認事項が考えられます。
- 内部監査は、企業の直面する重要リスクの全領域を視野に入れて監査を計画しているか？

・内部監査とリスク・マネジメント活動との連携はうまくいっているか？
・内部監査は様々なリスクに対応するリソース・スキルを有しているか？

> **解決策5** IIAの指針からリスク・マネジメントと内部監査の関係を決める
>
> (1) IIAによるリスク・マネジメント関連の規定の全体像をつかむ
> (2) IIA基準によるガバナンスレベルでの対応
> (3) IIA基準による内部監査部門レベルでの対応

　内部監査によるリスク対応の必要性が高まる中で、内部監査においてリスク・マネジメントをどのように扱ったらよいか、悩んでいる内部監査部門は少なくないと思います。内容的には、内部監査とリスク・マネジメントは密接に関係するに違いないとは思っても、そこをどのような切り口でどこまで攻めるかというのは、その企業の状況によって答えが変わってきます。

　また、正式なリスク・マネジメントは、まだうちには導入されていないとか、あるいはあってもまだ一人前に監査に耐えられるほど機能していない、あるいは経営層からも何も言われていない、という理由で、リスク・マネジメントに対する対応を先延ばしにしている内部監査部もあるのではないでしょうか。

　ここで解決策としてお勧めするのは、まずIIAがリスク・マネジメントについて、内部監査との関連でどのような対応を規定しているか、その概要を把握したうえで、その中で何をどこまでやらなくてはいけないかを、各社の状況に合わせて検討し、決めていくという方法です。

　この方法をとる理由は、ここ数年でIIAの規定の改定や追加がなされていますが、まだ日本語訳がないところもあり、必ずしも内容が一般に知られて実務に使われているとは思えないこと、しかし、その中にはリスク・マネジメント対応の実務に役立つと思われるところも少なくなく、これから内部監査のリスク・マネジメントへの対応を見直し、再構築を考えようとする企業にはちょうど良い指針になると考えられるからです。またこの方面の企業の実務の水準

や問題意識の方向は各社各様であって一律に議論するのが難しい面もあるからです。社団法人日本内部監査協会のホームページ（http://www.iiajapan.com/guide/ippf.htm）でも紹介されているように、内部監査人協会（The Institute of Internal Auditors：以下IIA）は、2011年1月1日、「専門職的実施の国際フレームワーク」（International Professional Practices Framework：以下IPPF）の構成要素である「内部監査の専門職的実施の国際基準」を改訂しており、一方、日本内部監査協会では、この改定に合わせて「内部監査の専門職的実施の国際基準」（2011年1月1日改訂版）の翻訳を公表するとともに、実践要綱（Practice Advisories：以下PA）までを加えた、「専門職的実施の国際フレームワーク」を書籍として2011年1月に発行しています。また、実践要綱等を読んでみると、内部監査部門長（CAE）が状況によって経営者や取締役会に自ら働きかけることを求めているところがいろいろあって、その必要性を理解されたならば、これまで手薄だったリスク・マネジメントへの対応に一歩踏み出すきっかけになるのではないかと感じるところもあります。

（1）IIAによるリスク・マネジメント関連の規定の全体像をつかむ

まず、IIAによるIPPFの基準から見ていきましょう。IPPFの実施基準には、以下の規定があり、これによって、内部監査部門がリスク・マネジメントの評価をしなければならないことが定められています。

2100　業務の内容
　内部監査部門は専門職として規律ある姿勢で体系的な手法を用い、ガバナンス、リスク・マネジメント及びコントロールの各プロセスを評価し、各々の改善に貢献しなければならない。

　　　　　　　　　　………………………………………………

2120　リスク・マネジメント
　内部監査部門はリスク・マネジメント・プロセスの有効性を評価し、リスク・マネジメント・プロセスの改善に貢献しなければならない。

解釈指針：
リスク・マネジメント・プロセスが有効であるか否かの決定は、内部監査人の以下の項目の評価に基づく。
- 組織体の目標がその使命（ミッション）を支援しかつ使命に適合している。
- 重要なリスクが識別され評価されている。
- 組織体のリスク選好に沿って、諸リスクに見合う適切な対応が選択されている。
- 組織体の要員、最高経営者及び取締役会が責任を遂行することができるよう、関連するリスクの情報が適時に組織全体として捕捉され伝達されている。

出典：「内部監査の専門職的実施の国際基準」（2011年1月1日改訂）社団法人日本内部監査協会より抜粋

IPPFにおいては、上記の国際基準とともに実践要綱が含まれていますが、リスク・マネジメントに関係の深い実践要綱として以下の二つがあります（なおIIAは、国際基準が拘束的な性格をもつガイダンスであるのに対して、強く推奨されるガイダンスとして、ポジション・ペーパー、実践要綱及びプラクティス・ガイドを位置付けています）。
- 実践要綱2120-1：リスク・マネジメント・プロセスの妥当性の評価（2009年1月公表）
- 実践要綱2010-2：内部監査の計画策定におけるリスク・マネジメント・プロセスの利用（2009年7月公表）

このほかにリスクマネジメント関連では、以下の文書も公表されています。
- ポジション・ペーパー「全社的リスク・マネジメントにおける内部監査の役割」（2009年1月）（IIA Position Paper：The Role of Internal Auditing in Enterprise-wide Risk Management, January 2009, The IIA）

・プラクティス・ガイド「ISO31000 を利用したリスク・マネジメントの妥当性の評価」(2010 年 12 月)(IPPF-Practice Guide：Assessing The Adequacy of Risk Management Using ISO31000, December 2010, The IIA)

　ここまでの規定の概要を図表 2-23 に図解しました。規定の文言を読むだけではなかなか全体像をつかみにくい面もあるので、ここからは図中に付けた①～⑨の説明を見ながらストーリー的に解説してみましょう。

(2) IIA 基準によるガバナンスレベルでの対応

　まず経営層を中心としたガバナンスレベルのアクション（図表の①から⑥）から見ていきます。

　前提として、ここでは内部監査部門は取締役会に属する監査委員会に直属の部門で、経営者をはじめ執行サイドを内部監査するという、米国では一般的なガバナンス構造が想定されていると考えられます。そこで、内部監査部門が、取締役ではなく社長に直属であることが多い日本企業の場合には、その状況に合わせて内容を読み替える必要があります。

① リスク・マネジメントに関する取締役会の監督の任務

　リスク・マネジメントの主たる責任は、経営者と取締役にあります。取締役会は企業の最終責任を負うといっても、実務的には経営者にリスク管理業務を委譲しますから、それが適切に行われているかどうかを監督する責任が取締役会に生じます。これが図表 2-23 の①で示した監督の任務（oversight role）です（実践要綱 2120-1 第 1 項参照）。

② 内部監査部門への監査等の指示

　そのような監督の任務の一環として、取締役会は内部監査部門に対して、リスク・マネジメントの評価や改善提案を通して取締役会を支援するように指示をすることができます（同項参照）（内部監査部門が社長に直属の日本企業では社長から指示を受けると考えられます）。

③ 内部監査に対する経営層の期待の理解と内部監査基本規程への反映

　これを受けて、内部監査部門長は、組織のリスク・マネジメント・プロセス

第2章　内部監査とガバナンスの関係を見直す

図表 2-23　IIA 指針による内部監査とリスク・マネジメントの関係

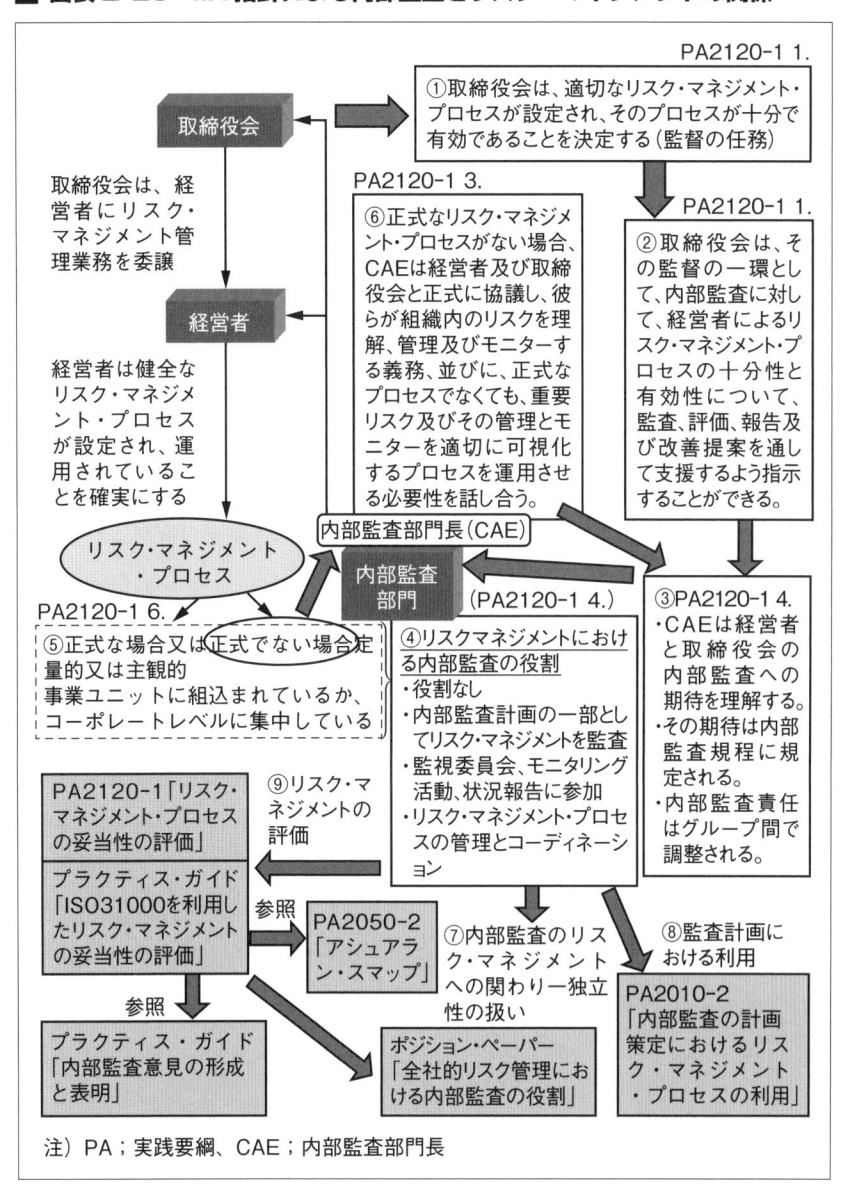

PA2120-1 1.
① 取締役会は、適切なリスク・マネジメント・プロセスが設定され、そのプロセスが十分で有効であることを決定する（監督の任務）

取締役会は、経営者にリスク・マネジメント管理業務を委譲

PA2120-1 3.
⑥ 正式なリスク・マネジメント・プロセスがない場合、CAEは経営者及び取締役会と正式に協議し、彼らが組織内のリスクを理解、管理及びモニターする義務、並びに、正式なプロセスでなくても、重要リスク及びその管理とモニターを適切に可視化するプロセスを運用させる必要性を話し合う。

PA2120-1 1.
② 取締役会は、その監督の一環として、内部監査に対して、経営者によるリスク・マネジメント・プロセスの十分性と有効性について、監査、評価、報告及び改善提案を通して支援するよう指示することができる。

経営者は健全なリスク・マネジメント・プロセスが設定され、運用されていることを確実にする

リスク・マネジメント・プロセス

内部監査部門長（CAE）

内部監査部門

(PA2120-1 4.)

③ PA2120-1 4.
・CAEは経営者と取締役会の内部監査への期待を理解する。
・その期待は内部監査規程に規定される。
・内部監査責任はグループ間で調整される。

PA2120-1 6.
⑤ 正式な場合又は正式でない場合定量的又は主観的事業ユニットに組込まれているか、コーポレートレベルに集中している

④ リスクマネジメントにおける内部監査の役割
・役割なし
・内部監査計画の一部としてリスク・マネジメントを監査
・監視委員会、モニタリング活動、状況報告に参加
・リスク・マネジメント・プロセスの管理とコーディネーション

PA2120-1「リスク・マネジメント・プロセスの妥当性の評価」

プラクティス・ガイド「ISO31000を利用したリスク・マネジメントの妥当性の評価」

⑨ リスク・マネジメントの評価

参照

PA2050-2「アシュアラン・スマップ」

⑦ 内部監査のリスク・マネジメントへの関わり―独立性の扱い

⑧ 監査計画における利用

PA2010-2「内部監査の計画策定におけるリスク・マネジメント・プロセスの利用」

参照

プラクティス・ガイド「内部監査意見の形成と表明」

ポジション・ペーパー「全社的リスク管理における内部監査の役割」

注）PA；実践要綱、CAE；内部監査部門長

出典：IPPF Practice Advisories, Position Paper, Practice Guides から関係規程を訳出して作成

における内部監査活動に関する経営者と取締役会の期待を理解します。経営層は内部監査部門長にとって上司ですから、これは日本内部監査協会発行の「専門職的実施の国際フレームワーク」(2011年1月1日発行)(162ページの4)に訳されているように、(対等の立場を前提とするかのように)「合意」するものというよりは、むしろ内部監査の役割について経営の意向をうかがうということです。原文でも「理解を得る(obtain an understanding)」とされています。内部監査人は専門家として内部監査の役割に関する経営層の判断に影響を与えることはあってもその決定は経営層に委ねられます。

こうして明らかになる期待の内容は、内部監査基本規程及び取締役会規程の中に謳われることになります。以上、同要綱第4項参照。

④ リスク・マネジメント・プロセスにおける内部監査部門の役割の変化と多様性

組織のリスク・マネジメント・プロセスにおける内部監査の役割は、時とともに推移するし、また、組織によって監査的な作業からコンサル的な支援まで幅があり、状況によってリスク・マネジメント・プロセスに関する最適の内部監査の役割も変わってきます。この役割を決定するのは、経営者及び取締役会の責任ですが、組織の文化、内部監査人員の能力、国の慣行や地域の状況等の要因から決定することが多いでしょう(同要綱第4項、5項参照)。

⑤ 組織によって大きく異なるリスク・マネジメント

一方、リスク・マネジメント自体は組織によって、正式なプロセスである場合と正式ではない場合、定量的なプロセスである場合と主観的なプロセスである場合など相当に異なることがあります(同項第6条参照)。例えば、リスク・マネジメント部とかリスク・マネジメント委員会などの所管組織が設置されている場合には、一般に正式なリスク・マネジメントが存在すると考えられます。しかし、この規定によると、そのような組織や規程がない場合でも、実態としてリスク・マネジメントが一定の仕組みのもとに動いていれば、これもリスク・マネジメントとして規定の対象に含まれています。

⑥ 正式なリスク・マネジメントがない場合に必要となる経営層との協議

　上記で正式かどうかの境目は文言からははっきりしませんが、正式なリスク・マネジメント・プロセスを組織がもっていない（と判断された）場合には、内部監査部門長は、経営者及び取締役会と正式に協議します。そこでは、彼らが組織内のリスクを理解、管理及びモニターする義務について、並びに、正式なプロセスではないとしても、重要リスクについて、及びそのリスクがどのように管理され、モニターされているかについて適当な程度に可視化するプロセスが働いていることに彼らが納得する必要があることについて話し合います（同要綱第3項参照）。

　この規定は、リスク・マネジメントが社内で正式に導入されていないか、導入されていてもいまだ十分に機能していない等の理由でリスク・マネジメントに対する内部監査上の対応をまともにしてこなかった企業には重い課題を提起することになります。正式なリスク・マネジメントのプロセスがない企業では内部監査部門が自らの判断だけでリスク・マネジメントへの対応を勝手に決めるのではなく、上記のように正式に役員と議論したうえで、前記②のステップに戻って、その対応を決めて、更に決めたことを内部監査基本規程に盛り込むということが必要になると考えられるからです。

　こうした手続を経て、内部監査部門のリスク・マネジメントに対する関わり方の大枠がガバナンスレベルで決められます。

(3) IIA基準による内部監査部門レベルでの対応

　そのうえで、次に、内部監査部門としてリスク・マネジメントに対応する際の指針が与えられています。この指針は大きく分けて次の三つのテーマに分けることができ、図表2-23では、内部監査部門より下に位置するところにそれぞれについて規定した実践要綱、プラクティス・ガイドないしポジション・ペーパーを示しています。

⑦（テーマⅠ）内部監査とリスクマネジメントとの関わり—独立性の取扱い

　内部監査部門とリスク・マネジメントは、相互に支援する関係にあると見る

ことができます。内部監査から見ると、リスク・マネジメントに対するアシュアランス及びコンサルティングの提供があります。この二つのうちどちらに重点を置くかは状況によって異なりますが、特に、内部監査部門がERMにおいてコンサル的な役割を果たす際に独立性の観点から前提条件となる事項及び内部監査部門としてを請け負うべきでないERMにおける役割についてポジション・ペーパーで指針が与えられています。

⑧（テーマⅡ）監査計画におけるリスク・マネジメントの利用

　これはリスク・マネジメントを監査の対象としてどうするかというテーマではなく、内部監査部門が内部監査の計画において、特にリスク評価に関して、リスク・マネジメントの活動をどのように利用するかという課題です。

⑨（テーマⅢ）リスク・マネジメントの評価

　これは主には、アシュアランスとコンサルティングの両方を想定した監査の対象としてリスク・マネジメントにどのように取り組むかという課題です。特にアシュアランスを中心に、主に、次の1）から4）までの四つの方面からの指針が前掲のプラクティス・ガイドにおいて与えられています。更に、ここでは、これに派生する課題を「2.1）監査報告書の書式」と「3.1）アシュアランス・マップの考え方」で追加しています。

1）リスク・マネジメントに対するアシュアランス

　内部監査のリスク・マネジメントに対する中心的な役割であるアシュアランス活動について、次の三つの点について、指針を与えています。

・リスクマネジメント・プロセスのアシュアランス
・重要リスクと経営者のアサーションのアシュアランス
・リスク対応計画の状況のフォローアップ

2）監査証拠の入手

　リスク・マネジメント・プロセスの妥当性に関する監査意見の形成に必要となる監査証拠の入手において、考慮すべき監査手続について指針を与えています。更に監査証拠から積極的アシュアランス及び消極的アシュアランスへのつながりについて解説されています。

2.1）監査報告書の書式

　上記の監査証拠をアシュアランスの種類につなげた次のテーマとして、どのような監査報告をすべきかというテーマが別のプラクティス・ガイド「内部監査意見の形成と表明」において扱われています。

3）リスク・マネジメントのアシュアランスの方法論

　リスク・マネジメントに対するアシュアランスにおいて適用できる方法論について、ISO31000の方法を採用する場合を例にとって、プロセス要素アプローチ、主要原則アプローチ及び成熟モデルアプローチの三つの方法の考え方を紹介しています。

3.1）アシュアランス・マップの考え方

　「内部監査部門長は、適切な内部監査の業務範囲を確保し、業務の重複を最小限にするために、内部監査部門以外のアシュアランス業務やコンサルティング・サービスを行う組織体内部及び外部の者と、情報を共有し活動の調整をすべきである（国際基準2050）。」とされ、組織のアシュアランス業務等の調整機能を求められています。この背景には「多くの組織体が、内部監査、リスク及びコンプライアンスの活動をモニタリングしているが、全部の組織体が全体的な視点に基づいた方法ですべての活動をレビューしているわけではない（実践要綱2050-2）。」という認識があります。アシュアランス・マップの作成は、上記内部監査部門長の調整機能をサポートし、企業全体のアシュアランス活動の全体像を経営層に報告する重要なツールとなります。

4）リスク・マネジメント関連文書の品質の評価

　企業が外部に対してERMの有効性について何らかの声明を公表する場合に、その声明をサポートする文書の作成・保管について内部監査が検討すべき指針を与えています。有価証券報告書におけるリスク管理体制の開示等に関しても参考にすべき指針と考えられます。

　さて、上記の三つのテーマで確認したところで、図表2-23に示された大まかな流れの説明が終わりました。これで全体像はわかるかと思います。

　この説明の前段のガバナンスレベルに比べると、後段の内部監査部門レベル

として示した三つのテーマの内容は、内部監査部門が主体となって実務を展開していく重要な局面となります。そこで、その具体的内容については次の**解決策7**において、もう少し詳しく見ていくことにしましょう。

解決策6 | **IIA指針による内部監査のリスク・マネジメントへの三つの対応**

(1) 内部監査のリスク・マネジメントへの関わり—独立性の取扱い
(2) 監査計画におけるリスク・マネジメントの利用
(3) リスク・マネジメントの評価

上記の三つの規定の中でポイントと思われるところを重要な規定の内容を引用しながら、次の(1)〜(3)として説明します。

(1) 内部監査のリスク・マネジメントへの関わり—独立性の取扱い

さて、内部監査のリスク・マネジメントに対する関わりについては、時とともに変化し、また状況によっても異なりますが、大きくは、アシュアランス的な関わりとコンサル的な関わりがあることを上記④でも大まかに見てきました。

その内容を前掲のプラクティス・ガイド「ISO31000を利用したリスク・マネジメントの妥当性の評価」では、以下のように整理しています。

(内部監査とリスク・マネジメント)

....

リスク・マネジメントは、組織の目的を費用対効果にかなうように効率的に達成することを促すマネジメントプロセスです。一方、アシュアランスは、経営活動の達成に関して信頼できる情報を提供します。こうしてリスク・マネジメントとアシュアランスは互いに補完する関係にあります。

内部監査及び他の独立したアシュアランスは、リスク・マネジメントを

支援して以下の事項を評価します。
- リスク・マネジメント・プロセスが適切に適用されており、プロセスのすべての要素が適切で十分である。
- リスク・マネジメント・プロセスは、組織の戦略的なニーズ及び意図に沿ったものである。
- すべての重要なリスクが認識され、対応されている。
- コントロールはリスク・マネジメント・プロセスの目的に沿って、正しく設計されている。
- 重要なコントロールは、十分であり有効である。
- ラインのマネジメントのレビュー及び他の非監査のアシュアランス活動は、コントロールを維持し改善するために有効である。
- リスク対応計画は実行されている。
- リスク・マネジメント計画の適切で報告どおりの進捗がある。

リスク・マネジメントは、次の点でアシュアランス・プロセスを支援します。
- 組織に固有の文書化されたリスク・マネジメント・フレームワークを確立する。
- 組織のリスクについて体系的な分析を提供し、次の項目を記録する。
    - 組織的目的とそれに関連するリスク
    - 現在のリスクの潜在的なエクスポージャーとその評価
    - 各リスクの管理に責任をもつ組織内の職位
    - 各リスクの管理のために設定された主要な管理システム

ある組織の内部監査の活動がリスク・マネジメント部門と密接に関連して行われることも少なくありません。正式なリスク・マネジメント部門を持っていない組織もありますが、この場合、内部監査は、しばしば組織に対してより広範囲にリスク・マネジメントのコンサルティングを行います。

次のような条件が満たされるならば、内部監査部門は、リスク・マネジメント・コンサルティングを提供することができます。

- リスク・マネジメントの責任はマネジメントにあることが明確にされるべきである。リスク・マネジメント・プロセスの創設又は改善のために、内部監査がマネジメントチームに相談するときはいつも、その作業計画には、これらの活動に対する責任をマネジメントのメンバーに移転させるための明確な戦略とスケジュールが含まれるべきである。
- 内部監査部門は、リスク・マネジメントのフレームワークの中に、自らが責任を負う部分があるとすれば、その部分については客観的なアシュアランスを与えることができない。そのようなアシュアランスは、相応の資格のあるほかの関係者によって提供されるべきである。
- 内部監査部門が組織に提供するそのようなコンサルティングサービスの性格は内部監査基本規程において記載されるとともに、内部監査のほかの業務と一貫性のあるものでなければならない。
- 経営者の意思決定に関するコンサルティング的なアドバイスの提供や異議の申し立ては内部監査自身を意思決定に関わらせるものではない。

出典：前掲のプラクティス・ガイド「ISO31000 を利用したリスク・マネジメントの十分性の評価」2010 年 12 月、5 ページ、Internal Auditing and Risk Management より該当箇所を訳出

◆用語解説◆　リスクとリスク・エクスポージャー

　リスクとは、IIA の IPPF の定義によると、目標の達成に影響を与える事象発生の可能性です。リスクは影響の大きさと発生可能性に基づいて測定されます。
　リスク・エクスポージャーは、IPPF に定義はありませんが、日本内部監査協会の翻訳では、リスク・エクスポージャー（リスクにさらされている度合い）と記されています。例えば、現金売上は掛け取引に比べて現金の盗難などの不正リスクは高いと一般に考えられますが、これは可能性だけであって実際にそのような事故や兆候がどれくらいあるかどうかは別問題です。リスクとはこの場合の不正の可能性であって、エクスポージャーは、そのリスクが顕在化している程度や実際のリスクの量を指しています。

第2章 内部監査とガバナンスの関係を見直す

　内部監査がリスク・マネジメントに関してどのような役割であれば担当することができ、どのような役割なら担当できないかについては、前掲のポジション・ペーパー「全社的リスク・マネジメントにおける内部監査の役割」において、次の図表2-24とともに説明がなされています。

　図表2-24においては、ERMに対する内部監査の役割として、次の三つの場合に分けてケースが示されています。

・ERMに関する主な内部監査の役割
・予防措置により正当化される内部監査の役割
・内部監査部門が引き受けるべきではない役割

　このポジション・ペーパーにおいては、独立性確保のための何らかの予防措置（safuguard）が必要であることが示されています。この予防措置として掲げられている条件は、前記のガイドの引用箇所の最後のところで、内部監査部門がリスクマネジメント・コンサルティングを提供する際に満たすべき条件と

図表2-24　ERMにおける内部監査の役割

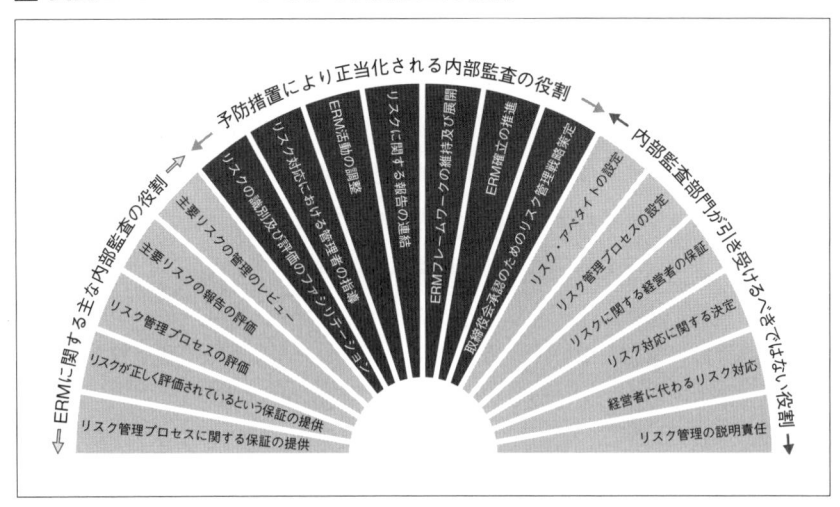

出典：IIA Position Paper, The Role of Internal Auditing in Enterprise - wide Risk Management, January, 2009, p4, Figure 1 - Internal audit role in ERM を訳出し、一部様式を加工。

して挙げた四つの事項と内容的には同じものです。

(2) 監査計画におけるリスク・マネジメントの利用

・内部監査部門は、リスクベースの監査計画を策定することが求められていますが（実施基準2010）、その策定に際して、内部監査部門長は、組織のリスク・マネジメントフレームワーク（これには、組織の様々な活動ごとに経営者が設定したリスク・アペタイトの水準も含まれる）を考慮します。

・もし、そのようなフレームワークが組織に存在しない場合には、経営者及び取締役会に諮ったうえで、内部監査部門長は自らの判断を行使する（実施基準2010解釈指針）とされています。つまり、そのような場合のリスク判断は、内部監査人の裁量に任されているのではなく、まず経営者と取締役に相談することになっているのです。

・また、一方、組織としてリスク・マネジメント・プロセスが確立されている場合には、監査計画の策定には、それを利用することが必要とされています（実践要綱2010-2第6項）。ですから、社内に何らかのリスク・マネジメントの仕組みがある場合には、これを度外視することなく、内部監査人としての計画時のリスク判断をする際に、経営サイドでどのようなリスクを認識し、リスク軽減措置を取っているかを考慮することになります。

・ただし、リスク・マネジメントの成熟度は組織によって様々であり、また、地域によってもそれぞれに異なる考え方、構造ないし用語がリスク・マネジメントのプロセスに使われていることもあります。そこで内部監査部門としては、リスク・マネジメント・プロセスのどこの部分が、内部監査の活動計画の策定において、また個々の監査の計画において利用できるかを評価するということになります（実践要綱2010-2第8項）。

(3) リスク・マネジメントの評価

① リスク・マネジメントに対する三つのアシュアランスのタイプ

リスク・マネジメントに対する内部監査の役割としては、アドバイザリーな

第2章　内部監査とガバナンスの関係を見直す

いしコンサルティング活動によって組織に付加価値を与えることもありますが、その主要な役割としてはアシュアランスの提供が挙げられます。

IPPF プラクティス・ガイド「ISO31000 を利用したリスク・マネジメントの妥当性の評価」は、そのようなアシュアランスに焦点を当てて、アシュアランスを次の三つの点について指針を与えています。

・リスク・マネジメント・プロセス自体のアシュアランス
・重要なリスクとマネジメントのアサーションに関するアシュアランス
・リスク対応計画の状況のフォローアップ

これら三つのアシュアランスについて、このプラクティス・ガイドでは、以下のような説明が加えられています（同ガイド p6-7 参照）。

1）リスク・マネジメント・プロセス自体のアシュアランス

「リスク・マネジメント・プロセス自体のアシュアランスは、組織のリスク・マネジメント・プログラムがその目的を達成するように有効に設計、記録及び運用されていることについて合理的な保証を上級経営者及び取締役会に提供するために実施することができる。」

こうしたアシュアランスは、潜在的に、次のような質問項目に答えられるように設計しなければならないとされています。以下は、やや長い説明ですが、リスクマネジメント部門への質問書においてカバーすべき項目として、あるいは作業プログラムのたたき台として活用できそうなので、そのまま訳出しておきます。

◆参考◆

・リスク・マネジメント・プログラムは、十分な評価やリスクに関するリソースを含めて、組織の経営陣から十分なコミットメントを得ているか。またそれは組織のプロセス及び意思決定の適切な部分になっているか。
・リスク・マネジメント・フレームワークの設計及びリスク評価基準は、組織内外の状況（環境）から見て適切か。
・リスク・マネジメント・フレームワーク及び具体的なリスク領域の評価について、その策定、実施及び維持に関する要求事項、リスク評価基準及び説明責任の十分な定義及び伝達があるか。
・組織のガバナンス機構の適当なレベルにおいてリスクへの姿勢が確立されている

か。
・リスク・マネジメント活動の主要な結果が（透明性と慎重に取り扱うべき程度とのバランスを取って）組織内で適切に伝達されていることを担保するために、内部の伝達及び報告の仕組みは十分か。
・ステークホルダーへの報告はリスクに対する組織の態度と対応を十分に反映しているか。
・外部の伝達と報告の仕組みは、関連する法令、規制、コーポレートガバナンス及び開示の要請に準拠するために十分か。
・リスク・マネジメント・フレームワークの設計と有効性をモニターするために十分な達成度の尺度と報告とが存在しているか。
・リスク評価基準、リスク・アペタイト、リスク対応並びにエスカレーション（筆者注）と報告の基準は組織全体に一貫して適用されているか。リスクの特定は適切な知識のある人員が担当しているか。リスクの特定の現状は十分なものか。
・リスク・フレームワークと関連する手続及びコントロールは、ビジネスの状況や組織のニーズの変化に応じて修正が加えられるか。
・適切な知識をもった人材がリスクの分析、評価及び処理と対応を担当しているか。これらの活動は十分にレビューされ、承認されているか。
・リスク対応計画と状況はモニターされ、適切なレベルの経営陣及び取締役会に伝達されているか。
（筆者注；上記でエスカレーションとは、発生した問題の内容に応じて、より上位の管理者に判断や対応を求めることまたはそのためのルールを言います）

出典：IIA IPPF プラクティスガイド「ISO31000 を利用したリスク・マネジメントの十分性の評価」2010 年 12 月、6、7 ページより該当箇所を訳出

2）重要なリスクとマネジメントのアサーションに関するアシュアランス

　これについては、「組織のリスク・マネジメント・プロセスにおいて洗い出された潜在的に高いリスク領域に、その対象範囲が関わるほかのすべてのアシュアランスにおいては、監査手続及び伝達は、組織のリスク・トレランスの限界値内にリスクを収めるためのコントロールの有効性に関する経営者のアサーションを評価するように設計すべきである。」（前掲のプラクティス・ガイド「ISO31000 を利用したリスク・マネジメントの妥当性の評価」7 ページ）とされています。

この説明だけではちょっとイメージしにくいので、上記 1) の場合と比較しながら事例を考えてみましょう。整理すると、上記の 1) ではリスク・マネジメント・プロセスそのものがアシュアランスの対象ですから、社内で制度化された組織や規程などの仕組みやそこから作成される成果物として、監査の対象が見えています。これらの実態に合うように、その仕組みの設計と運用状況を確認するチェック項目や作業プログラムを上記の質問項目やあるいは前掲実践要綱 2120-1 の監査手続の指針等を参考に作ればよいわけです。

　他方、この 2) の規定は、それ以外のアシュアランスの場合なので、1) のように監査対象が見えている場合と違って、監査の対象をどのようにとらえるかがまず問題となります。これについては、経営者のアサーション（経営者の主張と訳されます）を評価するとして答えが示されています。

　事例を考えると、例えば、ある企業でリスクが高いと認識された、ある事業部門のコンプライアンス・リスクを監査対象にしたアシュアランスを考えましょう。その事業部門の事業がアジア、米国、欧州に分散して管理されており、それぞれの事業拠点におけるリスクの自己評価等を通して拠点別リスクについて、高い、低い、中くらいといった認識があり、それと同時に、それに対するコントロールについても、例えば、良好、有効、十分といった段階的な評価がなされているとします。このようなマネジメントの評価結果が現状のリスク・エクスポージャー及び内部統制の有効性に関わる経営者の一種のアサーション（つまり、経営者は○○○と主張していると想定される内容）としてみなされます。内部監査はその評価水準が妥当であるというアサーションが正しいかどうかをアシュアランスするという形で内部監査を設計することができます。

　なお、上記説明文中でリスク・トレランスの限界値（threshold）と訳したのは、組織が企業全体のリスク・アペタイトより想定した特定領域のリスク・トレランスについて設定した許容金額ないし数値と考えられます。なおリスク・トレランスの意味は後述の用語解説を参照してください。

　このように、リスク・マネジメント・プロセスを通して、高リスク領域とされた分野に関わるアシュアランスについては、経営の認識である経営者のアサ

ーションを対象として、その妥当性・適切性を対象に監査の手続を策定するとともに、監査報告することを求めています。上記の例では、内部監査の結果が、経営者の評価とは異なる（つまり経営者の評価が適切でないという結論に至る）こともあります。その場合にはその差異がその後のリスク・マネジメント・プロセスにおいて検討されるということになります。

　上記のような個々のアシュアランスを積み重ねていくと、それはその監査で対象とした特定領域（上記の例では、ある事業部門のコンプライアンスリスク）についてアシュアランスを与えるだけでなく、累積効果として、リスク・マネジメント・プロセス全体の有効性のアシュアランスとしても有用であるという趣旨がプラクティス・ガイドに示されています。

　このような考え方は、社内で正式に体系化されたリスク・マネジメントの制度があるときには上記（1）のアプローチを採用できるのに対して、監査の対象としてとらえられるようなまとまったリスク・マネジメントの制度がない場合に参考になるアプローチと考えられます。

◆用語解説◆　リスク・アペタイトやリスク・トレランス

　上記説明文の「…監査手続及び伝達は、組織のリスク・トレランスの限界値内にリスクを収めるためのコントロールの有効性に関する経営者のアサーションを評価する…」という箇所で「リスク・トレランス（risk tolerance）という用語が出てきます。リスク・アペタイト（risk appetite）（リスク選好とも訳される）は、IPPFの用語集（Glossary）で、「組織が進んで受け入れるリスクのレベル」と定義されていますが、リスク・トレランス（リスク許容度とも訳される）については説明がありません。この二つの概念は定義の文言よりも互いの関係を知ることから理解できます。考え方として、リスク・アペタイトは、組織がその事業目的の達成のために進んで受け入れるリスクの量や種類のことで、これを各リスク領域（例えば、戦略、業務、財務、コンプライアンス等のリスク分類）に展開したのがリスク・トレランスです。これは、それぞれの関連するリスクについて組織が進んでとることのできるリスクの最大値です。上記説明文の文脈では、企業全体ではなく特定のリスク領域についての話なのでリスク・アペタイトではなく、リスク・トレランスのレベルとして話がなされています。

　ちなみに、E&Yの刊行物"Risk appetite-The strategic balancing act"、

> 2010, Ernst & Young によると、Tower Perrin による 2008 年 ERM 調査では、リスク・アペタイトについて適切に文書を残しているのは回答者の半分以下にとどまっており（"Emphasis"、2009/1 に引用）、一方、米国フォーチュン 100 社の取締役のうち企業のリスク・トレランスを理解しているのはわずか 54％だったという 2006 年の Conference Board による調査報告（"CEO Challenge 2006"）が出されています。つまり約半分の企業ではリスク・トレランスが定義されていないか、もしくは取締役がそのプロセスに積極的に関わっていないことを示しています。
>
> E&Y は、この刊行物の中でこうした例を挙げながら、独自の取締役との議論を踏まえて、リスク・アペタイトやリスク・トレランスへのしっかりした対応ができていないのは、取締役がこの対応を避けているのではなく、むしろ理路整然とリスク・アペタイトを明確にし、取り組もうとしているが、対応方法がわからないためだとして、経営層に適切な方法を提供することの重要性を説いています。

3）リスク対応計画の状況のフォローアップ

「潜在的に高いエクスポージャーに関するリスク対応及びコントロール改善計画について、とりわけ計画の期間が比較的長い場合には、計画に対する実績のモニターが適切であるかもしれません。最低限、そのようなモニタリングは、マネジメントにマイルストーンに対する進捗を提供し、取締役会に対してリスク対応計画の下、状況報告を検証するように設計されるべきです。

更に、そのようなモニタリングは、計画構成、リソース、説明責任、プロジェクトマネジメント等について評価し、計画が成功する可能性を高めるための提案及び検討事項を提供することができます（前掲のプラクティス・ガイド「ISO31000 を利用したリスク・マネジメントの妥当性の評価」7 ページ）」。

なお上記でマイルストーンとは、プロジェクトに含まれる各作業工程の節目のことです。

② **監査証拠の入手**

リスク・マネジメント・プロセスの監査について、実践要綱 2120-1「リスク・マネジメント・プロセスの妥当性の評価」は、次のような規定を示して、リスク・マネジメント・プロセスを監査する際の監査手続について指針を与えています。

◆参考◆

　内部監査人は、リスク・マネジメント・プロセスの妥当性に関する意見形成のために、リスク・マネジメント・プロセスの主要な目的が達成されていることを決定するための十分で適切な証拠を入手する必要がある。そのような証拠の収集において、内部監査人は以下の監査手続を検討する。

- 組織に影響を及ぼすリスクとエクスポージャー、並びに、それらのリスクへの対応、モニター及び再評価に使用されるコントロール手続を決定するために、組織によって行われた事業に関する、最近の進展、動向、業界情報、その他の適切な情報源を調査し、レビューする。
- 組織の事業戦略、リスク・マネジメント方針と手法、リスク・アペタイト及びリスクの受入れについて確認するために、会社の方針と取締役会の議事録をレビューする。
- 経営管理者、内部監査人、外部監査人及びその他の情報源によって以前に作成されたリスク評価報告書をレビューする。
- 事業体の目標、関連するリスク、並びに、経営管理者によるリスク軽減及びコントロールのモニタリング活動を決定するために、ラインマネジャー及び上級経営者へのインタビューを実施する。
- リスクの軽減、モニタリング並びにリスク及び関連するコントロールの伝達の有効性を独立的に評価するために情報を吸収する。
- リスクのモニタリング活動のレポーティングライン（報告経路）の適切性を評価する。
- リスク・マネジメントの結果の報告の妥当性と適時性をレビューする。
- 経営管理者のリスク分析及びリスク・マネジメント・プロセスによって挙げられた問題の是正のためにとられたアクションの完全性をレビューし、改善を提案する。
- 経営管理者の自己評価プロセスの有効性を、観察、コントロールとモニタリング手続の直接検証、モニタリング活動で利用される情報の正確性のテスト、及びその他適切な技法によって評価する。
- リスク・マネジメント・プロセスにおける弱点を示しているリスク関連課題をレビューし、必要に応じて、経営者及び取締役会と議論する。内部監査人は、経営者が組織体のリスク・マネジメント戦略及び方針に矛盾する、または組織にとって受け入れることができないリスクのレベルを許容していると認められる場合、更なる方向性を示すものとして、基準2600やその他のガイダンスを参照する必要がある（以上、実践要綱2120-1第8項を訳出）。

また、これ以外に監査証拠の入手に利用できる監査技術として次のものを挙げています。
・立会・インタビュー・資料閲覧・前回監査の結果・他の業務への依拠・分析的技術・プロセスマッピング・統計分析・リスクモデルのレビューと評価・調査・統制自己評価の分析

監査報告書の書式

上記①2）では、個々の監査の結果を積み重ねて、総合的に全体としてのアシュアランスを与えるという考え方を紹介していますが、これは、監査意見という面からは、いわば個々の監査を通して状況証拠を集めて年度全体としての総合意見を形成するという方式となります。このような監査報告は、年度内に個々の監査において発行されたミクロレベルの監査報告を総合して年度全体のマクロレベルの監査報告書を発行するという実務によって可能になります。

このマクロレベルとミクロレベルという二つの監査報告の考え方は、IPPFプラクティス・ガイド「内部監査意見の形成と表明」2009年3月（IIPPF-Practice Guide, "Formulating and Expressing Intetnal Audit Opinion", March 2009, The IIA）において明らかにされた方法です。同ガイドは、内部監査部門長は、意見表明を全般にわたるレベル（マクロ）か、もしくは、個々の監査アサインメントレベル（ミクロ）で求められることがあるとし、二つの違いについて以下のように説明しています。

・マクロレベル

マクロレベルの意見はある時点（例えば年度ベース）において発行ないし提供されるものであるが、そのサポートとなる監査証拠は、一般に、ある期間にわたって蓄積され、また、いくつかの監査アサインメントの結果、他によって実施された業務及び他の正式ではない証拠に基づいている。

・ミクロレベル

ミクロレベルの意見は、概して個々の監査アサインメントの結果である。そのようなアサインメントは、特定のプロセス、リスクあるいは事業単位

> にかかるコントロールに関係していることがある。その意見形成には、監査の発見事項及び個々のレーティングの検討が要求されている。
> （同ガイド、3～4ページ 3.2 より該当箇所を訳出）

　この2段構えの報告様式を活用することによって、リスク・マネジメントのような範囲の広い大きなテーマに対する監査上の取扱いが容易になります。個々の監査はそれぞれに対象領域や個別テーマがあるとしても、共通してリスク・マネジメント・プロセス全体の有効性という点から何らかの証拠を副次的にでも提供しているとすれば、それを集積して年度全体としてリスク・マネジメント・プロセス全体のアシュアランスを構成することは計画的に行えばできないことではないでしょう。また、個々の監査では、リスク・マネジメントという大きな課題に対する結論をその都度、完結させなくてもよいというやりやすさもあるわけです。

③ リスク・マネジメントのアシュアランスの方法論

　内部監査とリスク・マネジメントとの関係についてIIAではいくつかの指針を出していますが、その中でもプラクティス・ガイド「ISO31000を利用したリスク・マネジメントの妥当性の評価」では内部監査のリスク・マネジメントへの関わりを詳しく述べています。なお、このガイドは、ISO31000のリスク・マネジメントのフレームワークを例に取り上げていますが、特にISOによるフレームワークや他のフレームワークを推奨するわけではないことを断っています。

　ここではリスク・マネジメントプロセスの評価に利用できる次の三つのアプローチが紹介されています。

　　・プロセス要素アプローチ
　　・リスク・マネジメントの原則に基づくアプローチ
　　・成熟度モデル・アプローチ

　以下、当ガイドにおいて説明されている各アプローチについて簡単に紹介しておきます。

1）プロセス要素アプローチ

　これはリスク・マネジメント・プロセスの各要素が設定されているかどうかを確認するという方法です。ISO31000はリスク・マネジメント・プロセスの構成要素として七つの要素を挙げています。

　　要素1—コミュニケーション
　　要素2—状況の設定（政治、社会等の外部環境と目的、戦略、構造、倫理
　　　　　等の内部環境の把握が全面的なリスクの特定に前に必要）
　　要素3—リスクの特定
　　要素4—リスク分析
　　要素5—リスク評価
　　要素6—リスク対応
　　要素7—モニターとレビュー

2）リスク・マネジメントの原則に基づくアプローチ

　このアプローチは、どんなリスク・マネジメント・プロセスも最低限の要件として一定の原則ないし特徴を満たしていなければならないという考えに基づくものです。これらの原則についての監査では、組織のリスク・マネジメント・プロセスについてこれらの原則がどの程度あてはまるかを評価します。ISO3000は次の原則を挙げています。

　　・リスク・マネジメントが価値を創造し、価値を保護している
　　・リスク・マネジメントは組織のプロセスにおいて不可欠の部分である
　　・リスク・マネジメントは意思決定の一部である
　　・リスク・マネジメントは明確に不確実性を扱っている
　　・リスク・マネジメントは組織的で構造化され、適時なものである
　　・リスク・マネジメントは利用できる最高の情報に基づいている
　　・リスク・マネジメントは（組織の業務に合わせて）調整される
　　・リスク・マネジメントは透明かつ包括的なものである
　　・リスクマネジメントは活動的、反復的で変化に対応している
　　・リスク・マネジメントは組織の継続的改善と強化を促進する

3) 成熟度モデルアプローチ

　成熟度モデルは、組織のリスク・マネジメント・プロセスの品質は時とともに改善されるべきであるという考えに基づいています。このアプローチは、組織のリスク・マネジメント・プロセスが成熟カーブのどこに位置しているかを評価して、それによって取締役会及び経営層が組織の現在のニーズを満たしているかどうか及び期待しているように成熟しているかどうかを評価できるようにするというものです。

④ リスク・マネジメント関連文書の品質の評価

　これに関しては、ガイドにおいて以下のような指針が与えられています。

「ERM の文書化の程度は、組織の規模や複雑さによって異なります。一般には、大企業ほど方針書、組織図、職務分掌、業務指示書、情報システムフローチャート等が文書化されており、小規模で複雑でない組織ほど通常、文書化はなされていません。

　ERM は多くの面で正式でなかったり、文書化されていなかったりしますが、それでも規則的に実施され、かなり効果的であることもあります。これらの活動は文書化されている場合と同様にテストすることができます。ERM の要素が文書化されていないことは必ずしもそれが有効でないとか、評価できないということを意味しません。しかし、適切なレベルの文書化は、通常、モニタリングをより効果的なものにします。

　マネジメントが外部に対して ERM の有効性について声明を出す場合には、その声明をサポートする文書を作成し保管することを検討すべきです。内部監査人は次の事項ができているかどうか検討すべきです。

- ・すべてのソースからのリスク情報を管理する戦略が設定されている
- ・リスク情報の伝達のために必要なインフラが設定されている
- ・共通の定義がある
- ・リスク情報の作成、削除及び共有に関するガイドラインがある
- ・十分なリソースが配属されている
- ・テクノロジーは費用対効果があり、適切な場合に利用されている

・モニタリングに前向きのアプローチがとられている
・リスク情報は計画プロセスの一部となっている
・リスク情報は業績情報と一体化されている

　これらの検討事項及びそれに関して実施が決定された活動やプロセスについては記録を残すべきです。後日、声明の内容が問題となった場合に役に立つでしょう（以上、前掲のガイド、7ページ、Assessing the Quality of Risk Management Documentation より抜粋して訳出）」。

　上記の最後に、ERMの有効性に関して外部公表する際の検討事項が示されていますが、これは、有価証券報告書等におけるリスク・マネジメント関連の記載などの公表資料についてチェックする留意点にもなります。内部監査としてはこのような分野についても問題意識をもつ必要があるでしょう。

> **解決策 7** リスク・マネジメントと内部監査との連携を最適化する
>
> (1) リスク・マネジメントと内部監査との相互の業務の利用方法を決める
> (2) 内部監査によるリスク・マネジメント活動への協力内容を決める
> (3) リスク・マネジメントと内部監査との最適化シナリオを作る

(1) リスク・マネジメントと内部監査との相互の業務の利用方法を決める

　内部監査部門は、一般に、監査計画を策定し、実施するに際して、対象となる企業全体のリスク認識が必要となり、そのためにリスク評価を行います。その精度や方法は企業によって相当違いがあると思われますが、企業のリスク・マネジメント部門でリスク評価を定期的に実施していれば、その評価結果を内部監査のために活用するという選択肢をまず検討すべきでしょう。

　また、ここでリスク・マネジメントというのは、「組織体の目標達成に関し合理的なアシュアランスを提供するために、発生する可能性のある事象や状況を、識別し、評価し、管理し、コントロールするプロセス（内部監査の専門職

的実施の国際基準、用語一覧（社団法人内部監査協会））」と定義されます。したがってそのような体系的なリスク管理の仕組みを担っていれば、リスク・マネジメント部に限らず、内部統制部、コンプライアンス部、企業倫理部、経理部、事業管理部等の部署でなされいる業務もこれに該当することになります。また例えば、コンプライアンス部がリスク評価から指針の作成まで行い、各事業部がその実施と管理をして、内部監査がモニタリングするような形で各部が連携してリスク・マネジメントの仕組みを作って運用されているような場合にも、その一連のプロセスはリスク・マネジメントであると考えられます。その意味で、ここでいうリスク・マネジメント部門はこの文字通りの名称の部署だけとは限りません。

　すでに述べたように、リスク・マネジメント部門は、全社的なレベルでリスク評価を体系的に実施しているとは限らないし、実施していても内部監査の用途に合うように実施しているとは限りませんから、検討が必要です。

　会社によっては、リスク・マネジメント部門と内部監査部門との連携を全くしてないところもありますが、企業の状況によって違うとはいえ、全社的なリスク・マネジメントの観点からの整合性や作業の効率性からすると、連携の可能性を検討するのが適当と考えられます。組織としてリスク・マネジメント・プロセスが確立されている場合には、監査計画の策定には、それを利用する必要がある（実践要綱2010-2第6項）という指針もあります。

① リスク・マネジメント部門によるリスク評価を内部監査に利用する場合

　リスク・マネジメント部門によるリスク評価結果を内部監査に利用しようとする際には、無批判にその手続及び結果を受け入れることなく、それらが内部監査の目的で利用するために十分な内容・品質を備えているかを検討すべきです。その際、以下のような点に留意します。

> A. リスク・マネジメントの仕組みについて
> 　ア）リスク評価のプロセスは企業の戦略と整合しているか。例えば新規事業に特有のリスクがあれば適宜追加される仕組みがあるか

第2章　内部監査とガバナンスの関係を見直す

　　イ）企業全体にわたってすべての重要なリスクが対象とされ、全体として評価されているか（グループ全体の組織の中で適切な組織単位で評価がなされているか）
　　ウ）適当なステークホルダーが評価プロセスに関わっているか。例えば各事業部門責任者など重要なプロセスオーナーの意見が反映された評価結果になっているか
　　エ）リスク評価結果はどのように経営層に利用されるか（経営判断にどのようにつながるか）
B.　内部監査の立場から見た有用性について
　　オ）リスクの定義が内部監査の目的に合っているか
　　カ）評価の時期・頻度が内部監査の目的から適当か
　　キ）リスク評価の手法や精度が内部監査の目的に合っているか
　　ク）リスク評価に関与する人材の能力・経験が内部監査の目的から見て信頼できるか
　　ケ）リスクマップなどの報告様式が内部監査の目的から見て適切か
　　コ）上記の検討の結果、内部監査の目的に使用するためには情報の加工や追加作業を要すると判断される場合に、その作業等が費用対効果を考えて合理的か

　上記の事項をチェックすることは、それに先だって内部監査部門としてのリスク評価についての実務方針や考え方が定まっているのが前提です。これがないとすれば、リスク・マネジメント部門のリスク評価の実務を点検する際に、内部監査にとっての有用性を判断する基準がないということですから、その辺を部門としてまず検討すべきでしょう。
　例えば、オ）のリスクの定義については、その会社独自のリスク一覧表をもっている場合にこれが内部監査部門が考えているリスク一覧と合っているかということです。必ずしも同じ様式で体系化されていなくても、内部監査部門としては最低これだけのリスクはカバーしたいというリスクの項目出しが必要で

す。また一覧表形式でなくても、内部監査部門の使命からどのリスクに重点を置くかが整理されていたり、各年度の重点課題からそれに関連して押さえておきたいリスクは通常あると考えられます。こうした、内部監査に必要な重要リスクが十分にカバーされているかの確認が大事です。

例えば、参考までに図表2-25のリスク一覧表を再度見てみましょう。このとおりのリスクの分類や定義の仕方に従う必要はないし、会社固有の定義があってよいのですが、少なくともこの表の大分類にあるような、戦略リスク、業務リスク、コンプライアンスリスク、財務リスクの四つのリスク領域のどの領域までカバーし、どこに重点を置くか、といった考えはもっているべきでしょう。

また、リスク・マネジメントに使われるリスク一覧が事故災害リスクなど特定のリスクに重点を置いて作られており、リスク・マネジメント部門のリスク一覧が網羅性において内部監査の目的からは十分でなければ、そこに足りないリスクについて内部監査部門で独自に評価することも考えられます。

また、カ）の評価の頻度については、業種による違いはあるでしょうが、最低年に一回の評価は一般に必要です。なお、内部監査協会の基準では「個々のアシュアランス業務について、内部監査部門の計画は、少なくとも年に1度実施される文書化されたリスク評価に基づかなければならない（IPPF「内部監査の専門職的実施の国際基準」2010.A1）」とされています。

② 内部監査部門が独自にリスク評価をする場合

上記①の検討の結果、リスク・マネジメント部門の行うリスク評価の手続やその結果が内部監査部門の期待する内容から十分でなかったり、追加して補正するのに手間がかかりすぎると判断される場合には、それを活用するよりも、内部監査部門内で自ら作成した方が得策だということもあるでしょう。

リスク・マネジメント部門の行ったリスク評価を内部監査部門で活用するための情報の橋渡しができたとしたら、その逆の活用もできる可能性があります。つまり、リスク・マネジメント部門によるリスク評価の材料として内部監査部門による監査結果を利用するということです。場合によっては内部監査業務の

図表2-25 リスク一覧表の例（Risk Universe®）

戦略	業務	コンプライアンス	財務
ガバナンス： ➢ 取締役の遂行能力 ➢ トップの姿勢 ➢ …… ➢ ……	販売及び営業： ➢ マーケティング ➢ 広告 ➢ …… ➢ ……	行動規範： ➢ 倫理規定 ➢ 不正行為対策 ➢ …… ➢ ……	市場関係： ➢ 金利 ➢ 外国為替 ➢ …… ➢ ……
計画及びリソース配分： ➢ 組織体制 ➢ 第三者（部外者）との関係構築 ➢ …… ➢ ……	サプライチェーン： ➢ 計画立案及び予想 ➢ …… ➢ …… 人材： ➢ 社風 ➢ ……	法務： ➢ 契約関係 ➢ …… ➢ …… 規制関係： ➢ 取引・貿易関係 ➢ …… ➢ ……	流動性及び与信： ➢ 資金繰り ➢ …… ➢ …… 経理及び報告： ➢ 会計報告及び情報開示 ➢ ……
経営方針の中核となる取り組み： ➢ 企業理念と方向性 ➢ …… ➢ ……	➢ …… IT： ➢ IT投資 ➢ …… ➢ ……		資金： ➢ 有利子負債 ➢ …… ➢ ……
M＆A： ➢ バリュエーション及び価格設定 ➢ …… ➢ ……	災害対策： ➢ 自然災害、テロ及び犯罪対策 ➢ ……		
市場動向： 　競合状況 ➢ …… ➢ ……	現物管理： ➢ 不動産 ➢ ……		
➢ コミュニケーション： 　メディア対応 ➢ …… ➢ …… ➢	課税対策： ➢ 税金対策（節税対策） ➢ …… ➢ ……		

出典：アーンスト・アンド・ヤング／新日本有限責任監査法人の資料より

中でリスク・マネジメント部門の暫定評価結果を検証するというステップを入れて内部監査作業にこの作業を盛り込むことも考えられます。

このような利用を検討するのは、リスク・マネジメントのプロセスに責任をもつ経営管理者及びリスク・マネジメント部門の仕事ですから、内部監査部門で決めるわけではありません。ただ、社内のリスク・マネジメントは、本来、内部監査の対象としても考えられるわけですから、内部監査部門としてその対応について適切なアドバイスがあってもよいと考えられます。

（2）内部監査によるリスク・マネジメント活動への協力内容を決める

内部監査部門の方がリスク管理の実務においてリスク・マネジメント部門よりも進んでいる場合、内部監査部門のメンバーがリスク・マネジメント部門に様々なサポートを提供できる可能性があります。そのサポートの例には以下のケース（Ernst & Young Australia, Metamorphosis（Part four）p4 より訳出）が含まれます。

① 内部監査で使っているリスクやコントロールを分析するツールや手法をリスク・マネジメント部門に提供する

② ERM を全社に浸透させるチャンピオンになって、内部監査メンバーが持っている組織全体の人員、システム、業務についての知識、並びに、リスクのモニタリング及びコントロールに関する専門性を活用する

③ 組織のリスクやコントロールに関するアドバイス、ワークショップによるファシリテーション及びコーチングを提供する。また、共通言語やフレームワークの開発を促進し、理解を深める助けとなる

④ 特定のリスクの軽減に責任のある個々の管理者の支援をする

上記のような支援を内部監査部門として行う場合には、その立ち位置について、リスク・マネジメントの業務から内部監査が独立的な立場を維持できるように注意が必要です。ここでは内部監査人がその内部監査を通して培った経験やノウハウを生かして経営側のリスク・マネジメントに何らかの支援ができないかというニーズに応えるものです。

ここで上記の例にも英語では、Champion、facilitate、Coach といった言葉が並びますが、その意味を考えてみるとどれも、その機能の主体とならないような立場で参加するということが予定されているのがわかります。それこそ、コンサルタントの立場です。例えば、以下のように理解できます。

・Champion（チャンピオン、推進役）—推進役として知識や経験を提供して担当者が体制の構築をしたり、業務の実施するのを応援します。これも、自ら当事者として実施することはしないという前提です。日本では委員会のメンバーになるのもこれに似ていますが、リスク委員会等に立ち会って参考意見を述べるだけならよいとしても、委員会の意思決定に責任をもつことはしないと考えられます。

・Advise—アドバイザーも知見を提供して意思決定を支援しますが、その決定はアドバイスを受けた当事者が行い、アドバイスする側はそこに関与しないし、業務の（支援はしても）主体にはならないという意味です。

・facilitate—日本でも内部監査やリスク・マネジメントの一環としてファシリテーションのワークショップを実施することがあります。といっても知らない人もいるかと思うので簡単に説明しましょう。特定の目的（リスク評価や問題解決等）で集めた関係者のグループによる会議を進行役（ファシリテーター）がうまく導いて、議論を活性化させ、テーマ（例えば、うちの会社上位10のリスクは何かとか、ある業務問題の解決の方法等）について合意を形成し、それを内部監査やリスク・マネジメントの作業の一つとして役立てるということです。ここでも、ファシリテーターは議論の司会進行役であって、全体の意見形成を適切なプロセスに沿って円滑に進めるのが役割です。課題について自らの意見を述べて結論に影響を及ぼすようなことは原則しないというやり方です。このような会議をファシリテーションの手法を使って活性化させ進行させるわけです。

・Coach—方法論等の知識を提供して業務のやり方を伝授して、その出来栄えを見て指導する、というもので、これも業務の当事者として機能するものではないということです。

なお、上記のようなコンサルティングを内部監査部門がリスク・マネジメント・プロセスに対して提供する際には、すでに述べたようにポジション・ペーパー及びプラクティス・ガイドによって示された条件（ないし予防措置）を満たすことが求められていることに留意すべきです。

(3) リスク・マネジメントと内部監査との最適化シナリオを作る
―アシュアランス・マップの利用

さて、リスク・マネジメントに対する内部監査部門の対応という大きなテーマに対して、**解決策6**では、実務の指針となるIIAにおける基準・ガイド等の規定内容を把握し、**解決策7**では、内部監査におけるリスクマネジメント部門によるリスク評価及びコンサル的活動の提供まで具体的に見てきました。

このテーマの最後に、大局的な視点に立ち返って内部監査の最適化という課題を扱います。この監査という言葉には、IIAの規定に沿ってアシュアランスとコンサルティングの両方の業務を含めて考えますが、ここでは内部監査部門の役割としてより重要と考えられるアシュアランスを中心に検討します。

内部監査とリスクマネジメントとの関係を見ると、内部監査がリスク・マネジメントによるリスク評価を監査計画に利用したり、リスクマネジメントの活動を内部監査がコンサルティング活動として支援したりという双方向の連携があります。このように互いの業務を活用したり、優れた専門性をもつ人材を広く活用するのは内部監査の独立性の配慮は必要であるとしても組織としての全体最適という点からは望ましいことです。

また、リスクマネジメントは、経営管理の一環として行われる活動であって、取締役社長以下による執行活動の一部です。IIAの規定が想定していると思われる米国型のガバナンス構造では、内部監査部門は、取締役会の一部である監査委員会にレポートする立場にあって、経営者以下の執行全体を監査の対象にしていると考えられます。しかし、日本では多くの企業では、内部監査部門は社長に直属であって取締役会に直接にレポートする形にはなっていません。ただし、監査役（あるいは委員会設置会社における監査委員会）にたいして社長

に準じた報告がなされています。こうして内部監査部門は、一般に、社長以下の執行活動の中に入っていますが、実際には、社長に対しては監査しないにしても、経営層から下の執行活動は監査の範囲内と考えられ、監査の独立性が求められることは同じです。

① **経営管理におけるリスク・マネジメントの最適化**

　経営活動におけるリスク・マネジメントの最適化は、**解決策4**で述べたような統合リスクの考え方に基づくPDCAを回すという考え方及び、これに加えて、リスク管理機能の相互間の調整及び連携を図るという「リスク統合」という視点から進められます。

　このリスク統合は、リスク管理部、コンプライアンス部、内部統制部、内部監査部、環境部等といったリスク関連の本部機能の相互の関係をリスクモデルの共有化やリスク評価、データ、報告経路の一元化などを通して最適化を図ろうという考え方で事業部や経営管理層も巻き込んだリスクをテーマとした統合概念です。

　内部監査部門もリスク管理に関わる業務を職務にするという意味でリスク管理機能の一つに数えられます。しかし内部監査部門は次に述べるようにガバナンスにおいて特別な使命を帯びていることに特徴があります。

② **ガバナンスにおけるアシュアランス**

　アシュアランスの必要性はガバナンスプロセスから生じると、前掲のガイド（「ISO31000を利用したリスクマネジメントの妥当性の評価」4ページ）では解説されています。取締役会とステークホルダーとの間の受託関係に基づいて、取締役会は、組織の長期的成功のために組織の戦略や運営に関する権限を委譲するとともに制限を加えるプロセスを設定する立場にあります。アシュアランス・プロセスは、取締役会にこうした権限の執行をモニター（監視）できるようにするものとして説明されています。一方、内部監査部門が社長に直属である日本の企業においては、内部監査は、社長による執行活動の枠内において監査活動を行い、業務が適切になされているか評価し、必要な改善を提案する等によって経営に貢献する関係にあります。そこではアシュアランスの提供は直

接的には取締役会ではなく、経営者である社長に対してなされます。しかし、社内における監査活動は、取締役の執行に対しては監査役監査があるにしても、特に業務領域では内部監査が重要な機能を果たしており、これが適切に機能していることを確認することは取締役会及び監査役会によるモニタリングにおいても重要であり、特に監査役監査と内部監査との情報共有及び連係は目的の違いはあるにしても、「重複感を避けつつ、双方の監査の実効性・効率性を高めるための相互の連係が不可欠のものになってきた（（社）日本監査役協会「監査役監査における内部監査との連係)」（平成21年8月24日）1ページ）とも言われています。

③ **アシュアランス・マップの作成**

こうした前提で内部監査部門は経営層の命を受けて、アシュアランスを提供しますが、アシュアランスは内部監査部門以外にも、リスク・マネジメント、コンプライアンス部、法務あるいは事業部門などにおいてそれぞれの目的においてなされている場合があります。

そこで、「内部監査部門長は、適切な内部監査の業務範囲を確保し、業務の重複を最小限にするために、内部監査部門以外のアシュアランス業務やコンサルティング・サービスを行う組織体内部及び外部の者と、情報を共有し活動の調整をすべきである（IPPF国際基準2050—調整）。」という調整機能が求められるようになります。このとき、実践要綱2050-2において説明されているアシュアランス・マップを使用することによって、この調整が容易になり、またこれをコミュニケーションのツールとしても利用できます。

そのアシュアランス・マップのサンプルを図表2-26に示しています。この表の左側のA列は、リスク・マネジメントの活動から作られるものです。リスク・マネジメントによって全社的なリスク評価がなされているとすれば、そのリスク評価の集計結果に表示されるリスクのカテゴリー、部署別のリスク・（固有リスクと残存リスク）の評価結果を使うことができます。この表では簡略化して業務、コンプライアンス及び財務という大きなカテゴリーごとに、間接部門、A及びB事業部門並びに子会社という部署別に評価するという場合

第2章 内部監査とガバナンスの関係を見直す

図表2-26 アシュアランス・マップのイメージ（簡略版）

責任部署		A) RM部門		B) IA部門			C) 社長／経営管理／監査役
リスク／部署	リスク・オーナー	固有リスク	残存リスク	アシュアランスの提供		追加アシュアランス候補	追加アシュアランスの検討
				内部監査部門	その他の部門		
業務リスク							
一間接部門	管理部長	5	4			RM＋IA	
一A事業部	A事業部長	5	1		RM		
一B事業部	B事業部長	4	2	○	RM		
一子会社	子会社社長	4	3	○	RM		
コンプライアンスリスク							
一間接部門	管理部長	5	3			CON	
一A事業部	A事業部長	4	3	CON			
一B事業部	B事業部長	5	2	CON			
一子会社	子会社社長	4	3			IA	
財務リスク							
一間接部門	管理部長	4	2	IC			
一A事業部	A事業部長	4	3	IC			
一B事業部	B事業部長	3	1				
一子会社	子会社社長	4	3			IA	

注) IA：内部監査部門、RM：リスク・マネジメント部門、CON：コンプライアンス部、IC：内部統制部門　リスク5：非常に高い、1：低い、3：中位

を示しています。また各部署のリスクオーナーを記載します。ここまでの作業は主にCRO（リスク担当役員）がリスク・マネジメント部を指揮して実施します。特に部署間のリスクの守備範囲の調整などリスク管理の最適化はCROの責任においてなされます。

　次に同じカテゴリーで、内部監査部門がアシュアランスを実施した箇所及び他の部門がアシュアランスを実施した箇所を表に埋めていきます。内部監査部門は、その結果を総合的に見て、残存リスクがある程度高く、アシュアランスがなされていないところをアシュアランス候補として示します。その際、内部監査部門が自らアシュアランスを実施する部署及び他の部署が実施する箇所を明示します。

　例えば業務リスクは、間接部門のアシュアランスができていないためリスク・マネジメント部門に事業部に実施したのと同じCSAを利用したアシュアランスを要請し、重要性を考えて、自らも実施を予定します。コンプライアンスリスクについては、コンプライアンス部に間接部門もアシュアランスすることを求め、子会社については内部監査でカバーすることを予定します。

　財務リスクについては、内部統制部によってカバーされていない重要な拠点である子会社だけを内部監査によってアシュアランスを予定します。

　この追加アシュアランス候補を記入し、次に社長をはじめとする経営管理層にその承認を求め、その決裁を受けて実施に移します。

　このような方法は、内部監査部門が組織全体のアシュアランスについて相互に調整して最適化を図り、経営の求めるレベルのアシュアランスを全体として提供しようとするものです。

　もし、個々の内部監査に加えて、組織全体についての年度別の監査報告が、経営者から求められるとすれば、上記のアシュアランス・マップを当該年度について内部監査人が積極的アシュアランスの意見表明をできる程度に十分な証拠が得られるように追加のアシュアランスを決定することになります。このときの監査報告は、前掲のIIAのプラクティス・ガイド「内部監査意見の形成と表明」に従ってなされます。

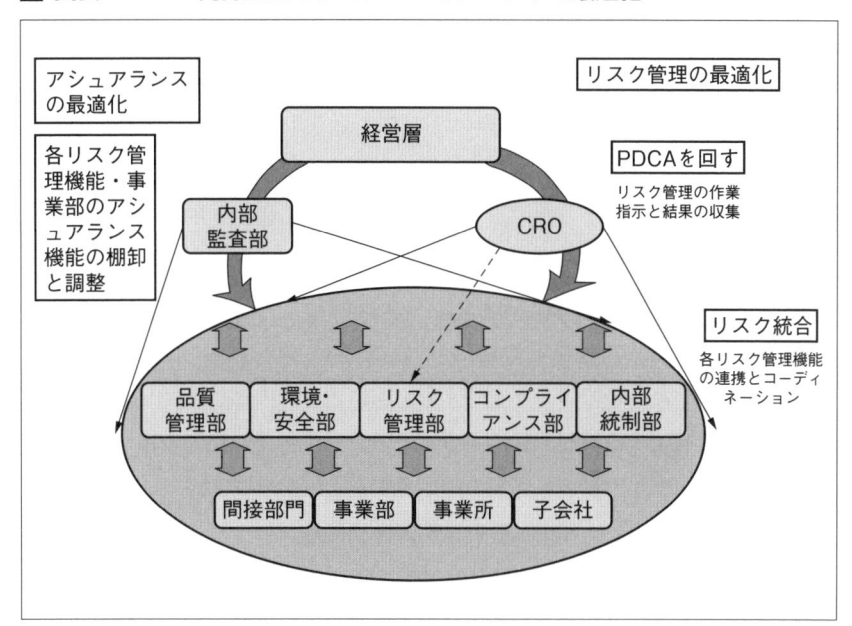

第2章　内部監査とガバナンスの関係を見直す

図表2-27　内部監査とリスク・マネジメントの最適化

[図：アシュアランスの最適化／リスク管理の最適化
- 経営層、内部監査部、CRO
- PDCAを回す：リスク管理の作業指示と結果の収集
- 各リスク管理機能・事業部のアシュアランス機能の棚卸と調整
- 品質管理部、環境・安全部、リスク管理部、コンプライアンス部、内部統制部
- 間接部門、事業部、事業所、子会社
- リスク統合：各リスク管理機能の連携とコーディネーション]

④ アシュアランスとリスク・マネジメントの最適化

　上記のような考え方と手順によって、まずリスク・マネジメントの最適化の作業から、リスク評価結果が提供され、それをベースに経営によるモニタリングに資するという視点から組織全体のアシュアランスを調整し、アシュアランスの最適化が図られます。これによってリスク・マネジメントと内部監査の最適化のベクトルが一緒になって同じ経営者の判断のもとに一体化するという感じです。このイメージを表したのが図表2-27　内部監査とリスク・マネジメントの最適化です。

⑤ リスク・マネジメントの発展過程に応じた内部監査の在り方

　さて、これまでの検討によって、リスク・マネジメントと内部監査との関係をマクロ的な最適化という視点から説明しました。また、リスク・マネジメントを対象としたアシュアランスの手続の考え方やコンサルティングの方法もあ

る程度解説を加えました。最後に気になる点は、実際にはリスク・マネジメントが完成している企業というのは見当たらず、ほとんどの場合はいまだ発展途上だということです。それが現実だとすれば、完成したリスク・マネジメントの制度を前提とした議論は絵に描いたもちになりかねません。すでにIIA規定の解説の中で、リスク・マネジメントが正式にある組織と正式には存在しない組織については扱いました。しかし、そのような二者択一的な静的モデルだけでなく、必要なのは、時系列的に発展していくような動的モデルです。

そこで時系列的に発展していくような動的モデル例として、図表2-28「ERMと内部監査との段階的な連携の例」を作成しました。これは普遍的な一般例を意図したものではありませんが、前に述べた内部監査とリスク・マネジメントが最適化する理想状態に至るまでの発展段階での実務の在り方の参考になればと思います。以下に図表の補足説明をしておきます。

1) 内部監査におけるリスク・マネジメントの活用

この例では、ERMの成熟度が低のときは、リスク・マネジメントの仕組みが正式にあるとはいえないため、内部監査の計画策定においても、自前でリスク評価をすることを前提とし、もし部分的にも利用できる作業結果がリスク・マネジメント部門にあればその範囲で利用します。またこのときのリスク対応についてはIIAの規定により経営層との協議が必要であることはすでに触れたところです。

成熟度が中の場合として、ERMが一応、制度化されて各部にPDCAの仕組みが導入されてはいますが、まだ運用が安定していない状況を想定しました。この場合、この仕組みによるリスク評価結果は現場の担当者がまだ経験が浅く慣れてないため部署ごとのばらつきも多く予想されます。内部監査は各部におけるリスク評価の信頼性を担保するために実際に監査することが、このリスク評価結果を使う前提として考えられます。成熟度が高い場合はその心配はないはずなのでその評価結果にかなりの程度まで依拠できると考えられます。

2) 内部監査によるリスク・マネジメントの監査（アシュアランス）

ERMの成熟度が低いときのリスク・マネジメントの監査は、いまだプロセ

第2章 内部監査とガバナンスの関係を見直す

図表2-28 ERMと内部監査部門との段階的連携の例

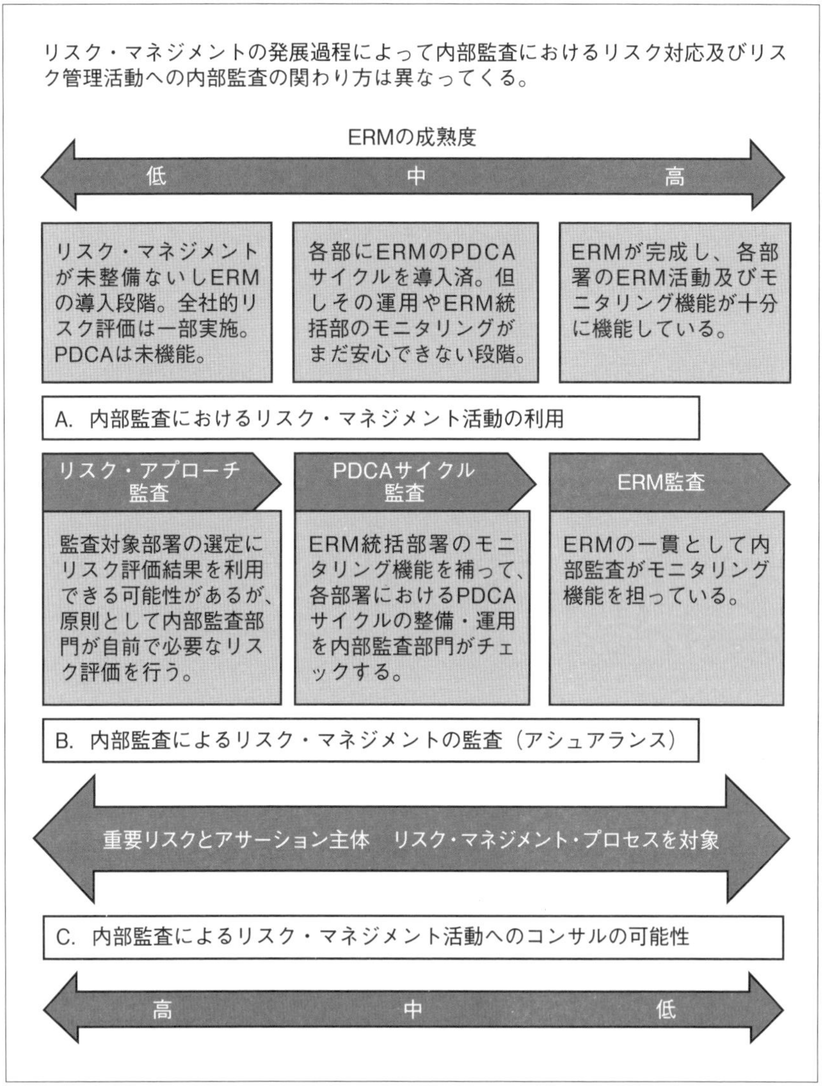

リスク・マネジメントの発展過程によって内部監査におけるリスク対応及びリスク管理活動への内部監査の関わり方は異なってくる。

ERMの成熟度

低 ←――――――――――→ 中 ←――――――――――→ 高

低	中	高
リスク・マネジメントが未整備ないしERMの導入段階。全社的リスク評価は一部実施。PDCAは未機能。	各部にERMのPDCAサイクルを導入済。但しその運用やERM統括部のモニタリングがまだ安心できない段階。	ERMが完成し、各部署のERM活動及びモニタリング機能が十分に機能している。

A. 内部監査におけるリスク・マネジメント活動の利用

リスク・アプローチ監査	PDCAサイクル監査	ERM監査
監査対象部署の選定にリスク評価結果を利用できる可能性があるが、原則として内部監査部門が自前で必要なリスク評価を行う。	ERM統括部署のモニタリング機能を補って、各部署におけるPDCAサイクルの整備・運用を内部監査部門がチェックする。	ERMの一貫として内部監査がモニタリング機能を担っている。

B. 内部監査によるリスク・マネジメントの監査（アシュアランス）

← 重要リスクとアサーション主体　リスク・マネジメント・プロセスを対象 →

C. 内部監査によるリスク・マネジメント活動へのコンサルの可能性

高 ←――――――――――→ 中 ←――――――――――→ 低

スとして確立されていないため、重要リスクがどのように評価され、対応されているかを実態として確認すること、またアサーションを設定してこれを監査に組み入れることが考えられます。成熟度が中から高になるにつれて、ERMはプロセスとしての体系化が進みますから、そのプロセス自体を対象にした監査に移行します。

　このときの留意点は、例えば、親会社ではERMが定着した段階であっても、子会社支店、特に海外の事業についてその制度から漏れていることは十分にあります。その場合には、ERM対象外の事業には、おそらく上記成熟度が低の場合のアプローチを適用しなければならないであろうということです。

3) 内部監査によるリスク・マネジメント活動へのコンサルの可能性

　内部監査部門にリスク・マネジメントの専門性の高い要員がいる場合には、ERM成熟度が低いほど、コンサルティングとして支援できる余地は当然大きくなり、また組織としてそのような人材の活用を考えるべきでしょう。

　ERMの成熟度が上がるほどコンサルティングの必要な領域は少なくなると考えられます。また内部監査要員によるコンサルティングは独立性に関する予防措置を講ずることが前提とされています。

解決策 8　リスク認識を経営者と共有し監査の成果を「見える化」する

(1) 経営者とリスク認識を共有する仕組み作り
(2) 内部監査の成果を見える化し継続的改善のサイクルへ

---

(1) 経営者とリスク認識を共有する仕組み作り

① 内部監査が考えるリスク認識を経営者に伝える責任

　内部監査の付加価値を上げるということは、内部監査の目的や内容が経営層の考える方向にベクトルを合わせて効果を最大限上げるということです。そのために監査部門は年度監査計画を作成して経営者の承認を得るのが一般的です。

しかし経営者は経営全般に関するリスクについては実感があっても、内部監査のように様々な階層や部署で、それも法令遵守から経営効率までいろいろな角度でリスク情報を共有されているとは限りません。また、でき上がった監査計画書だけを見てもそれが、経営が納得できるようなリスク対応をすくい上げて監査対応を予定したものかどうかも必ずしもわかりません。

そこで、形式上、内部監査計画について経営層からの承認を受けるだけでなく、実質的に、経営層に適切な経営判断をしてもらうための情報を適切に用意するのが内部監査部門の責任となります。これは内部監査計画の根拠となる企業全般のリスクについての内部監査部門としての認識を提示して、これを含めて経営者と共有することです。そのうえで経営層が判断し決定したことは経営の責任となりますが、きちんと意思の疎通をしていないとすれば、それは内部監査部門の責任といわれても仕方ないでしょう。

そこで監査計画のベースとなるリスク認識を経営層と内部監査との間で共有する仕組みが必要となり、そのための手続や書式を持つ必要があります。

CASE 07 ｜ G社監査拠点の追加を考える監査部長

G社の内部監査部門では、SOX対応のためには海外子会社もカバーしていましたが、内部監査の目的ではまだ海外子会社は手付かずで往査の経験もありませんでした。最大の米国子会社はSOX目的の作業で何回も現地に赴く機会があり、様子もわかっていて心配はないですが、アジアの中国やタイの子会社は、できてから何年か経ちますが内部監査という面からはほとんど作業はしていません。管理面でいろいろ問題もありそうなので内部監査に行くべきではないかと考えています。しかし経済低迷下でコスト削減体制が敷かれる中で、監査の追加コストをとても社長に言い出せるような雰囲気ではありません。当社の監査グループは社長直属ですが、監査役にも相談することを考えていました。

内部監査がどこまでの活動をするかは、その機能のオーナーにあたる経営層が決めることではありますが、内部監査部門としては監査で対応すべきリスクがあればそれを経営層に伝えて適切な判断を促す必要があります。

そのためには内部監査部門として作成した監査計画だけでなく、その根拠となるリスクを何らかの形で表現して経営層とシェアすることが大事です。
　そのような内部監査としてのリスク認識を伝える一種のツールがあれば、それを使って経営層に淡々とリスク状況を説明でき、上記のケースのように社長に言い出しにくいという状況はある程度避けられます。また、客観的なリスク認識を伝達することにより、内部監査としての説明責任を果たすことができます。その結果、社長がアジア子会社の内部監査を見送るという判断をされるとすればそれは経営者として、リスクを取られたということです。

② **リスク認識の表現様式**

　ではどのような様式・書式で経営層に内部監査部門が認識するリスクを伝えるかですが、本来、内部監査では、「リスク・ベースの監査の計画を策定しなければならない（IPPF 国際基準 2010）」という IIA 基準の趣旨からすると、内部監査部門として何らかのリスクの棚卸し表を全社ベースで持っていることが想定されていると考えられます。それはリスクマネジメント部門のリスク評価結果を監査にも利用しているのならそこで提供されるリスク一覧表等をそのまま使うことも考えられます。ただし、大事なことは、それは内部監査部門の責任においてそれが内部監査のリスク認識であると説明することです。そうでなければ内部監査部門としてのリスク認識になりませんし、何ら検討も吟味もしないのでは無責任ということになります。
　また、体系的に説明できるような一覧性のあるリスク評価表などは特に作られていないとすると、簡単でもよいのでそれを新たに作って、経営層に説明をすることをお勧めします。そこまでが内部監査の責任と考えられるからです。
　以下の図表2-29 は、そのような簡略版のリスク評価結果一覧表を例示したものです。リスクの種類及び縦軸のリスク集計単位となる部署やプロセスは組織のニーズに合わせて入れ替えたり細分化することができます。
　表中の作成・報告手順では、本来、そのリスクカテゴリーの前提となると考えられるリスク・モデルの設定から手順に含めていますが、簡易版では省略することも考えられます。大事なことは、この表にあるように各リスクを各部署

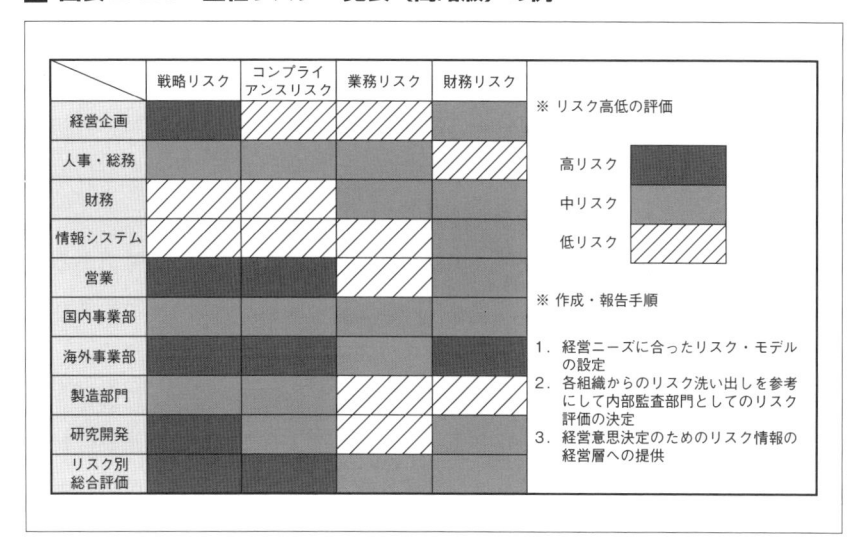

第2章 内部監査とガバナンスの関係を見直す

■ 図表2-29　全社リスク一覧表（簡略版）の例

	戦略リスク	コンプライアンスリスク	業務リスク	財務リスク
経営企画	高	中	低	中
人事・総務	中	中	中	低
財務	低	低	中	中
情報システム	低	中	中	低
営業	高	高	低	中
国内事業部	中	中	中	中
海外事業部	中	中	高	中
製造部門	中	中	低	低
研究開発	高	中	中	中
リスク別総合評価	高	中	中	中

※ リスク高低の評価
　高リスク（濃）
　中リスク（中）
　低リスク（斜線）

※ 作成・報告手順
1. 経営ニーズに合ったリスク・モデルの設定
2. 各組織からのリスク洗い出しを参考にして内部監査部門としてのリスク評価の決定
3. 経営意思決定のためのリスク情報の経営層への提供

ないしプロセスに関連付けて示して、どのようなリスクがどの部署で発生しているかを明らかにすることです。これで経営層もどのリスクがどの部署で高くなっているかがわかり、リスクについての議論がやりやすくなるはずです。

　このような資料によるリスクに関するコミュニケーションは、年次の内部監査計画を経営層に提示する際に行うのが適当です。この資料によって、どの事業単位や業務プロセスでリスクが高くなっているかを説明するとともに、これをベースにどのような考えに基づいて年次の監査計画を策定したかを説明します。例えば、この表でリスクが高い部署であるにもかかわらず、監査の対象から外した理由や今後の監査の予定とか、逆に、この表ではリスクが低いのに監査対象に加えた理由が話題になります。

（2）内部監査の成果を見える化し、継続的改善のサイクルを作る

① 成果の測定を継続的改善につなげる

　次に、内部監査を活性化させ、その付加価値を高めるために必要なのは、内

部監査の成果を測定する適当な方法やその測定結果を表現した資料を決めることです。これは経営者からすると、経営への役立ちという視点から内部監査の成果を測定するモノサシを決めて、経営を離れたところで内部監査を漂流させないための、モニタリングのツールになります。内部監査部門からは、当初経営に約束した業務を実施したことを示す説明のツールであり、内部監査の成果を評価してもらうための客観的なサポートということにもなります。

こうして、経営層の当初の期待と実施結果との比較、進捗状況の確認あるいはスタッフの稼働率の確認などによって内部監査の実績が測定され評価されます。このような内部監査のパフォーマンス（達成状況）の客観的な評価は、内部監査部門が当初コミットした業務を果たしたことの証拠となり、内部監査責任者の責任を解除させるものとなります。またこのような実績値を議論の材料として経営層からのフィードバックを受ければ、今後の内部監査に改善に生かすことができます。こうしてパフォーマンスを経営層に提示し、内部監査の実績と今後の方向を議論するプロセスを定着させれば、常に経営層の期待に沿った形で内部監査の継続的改善を実行するサイクルができるわけです。

② **内部監査活動の成果を測る方法**

「内部監査責任者は、組織の他の部署を正確に映し出す指標（metrics）を開発すべきである。それによって経営者と取締役会は、内部監査部門の価値に関して伝達された情報をたやすく理解することができる。内部監査責任者は、この指標を使って、いかにその努力が組織のコストを削減させるか、あるいは収益を増加させるかを実証すべきである」（2010 IIA Global Internal Audit Survey：A Component of the CBOK Study, ReportII, Core competencies for today's internal auditor（Altamonte Spring, FL：The IIA Research Foundation, 2010)、p10 より訳出）

さて、内部監査活動の成果を測る方法には様々なものがありますが、先に紹介した 2010 年の IIA による「世界内部監査調査」の五つの調査レポートのレポートⅢ「内部監査の価値の測定（Measuring Internal Auditing's Value)」でこのテーマが扱われています。

第2章 内部監査とガバナンスの関係を見直す

■ **図表2-30　内部監査活動の業績を測定するために使用された方法のランキング——現在及び5年後（回答数11,853）**

方法	今日	5年後
監査計画に対する達成比率	13.7%	2.8%
受け入れられた又は実施された改善提案	11.8	2.7
取締役会、監査委員会及び／又は上級経営者からの調査／フィードバック	10.8	3.7
被監査部門からの取引先／被監査者調査	9.1	3.7
健全なリスクマネジメント／内部統制のアシュアランス	8.3	3.2
外部監査人による内部監査活動の依拠	8.3	2.5
監査上の問題点の適時の終結	7.6	2.3
…………………………………………………		
内部監査活動の正式な業績測定はない	5.8	0.9
バランスト・スコアカード	4.1	4.0

出典：前掲の世界内部監査調査レポートⅢ「内部監査の価値の測定」page40, Table4-1より抜粋して訳出

　このレポートには、内部監査活動の実績の測定に利用された方法のランキングが示されています（図表2-30参照）。この表は、回答者の組織によって各方法が使用される頻度を2010年と5年後について表示しています。％は全回答者11,853に占める回答者の比率を示しています。

　上記の図表の調査で興味深いのは、今日の内部監査の業績の測定方法と合わせて5年後の予測も聞いていることです。結果としては、監査計画に対する達成比率（13.7％）、受け入れられた又は実施された改善提案（11.8％）及び取締役会、監査委員会及び／又は上級経営者からの調査／フィードバック（10.8％）をはじめとする、今日、上位にランクされた方法は、概して将来も重要であり続けるだろうということ、また、バランスト・スコアカードや健全なリス

クマネジメント／内部統制のアシュアランスは、より重要性をもつことが予想されています（上記レポート p44 参照）。これらの方法を参考にして適当な方法を検討するのもよいでしょう。

また、上記図表2-29で紹介した全社リスク一覧表を拡張して内部監査の実績を表す表にすることもできます。例えば、**解決策7**で例示したアシュアランス・マップを参考にして、図表2-30を右側に欄を追加して、経営者がアシュアランスを期待する事業部・部署を示して、これを当初計画とします。その年度の終わりまでにアシュアランスの終了した部署を更に右に欄を作って示して、当初計画との進捗率を示すことが考えられます。

また、バランスト・スコアカード（バランス・スコアカードともいう）を用

図表2-31　内部監査用バランスト・スコアカードの例

25%　人材	25%　内部監査プロセスの有効性
・プロフェッショナルスタッフの質 ・専門的及び技術的なニーズへの対応能力 ・事業とそのグローバルな事業環境の理解 ・ライン部門管理者との交流及び連絡 ・組織としての経営管理能力の育成	・迅速で効果的な開始 ・有効で適時のコミュニケーション ・内部統制とコーポレートガバナンスを向上させる実践的な改善提案の作成及び提供 ・被監査部署からの満足度調査の結果
25%　リスク・マネジメント	25%　ビジネスに対する付加価値
・重要なビジネスリスクの適時で効果的な特定 ・重要なビジネスリスクに配分された監査活動と作業人員のパーセンテージ ・新たなリスクへの適応力と感度 ・監査委員会・上級経営者のニーズの把握と達成	・統制環境の改善による株主価値の保護 ・次の点からの株主価値の向上 　－コスト削減 　－収益漏出の削減 　－回転資金の削減 　－キャッシュフローの向上

出典：PricewaterhouseCoopers, Building a Strategic Internal Audit Function-A 10-step Framework, 2003, p.16 の表を訳出

いれば、経営層との間で内部監査の業績に関する評価指標をあらかじめ決定し、これに対する達成度を定期的にモニターするという方法を採ることもできます（バランスト・スコアカードの例については図表 2-31 を参照）。

　このほかに内部監査の成果の測定及び指標については、IPPF プラクティスガイド「内部監査の有効性と効率性（Measuring Internal Audit Effectiveness and Efficiency, December 2010）」に解説があります。

【参考文献】
内部監査人協会「専門職的実施の国際フレームワーク」（IPPF）（2011 年）（社）日本内部監査協会
内部監査基準（社団法人日本内部監査協会、平成 16 年 6 月）
（社）日本監査役協会「監査役監査における内部監査との連係」（平成 21 年 8 月 24 日）
2010 IIA Global Internal Audit Survey：A Component of the CBOK Study, ReportⅤ, *Imperatives for Changes*（Altamonte Spring, FL：The IIA Research Foundation, 2011）
2010 IIA Global Internal Audit Survey： A Component of the CBOK Study, ReportⅡ, *Core competencies for today's internal auditor*（Altamonte Spring, FL：The IIA Research Foundation, 2010）
2010 IIA Global Internal Audit Survey：A Component of the CBOK Study, ReportⅢ, *Measuring internal auditing's value*（Altamonte Spring, FL：The IIA Research Foundation, 2011）
The IIA, Position Paper：The Role of Internal Auditing in Enterprise-wide Risk Management, January 2009
The IIA, Practice Advisory 2010-2：Using the Risk Management Process in Internal Audit Planning
The IIA, Practice Advisory 2050-2：Assurance Maps
The IIA, Practice Advisory 2120-1：Assessing the Adequacy of Risk Management Processes
The IIA, Practice Guide: Assessing The Adequacy of Risk Management using ISO31000, December 2010
The IIA, Practice Guide：Formulating and Expressing Intetnal Audit Opinion, March 2009
The IIA, Practice Guide: Measuring Internal Audit Effectiveness and Efficiency,

December 2010
COSO's 2010 REPORT ON ERM-Current State of Enterprise Risk Oversight and Market Perceptions of COSO's ERM Framework
Ernst&Young, *Risk Appetite-The Strategic Balancing act*, 2010
Ernst&Young Australia, *Metamorphosis (Part four) -Integrating internal audit with the disciplines of enterprise risk management*, 2009
Ernst&Young, *Investors on Risk-The Needs for Transpareny*, 2006
Ernst&Young, *Companies on Risk-The Benefit of Alignment*, 2006
Ernst&Young, *Managing Risk across the Enterprise-Connecting New Challenges with Opportunities*, 2005
Ernst&Young, *From Theory to Practice : Evolving Your Organisation's Enterprise Risk Management Capability*, 2001
PricewaterhouseCoopers, *Building a strategic internal audit function-a 10-step framework*, 2003
K.H.Spencer Pichett, *Auditing the Risk Management Process*, (Hoboken,NJ:John Wiley&Sons, 2005)
James.W.DeLoach, *Enterprise-wide Risk Management: Strategies for linking risk and opportunity*, (Financial Times Management, 2000)

第 **3** 章

内部監査の人材を活性化させる

　内部監査の活性化は、人材の要素を抜きにしては語れません。

　組織として、すばらしい内部監査体制が制度として与えられたとしても、また、十分なインフラの手当てができたとしても、それを動かして実務につなげるのはすべて人材です。

　内部監査の付加価値の向上は、汗を流してそれを実行に移す内部監査人がいて初めて実現します。やる気と能力のある内部監査人がいなければ、立派な体制もインフラも、すべては絵に描いたもち、宝の持ちぐされになってしまいます。

　人材の活性化は、単に内部監査に必要な専門技術の習得という狭い範囲で考えるのではなく、内部監査部門を今後どうするかというビジョンや戦略のもとに人材戦略として検討されるべきものです。

1 人材関連の課題

Ⅰ 日本企業に見られる内部監査人材の問題とは

　日本企業の内部監査が欧米企業の内部監査と比べて見劣りするとすれば、その大きな原因の一つが人材戦略です。とりわけ、その人材確保の方法にあります。米国などでは、会計事務所での勤務経験者を含めた外部からの監査経験者の採用は一般的です。一方、日本の場合は、多くは社内の異動によって内部監査の未経験者がゼロから始めるというのがむしろ普通です。

　新たに内部監査部を発足させる場合も、営業、経理、技術など主だった業務の経験者を集めてそれで監査ができると思ってスタートを切ったが、なかなかうまくいかないという監査部も少なくありません。しかし、やっかいなのは、経験がないと、うまく行っていないことにも気付かないことです。それなりに始めれば惰性でできる面もあります。監査を受ける方もそれが当たり前と思い、内部監査なんて何の足しにもならないという評価が定着してしまいます。

　例えば、簿記を知らない人を集めて経理部を作る会社なんてありません。それでは決算ができないだろうとみんなわかるからです。また、経理の素人に任せるなんてそんな危なっかしいことはできません。しかし内部監査ではそれが起こります。それは経理ほどには監査の専門性が認知されていないためです。

　また、内部監査部門に配属され、2、3年経ってようやく監査のことがわかってきたころには人事異動で次の部署に移ってしまうことも多く見られます。監査には専門性が要求されるだけに一人前の監査人として力を発揮できるようになるまでにはそれだけの期間が必要ですが、これがなかなか理解してもらえません。

　そのような状況の中で内部監査のメンバーとして短期間で即戦力を身に付け

て力を発揮するには、人材の育成とそれを支える内部監査のインフラ整備が何より重要となります。

更にいうと、認知されてないのは監査の専門性だけとは限りません。内部監査の必要性や存在意義さえも十分認知されていないこともあります。これは認知というよりは、企業としてきちんと検討していないという方が適当な場合もあるでしょう。この辺の議論は、人材というよりは経営の問題ですが、内部監査の人事にも影を落とす問題です。経営レベルの問題は主に第2章で取り上げました。ここでは、人材というテーマの中で議論を進めます。

1 内部監査人材の課題

これまでのアーンスト・アンド・ヤングによる内部監査の世界調査やその他の情報からすると、欧米において内部監査の人材関連の課題として挙げられるのは、人材の調達、保持及び能力開発が中心です（図表3-1参照）。

上記の図表3-1は日本でも参考になりますが、日本とやや状況が違うのは人の採用です。最近でこそ、日本企業の内部監査部門でも外部から直接に人員を採用するケースも見られますが、通常は、やはり社内の異動によって、内部監査部門に配属されるのが典型的なパターンです。

上記の図表では外部からの採用を基本にするために、採用後の優秀者の維持も引き続き重要な課題であって、候補者を引き付けるために様々なプログラムを作っては人材マーケットにアピールしている面もあるようです。またそれだけ優秀な人材の獲得戦争が内部監査の高度化と相まって熾烈になっているともいわれています。適切なスキルをもつ人材の確保は、内部監査部門の大きな課題となっており、特に、IT、海外監査、業界の知識、不正などの専門家の採用と維持は難しくなっています。アーンスト・アンド・ヤングによる内部監査の世界調査の結果でも56％がITにかかる企業のリスクが著しく高まっているとしながらも、IT監査の人員は内部監査部門の10％に満たないと答えてい

■ 図表3-1　人材関連の課題と対応例

人材関連の分野	課題例	進んだ実務対応例
人材の調達	適切な人材の必要な場所での適時の調達 人材コストの管理	人材モデル 複線型戦略（開発と外注） コンピテンシーの計画への関連付け
優秀な人材の保持	ビジネスに明るい専門家グループの維持 後継者育成 キャリアマネジメント	キャリアマップの作成 後継プログラム コンピテンシーの計画への関連付け 優秀者の事業部へのローテーション
能力開発	学習プログラムの維持 研修コストの管理 優秀者への機会提供	個人別ラーニングマップ 学習と実績の管理 CPEプログラム

出典：アーンスト・アンド・ヤングによる過去の内部監査サーベイ資料等より抜粋して訳出

ます。

　ひるがえって日本の状況を見ると、本質的な議論は欧米とも共通しており、優秀な内部監査人への潜在的需要はあるにしても、欧米ほど内部監査が成熟していないということもあって、おそらく課題も少し違ってくるのではないかと思います。

　私が日本企業の内部監査の人材について考える課題は、次のような切り口です。

　① 「監査部員の身の丈に合った監査」から「企業リスクに合った監査」への転換
　② 組織的監査体制ができているか
　③ 内部監査の使命に合った人材戦略

このような考え方に沿って以下の解決策を説明していきます。

2 人材関連の解決策

> **解決策9** 「監査部員の身の丈に合った監査」から「企業リスクに合った監査」への転換
>
> (1) 企業リスクに照準を合わせた人材の確保
> (2) リスク・アプローチによるリソース配分の最適化

(1) リスク管理のための組織になっているか

　昨今の厳しい経済環境の中では、一般経費の削減とともに、直接に利益を生まない間接部門の見直しや縮小を手掛ける企業も少なくありません。間接部門の一つに数えられる内部監査部門も例外ではなく、経費予算が厳しくなっただけでなく、内部監査の人員をもっと優先度の高いほかの部門に異動させたり、内部監査の増員を取りやめたりという話も聞きます。

　企業の内部監査の在り方は、経営者が決めるものです。ですから、経営判断として決めたものをはたからとやかくいうことはできません。しかし、本当に必要な検討や議論がなされたうえでの判断がなされているでしょうか。あれだけ合理主義、実証主義を好む欧米の風土の中で、欧米の企業は何を根拠に内部監査に多大の投資をするのでしょうか。それは日本とのカルチャーの違いだけの問題でしょうか。企業によりけりですが、内部監査のあるべき価値をきちんと見極めて判断するプロセスがとられているでしょうか。

　参考までに米国の状況を簡単におさらいしておきましょう。米国でも内部監査の付加価値が声高に議論され始めたのはここ10数年くらいの話です。一昔前までは内部監査はビジネスの裏方で、誰かがやらなければならない、"後ろ向きの仕事"、付加価値とは縁遠いコスト要因と見られがちで、企業の合理化に際しては他の間接部門と同様に内部監査の人員削減に踏み切る企業も少なくなかったようです。そこでは内部監査部門が独立した組織として存在すること

がまず重要であって、その中身まではあまり問われてこなかったわけです。しかし企業のグローバル化、ビジネスの複雑化が進み、情報システム、デリバティブなどが高度化するにつれ、次々と生まれるビジネスリスクは企業の管理能力をたやすく超えるものとなり、経営者も無視できない状況になりました。そこで、それまでの事後的、対処療法的なリスク・マネジメントへの反省も生まれ、経営層を責任者とする総合的なリスク・マネジメント体制の必要性も認識されてきました。一言でいうと、そこには経営者の意識の変化を伴ったリスク・マネジメントのパラダイムシフトがあったわけです。そして、これを支える活動部隊として注目されてきたのが内部監査部門でした。

　こうしてリスク・マネジメントへの取組が発展し、組織に浸透するにつれて、内部監査に対する経営者の期待も従来の規則への準拠性のチェックやエラーの事後的発見よりも、損失の予防、リスク・マネジメントのためのリスク情報の提供、業務・経営の効率性への改善提案による経営のサポートなどに重点が移ってくることになります。

　一方、日本企業の中にも大きな犠牲を払ったうえでリスク管理や内部監査の強化に行きついた企業もあるとは思います。しかし、幸い大きな事故などを経験していない企業は、上述のような米国企業と同じ轍を踏む必要はないわけです。

　では日本企業に戻って、内部監査部門の人材について何が問題でしょうか。よく見られるのは次の二つのようなケースです。

1. 経営層のニーズにかなう内部監査プログラムを計画し、その実施に必要な人材を確保するという意識が薄い企業
   ・内部監査部の既存のリソースで対応できる業務に重点を置いて年次計画を作るケース
2. 監査人員のリソースの配分は企業としてのリスク認識に見合っているかという視点に欠ける企業
   ・内部監査部門はリスクの高い領域も低い領域も同様にリソースをかけ

ているケース
・IT関連、海外監査、不正対応など専門能力が不足する領域の監査はリスクがあってもやらないケース

上記1、2の問題点は、図表3-2の内部監査のミッションフレームワークで考えるとよくわかります。先にこのフレームワークを説明しておきましょう。

図表3-2　内部監査のミッションフレームワーク

ステークホルダーのニーズに合った内部監査の付加価値の実現

A 経営ニーズ	B 監査ミッション	C アプローチ	D リソース	E 監査実施
ステークホルダーのニーズ ガバナンスの体制	内部監査のミッション	内部監査の方法論 監査作業プロセス	人材、知識 テクノロジー	内部監査の実施・報告

- 経営のニーズに合う内部監査が予定されていない
- 報告書が有用なリスク情報・改善提案を与えていない
- 監査結果の取扱いが決まっていない

- 必要な方法論が確立されていない
- 作業内容が標準化されていない

- 人材がプロセスを実施できない
- 価値の源泉になる知識、ツール等必要なリソースが用意されていない

- 品質管理がない
- 十分なパフォーマンスが上がらない

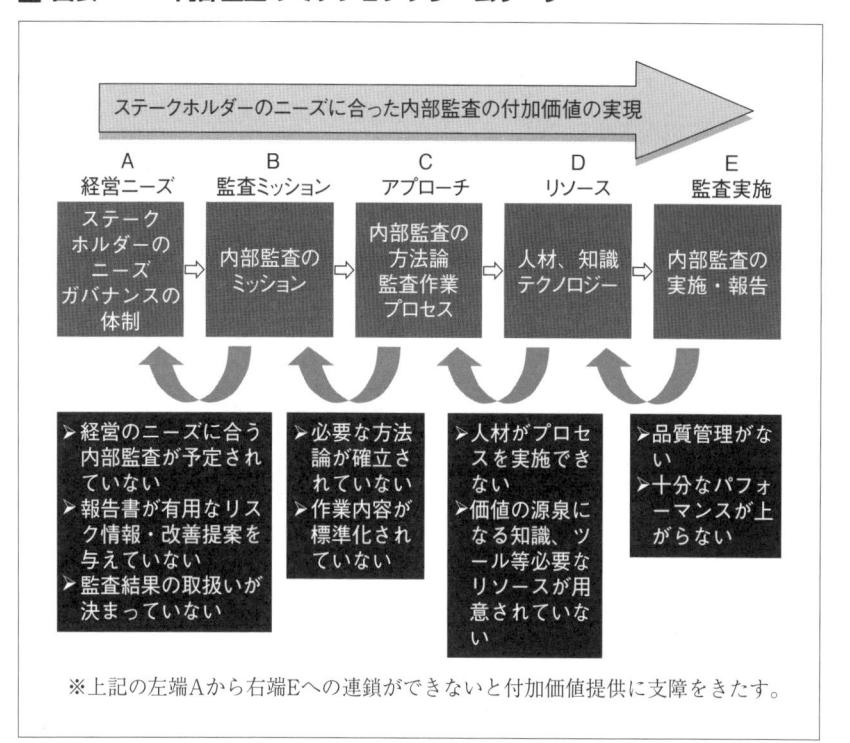

※上記の左端Aから右端Eへの連鎖ができないと付加価値提供に支障をきたす。

(2) 内部監査ミッションフレームワークによる理解

① 内部監査の付加価値を図形化して考える

　監査の付加価値ないし実効性といっても、つまるところ経営者等のステークホルダーのニーズに合った監査をデザインし、社内の人材・技術等のリソースをうまく活用してこれを実行し、成果を出すことにつきます。それを図形化したのが図表3-2です。

　この図では、入り口の経営者の期待ないしニーズを明確にとらえ（ボックスA）、それに対してどのような目的をもってどのような監査をしたらよいか、すなわち監査のミッションを明確に設定する（ボックスB）、そしてそれに見合った監査方法、つまりアプローチを考え（ボックスC）、更にそれを実行する材料としてのリソースを準備し（ボックスD）、最後は監査の現場で予定どおりの成果を上げる（ボックスE）、という流れになっています。

　これからわかるように、左端のAの経営者のニーズを適切に右端のEで監査結果として実現させるには、その間にあるミッション、アプローチ、リソースがしっかりとコントロールされていなければならず、これがぐらついているようだと、付加価値の実現は覚つかないことになります。

② 内部監査のバリューチェーンとしての要素の関連付け

　言い換えれば、監査を構成するこれらのAからEの一連の要素をスムーズに関連付けることで、監査のミッションは最大限達成することができます。そのような枠組みとして作ったのでこれを内部監査のミッションフレームワークと呼んでいます。これは内部監査の付加価値を最大化するための要素の関連図という意味で内部監査のバリューチェーンでもあります。

(3) 企業リスクに照準を合わせた人材の確保

　上記のミッションフレームワークの考え方を踏まえて、もう一度、上記1と2のケースを見てみましょう。本来は、企業として、内部監査へのニーズや何を内部監査が果たすべき使命（ミッション）であるかが十分に検討されて、ま

た、その実行に必要なアプローチを考えたうえで、それを実行するのにふさわしい人材やインフラといったリソースが考えられるべきです。しかし、企業によってはこのように内部監査へのニーズやその役割をきちんと検討することもしないままに、内部監査部門ができてそこに人を配属させ、その業務結果を内部監査の実力と考えているのではないでしょうか。きちんと計画もせずにA⇒B⇒C⇒Dという流れができるはずもなく、A、B、Cが何かはっきりしないまま、はっきりしているDの人材のやりやすいように内部監査の中身が決まってくる状態になっていないかということです。これはDからAに流れが逆行しているようなものです。逆行するとそれぞれのA、B、C、Dのボックスの下に逆矢印で説明したような弊害が考えられます。A、B、CまではうまくいってDで失敗すれば、「人材がプロセスを実行できない」ということが起こります。しかし、もともとABCができていないと、Dのたまたま内部監査に配属された人が中心の監査部となる。つまり、企業組織としての必要性よりも、監査部員としての身の丈に合った監査をしようとします。

　これを変えて、企業のニーズ、あるいは企業リスクに合った内部監査部門にしていく必要があります。それは遠回りなようでも、このA経営ニーズ、B監査ミッション、Cアプローチ、Dリソース、E監査実施というテーマに一つ一つ取り組んで、ブロックを積み上げるように体制を構築することしかありません。それによっていわばレンガ造りの強固な体制、経営に価値をもたらす内部監査部門に仕上げることができるわけです。

　内部監査のような専門職組織の人事戦略は人事面だけ考えてもうまく行きません。上記のA、B、Cの検討を踏まえて、これらと整合させる形で初めて人事戦略を考えることになります。

(4) リスク・アプローチによるリソース配分の最適化

　上記では「監査部員の身の丈に合った監査」から「企業リスクに合った監査」への転換の必要性を組織の人材戦略という面から説明しました。これは広い意味でのリスク・アプローチと言えますが、同様の視点は、個々の内部監査

におけるリソースの配分についてもいえることです。

　何らかのリスク評価に基づく監査計画は多く見られますが、リスクをベースにリソース調整を徹底させるところまで意識と技術が追いついていないのが多くの企業の実情ではないかと思います。

　リスク・アプローチというと、リスク評価の技術論として考えられがちですが、現在のような経済低迷下ではむしろリソース配分の方法論として有用です。つまり、以前はリスク・ベースというと、より網羅的に多くのリスクをカバーすることに重点が置かれ、その結果、監査作業は増える一方でした。また厳密に評価したところで監査への影響はたいしてないだろうという判断でリスク・アプローチから目をそらしてきた企業もあるかもしれません。

　しかし、監査の有効性（品質）と効率性をバランスよく追及するのがリスク・アプローチですから、本格的に取り組んでいる企業は、この効率化にも力を入れています。

　例えば、監査1件につき1週間などと固定せずに、リスクの高低に応じて、日数配分を高リスク分野には手厚く、低リスク分野には少なくなるように変えてリソース配分にメリハリを付けます。内部監査のリソースは、リスクのレベルに応じて配分することでバリュー主導型のアプローチに変換されます。

　またリスクに応じて、監査日数だけでなく、図表3-3のように監査アプローチのメニュー自体を変えることも検討すべきです。

　ベテランの内部監査人の動員によるリソース配分は、低リスク分野ではデータ分析の活用などを通して抑制することにより、その分高リスク分野に集中させることができます。内部監査の効率化を高めるには、抜き打ち監査、机上のレビュー、焦点を絞った監査などのメニューを使い分けることが重要で、そのためには監査のプロジェクトの範囲を、単なるローテーションなどではなく、リスクに応じて決める必要があるのです。

　またこれは内部監査人によるリソースをデータ分析やCSAといったテクノロジーや方法論によって補うという側面もあります。大企業であっても10名を超える内部監査部門が少ない日本企業においては、人材に代わるリソースの

第3章 内部監査の人材を活性化させる

図表3-3 リスク水準別の監査対応

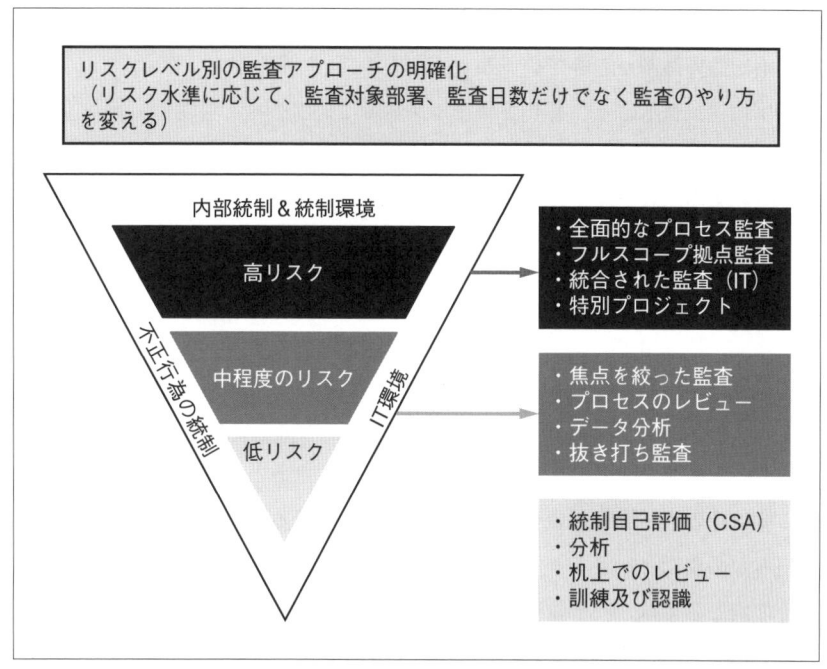

リスクレベル別の監査アプローチの明確化
（リスク水準に応じて、監査対象部署、監査日数だけでなく監査のやり方を変える）

内部統制＆統制環境

高リスク
- 全面的なプロセス監査
- フルスコープ拠点監査
- 統合された監査（IT）
- 特別プロジェクト

中程度のリスク
- 焦点を絞った監査
- プロセスのレビュー
- データ分析
- 抜き打ち監査

低リスク
- 統制自己評価（CSA）
- 分析
- 机上でのレビュー
- 訓練及び認識

不正行為の統制　　IT環境

出典：アーンスト・アンド・ヤング／新日本有限責任監査法人の資料等から抜粋

開発・活用は一つの重要なテーマです。

解決策10　組織的監査体制の構築と人材戦略

(1) 組織的監査体制を作る
(2) 人材育成プランの見直し

(1) 組織的監査体制を作る

次の人材についての課題は、個々の監査ごとのチーム編成に際して、組織的

監査体制ができているか、ということです。これには次の二つの点があります。

> **組織的監査体制ができているか**
> ①プロジェクトごとに必要なスキル保有者によるチーム編成
> 　　　⇒　内部監査部員のスキルの棚卸しと監査計画との関連付け
> ②チーム内のレビューないしコーチング制度が未整備
> 　　　⇒　アシュアランスの品質管理と専門家育成の両面から重要
> 　　　⇒　過去の内部監査調書等を活用した後任者の育成

　上記の①は、監査チームごとに適材の人材をアサインするための仕組みを整備するということです。前述の**解決策9**では、内部監査部門とそのミッションに合った監査をするのにふさわしい人材を確保するというのがテーマでした。ここではその人材を個々のチームに適切に割り当てるための何らかの合理的な仕組みが必要だということです。

　その例としては、内部監査部門の個々の部員についてスキルインベントリー（専門技術の棚卸）を行って、誰がどのような資格や技術経験をもっているか整理しておくということ、また、個々の監査計画ごとに必要な経験・技術を明確にして、スキルの棚卸表と関連付けるという方法です。これによって、計画においては、例えば海外監査要員とかIT監査要員とか特別なスキルの要員が何名足りないということを明らかにし、場合によっては、外部からの支援を要請する際の資料とすることも考えられます。

　②はとりわけ、J-SOXのテスティング業務やアシュアランス業務において必要となる組織的監査の体制構築です。すでにJ-SOXの経験を通して体制ができていれば問題ありませんが、よくできている例はあまり見かけません。

　J-SOXなどアシュアランス業務では、監査部員が経理出身であっても営業出身であっても、チーム構成員の得意分野に関わりなく組織として監査結果について一定以上の品質を保証することが求められ、そのための品質管理が必要とされます。内部監査責任者は、その結果責任を負いますから、チームメンバ

ーの出来栄えがよくないと何らかの方法でカバーしなければいけません。

　またそのような体制のベースとして組織階層的役割分担やレビューないしコーチング制度、それを支える調書のドキュメンテーションが重要となります。監査法人では従来より、パートナー、マネジャー、シニア、スタッフといった組織階層にある監査チームメンバー間の適切な役割分担と協同作業によってトータルで所定の監査品質を上げるという組織的監査が重視されてきました。これが監査法人におけるアシュアランス業務を支えるインフラでもあります。

　同様に、アシュアランスを内容とする内部監査でも、各監査の責任者、チームリーダー、担当者等の役割を明確にし、そのチームワークを作るとともに、上位者によるレビューやコーティングの制度を具体化することが重要です。

　10名以下の監査部員で成り立つ多くの日本企業の監査部にとってはこのようなバリューはあまり求められてこなかったかもしれませんが、アシュアランスの実施にはそのような組織的監査が必要となってきます。

　またレビュー制度を作るということは、レビューにおいてチェックするポイントを決めることも必要ですが、まず重要なのは、監査におけるアプローチとそれを作業に落としたときの調書の書き方をルールとして体系化し、そのルールに沿ってレビューするということです。前回監査の調書が適切に文書化され、残っているというのが、人材育成と品質管理に協力な武器となります。

　また、上記はアシュアランスを前提にした話ですが、コンサルティング的な監査になると、監査の重点が違ってくるとともに、監査体制もアシュアランスに比べて、よりフラットな形で階層を少なくし、個々人のタレントがその監査業務の付加価値や品質として実現しやすい形のチーム編成となります。

　これを組織的監査の付加価値要素という視点から、人材、知識、プロセスという要素が積み重なって内部監査の付加価値を形成するようすを図表3-4に示しました。これは個人的な経験と技術をもった人材が内部監査特有の知識を得てバリューを増し、更に各個人の作業をプロセス化して、監査チームとしてのバリューにつなげるという関係です。個人のタレントが重視されるコンサルティング的活動に比べてアシュアランス活動においては組織としての品質の安定

を確保するためのプロセス化が重要となります。

　一方、コンサルティング的な監査では、上記のアシュアランスのような形での結果に対する品質の要請はない代わりに、コンサルの内容について何らかのバリューを出すことが期待されます。これはチームを組んだとしてもおそらく中心となる個人がその個性を発揮して価値の高い成果物を出せるように品質管理をし、それを支援する体制となります。そのためアシュアランスに比べて個人の能力に負うところが大きく、チーム編成もそれに適した形になってきます。

（2）人材育成プランの見直し

　次に取り上げるのは、内部監査の使命に合った人材戦略になっているかというテーマです。これにも三つのポイントがあります。

図表3-4　組織的監査の付加価値モデル

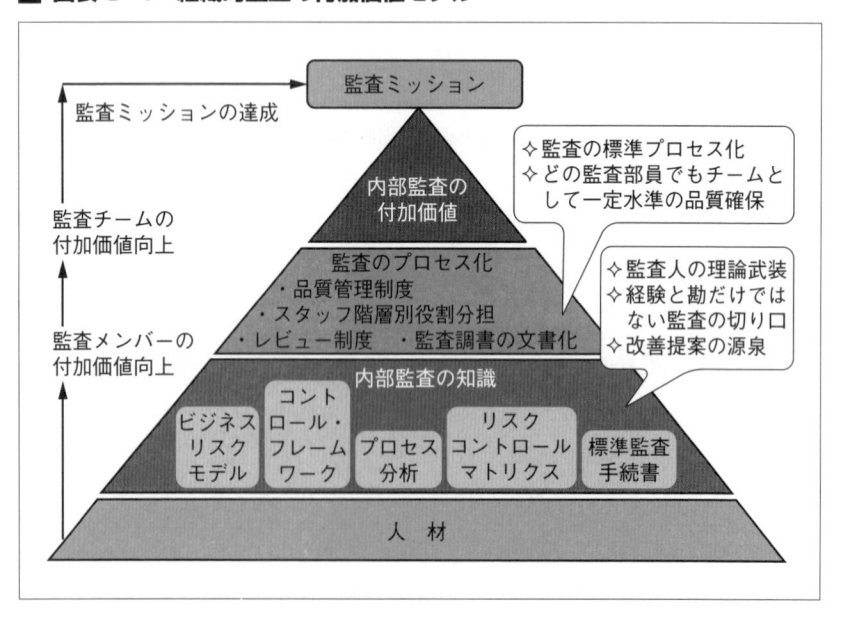

ピラミッド図：
- 頂点：監査ミッション
- 監査ミッションの達成
- 内部監査の付加価値　→　◇監査の標準プロセス化　◇どの監査部員でもチームとして一定水準の品質確保
- 監査チームの付加価値向上
- 監査のプロセス化　・品質管理制度　・スタッフ階層別役割分担　・レビュー制度　・監査調書の文書化　→　◇監査人の理論武装　◇経験と勘だけではない監査の切り口　◇改善提案の源泉
- 監査メンバーの付加価値向上
- 内部監査の知識：ビジネスリスクモデル／コントロール・フレームワーク／プロセス分析／リスクコントロールマトリクス／標準監査手続書
- 基盤：人材

第3章 内部監査の人材を活性化させる

> **内部監査の使命に合った人材戦略になっているか**
> ① 内部監査のローテーションプログラムの設定／キャリアパスの明確化
> ② 内部監査に必要な専門性を育成する研修制度の企画・運用
>   ⇒ ハードスキルとソフトスキルのバランス
> ③ 大事なのは、リーダーの育成

① ローテーションプログラムの検討とキャリアパスの明確化

　一定の条件で事業部門から一定期間、内部監査部門に所属して内部監査に従事してもらうようなローテーションをもつ企業もあります。このような制度プログラムは、内部監査人員の継続的な確保のためには検討する意義が大きいと考えられます。これは内部監査への従事を通して監査的な視点を身に付けた人員が事業部門に戻ること自体が事業部門にもメリットがあるだけでなく、内部監査の理解者を増やす意味でも監査のやりやすい環境作りにも貢献します。

　モラルの向上を考えると、内部監査の次にどのような職種や業務が用意されているかというキャリアパスを明確に示すことは、内部監査部員だけでなく企業としても意味のあることと考えられます。これは外部採用が増えてきた日本の状況を見るとその重要性が増していると考えられます。

② 内部監査に必要な専門性を育成する研修制度の企画・運用

　内部監査の実務経験がない状態で外から異動してくることの多い日本の内部監査部門では、部員に内部監査の適当な研修機会を与えることは極めて重要な課題と考えられます。

　内部監査の研修というと、専門的・技術的な研修が頭に浮かびますが、欧米の先進的企業では次の三つのコンピテンシー（専門性）を満たす研修を用意していると言われます。

コア専門スキル

例）・全社的リスク評価　　　　　　・重要プロセスとITとの関わり
　　・IIA内部監査基準・実践要綱等　・不正の防止と発見
　　・会計及び財務報告　　　　　　・リスク是正活動

・内部統制基準及び関連規則等

コアソフトスキル

例）・業種特有の技術やスキル　　　・リレーションシップ・マネジメント
　　・プロジェクト・マネジメント　・リーダーシップとチームワーク
　　・ビジネス文書作成　　　　　　・交渉力／ファシリテーション
　　・グループ・プレゼンテーション

重点スキル（選択的）

例）・リスクマネジメント　　　　　・プログラム・アドバイザリー
　　・ITアプリケーション（ERP）・コーポレート・コンプライアンス
　　・ITセキュリティ　　　　　　　・M&A取引アドバイザリー
　　・不正調査　　　　　　　　　　・税務

　一般的には、上記三つのコンピテンシーをバランスよく育成することが望ましいですが、業務との関連性も考慮に入れる必要があります。アシュアランスの業務では、内部監査や内部統制の基準・ルールをマスターしてきちんとした調書・報告書を書けることが重要ですが、コンサル的な業務では、むしろ業種固有の技術やプロセスなどコンサルティングや改善提案の下地になるような事業・業務についての知識が重要であったり、あるいはファシリテーションや交渉力・説得力など人とのコミュニケーション能力などのソフト面がかなり重要になってくるという傾向があります。こうした特徴を念頭においてその内部監査部門の業務に適した研修プログラムを検討するのがよいと思われます。

③ 大事なのは、リーダーの育成

　内部監査部門の立ち上げがうまくいっていない企業の話をしましたが、内部監査の立上げには各分野の業務経験者のほかに、監査そのものの専門性をリードする人間がぜひ必要になります。そうでないと、下手をすると群盲象をなでるような状況となり、まともな監査になりません。企業内監査だからといって監査の専門性を軽く考えていると、結果として低品質の監査、監査の形骸化、無機能化を招く危険性もあり、かえって高くつくことになりかねません。

　そこで必要なのは内部監査の経験のある、判断能力のあるリーダーです。こ

れは立ち上げ時だけでなく、その後の改善・見直しでも同じです。ここで推奨しているいろいろなアイデアも、経験に照らして自分の会社に合うように応用できるリーダーがいないとなかなかうまく行きません。

　人材について監査部長に聞くと、大抵は人が足らないといわれます。しかし、経験のない10人の頭数よりもよくわかった一人のリーダーの方がよほど役に立つことがあります。専門家や素人からなる監査チームを束ねて組織として一定の結果を出していく、そうした監査のリーダーシップも一つの重要な専門性と言えます。最初は外部のコンサルに支援を受けるのも一つの方法ですが、自立した組織として継続的改善を自ら判断して推進していく上で、最後は部門内にそのようなリーダーが必要となります。

　ちなみに2010年IIA世界内部監査調査報告レポートⅡ「今日の内部監査のコア・コンピテンシー(Core Competencies for Today's Internal Auditor)」では、監査スタッフ、管理職及びCAE（内部監査責任者）に共通したコア・コンピテンシーとして、コミュニケーションスキル、問題認識・解決能力及び業界・規制の変化や専門基準の最新化の三つを挙げるとともに、各ランクに必要な他の付加的なコア・コンピテンシーとして以下を挙げています。
・監査スタッフ：会計及びIT/ITCの枠組み、ツール及び技術の専門性
・管理職：（プロジェクト管理等の）組織的スキル、紛争解決・交渉スキル
・CAE：組織の内部監査部門の価値の増進能力、紛争解決・交渉スキル
　とりわけ内部監査価値の増進能力は、2006年に続いてCAEに必要な専門性のトップにランクされ、監査責任者が最も重視する能力になっています。

【参考文献】
Ernst&Young, Escalating the Role of Internal Audit-Ernst&Young's 2008 Global Internal Audit Survey, 2008
2010 IIA Global Internal Audit Survey: A Component of the CBOK Study, Report Ⅱ, Core competencies for today's internal auditor (Altamonte Spring, FL: The IIA Research Foundation 2010)

第4章

内部監査のインフラを再構築する

> 　内部監査の活性化ために、まずガバナンスレベルで経営層のニーズに合った内部監査の組織における使命や役割、監査の対象範囲、そしてそれを実行するための監査モデルが設定されます。それから、その実施にふさわしい人材の確保・育成についての戦略が決まり、最後に監査のインフラが課題となります。このインフラは経営レベルで考えた監査モデルを予定した人材で実行するのに必要な道具仕立てです。
> 　具体的には、監査のアプローチや方法論、ツールやテクノロジー、ナレッジの方針や管理方法、監査業務の運用方法や品質管理などが含まれます。

1 インフラ関連の課題

　第2章及び第3章と内部監査のガバナンスと人材の問題を見てきました。欧米の企業に比べると、日本の内部監査にはまだまだ発展途上という感じです。特に、人材の面では、内部監査専門家の調達・確保という点から不利な状況にあることを説明しましたが、このような人材面のハンディキャップを補うのはインフラです。ここには、内部監査アプローチ、プロセス及び書式の標準化、研修制度やナレッジ共有の充実及びテクノロジーや監査ツールの利用などが含まれます。このインフラ整備を早急に行うことより監査の未経験者に短期間で即戦力を身に付けさせる受け皿を作り、2、3年という短期の監査部門在籍中にパフォーマンスを上げられるような仕組みを作ることができます。

　内部監査部門で取り上げられ、かつ内部監査部門の裁量で何とかできる課題というとこの分野が多くなります。例えば以下の課題があります。

① 監査の方法や手順の標準化がうまくいっていない
② 年次監査計画の内容がマンネリ化して納得感がない
③ 監査とリスクとの関係がうまく整理できない
④ うちのCSAは役に立っていない又はでき上がっていない
⑤ 監査の業績をどのように測定すべきかわからない
⑥ 監査の不正対応で何をどこまでしたらよいかわからない
⑦ 不正監査と不正調査の使い分けがわからない
⑧ 監査の効率性を上げるデータ分析等の方法がとられていない
⑨ 海外監査で現地の人との関係がぎくしゃくする
⑩ 海外監査に行ってもたいした改善提案が書けない
⑪ 経営監査の進め方・ノウハウがわからない

　大体、よく問題になるのが、海外関連、リスクと監査アプローチ、それにCSA（統制自己評価）やデータ分析などのツールや方法論、それから不正関連です。この辺が第4章のテーマです。

2 | インフラ関連の解決策

解決策 11 監査モデル別に監査アプローチを整理する

(1) 監査モデル別に監査アプローチを具体化する

(1) 監査モデル別に監査アプローチを具体化する

　内部監査の見直し・充実に取り組む際には、図表4-1のようなフレームワークが役に立ちます。この図において、ガバナンスと人材はすでに第2章と第3章で検討しました。このフレームワークの流れによるとガバナンスの次には、インフラの重要な要素としてアプローチが来ます。ガバナンスにおける監査ミッションの整理を通して、すでに、大まかな監査モデルはイメージできている

■ 図表4-1　内部監査のミッションフレームワーク

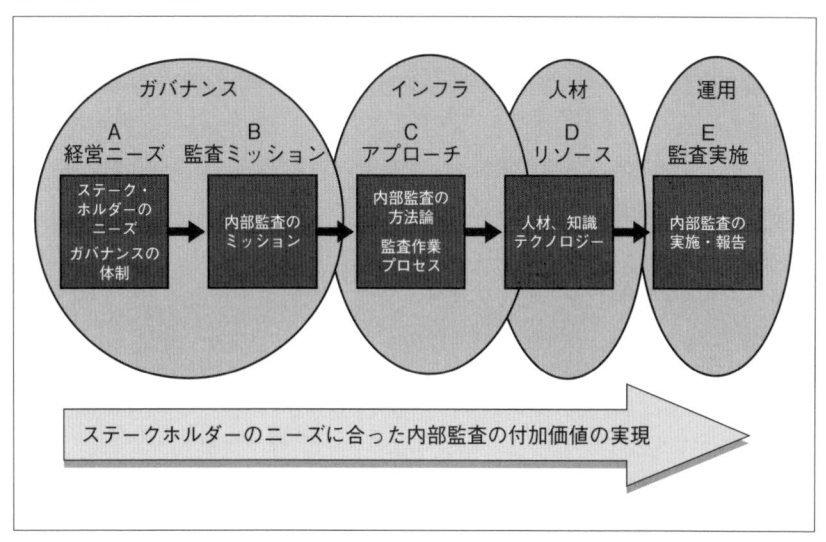

ガバナンス
- A 経営ニーズ：ステーク・ホルダーのニーズ／ガバナンスの体制
- B 監査ミッション：内部監査のミッション

インフラ
- C アプローチ：内部監査の方法論／監査作業プロセス

人材
- D リソース：人材、知識テクノロジー

運用
- E 監査実施：内部監査の実施・報告

→ ステークホルダーのニーズに合った内部監査の付加価値の実現

と思います。それをそのモデルを構成するプロセスの内容を決めて使えるようにするのがアプローチの設定です。ここまでが監査モデルの整備です。

更にプロセスをサポートするインフラとして各種チェックリスト、報告書、調書等の書式など一種のツールも必要ですが、これはその次の課題です。

大事なのは、このアプローチをきちんとモデル化することであって、つい目先のチェックリストを改良しただけで済ませようとしてもうまくいかないものです。またその後の課題となるリソースに含まれる監査ツールの導入で安易な解決を期待してもいけません。これはアプローチや方法論がしっかり固まった後の道具であって、そのコンテンツは自分で用意する必要があります。

① **監査モデルの設定**

内部監査には、業務監査とか会計監査とか経営監査とかいろいろな分け方がありますが、ここで監査のモデル化といっているのは、監査を自分の企業の内部監査のミッション、言い換えれば組織における役割や対象分野などの使命に応じて、いくつかの種類に類型化することです。このような整理によって、監査の目的ごとに監査の手順や作業の重点を使い分けてそれぞれに目指した付加価値が確実に効果的に実現するようにするためです。分け方は企業のニーズによって違ってもよいでしょう。図表4-2に示したアプローチはその参考例です。

これはプロとしての監査の有効性あるいは実効性を確保するための道具です。例えば、J-SOXの評価作業と経営監査とを一度にできるでしょうか。多分、ベテランの内部監査人ならうまくできるかもしれません。できるとすれば、それはそれぞれに必要な作業手順が一連のパッケージとして頭に入っていて、二つの業務のうち、どこを共通の作業として一体化できるか、どこは別々にやる必要があるかが明確にわかるからです。ここで監査モデルは、そのJ-SOX用の作業のパッケージ、経営監査用の作業のパッケージのそれぞれをプロセスとして骨子を説明したものを考えています。

業務監査にしても経営監査にしても、それぞれに異なる目的や対象範囲を設定して、異なる価値を目指すために、作業の仕方や手順も違ってきます。また発見事項に対する重要性の判断も違ってくるかもしれません。

第4章 内部監査のインフラを再構築する

■ **図表 4-2　内部監査アプローチの類型化の例**

（図）企業活動レベル：経営領域／業務領域／会計残高・業務実施結果　監査対象：意思決定プロセス→処理プロセス→結果・残高　内部監査アプローチ：内部統制評価、経営プロセス監査、業務プロセス監査、準拠性監査（保証的⇔コンサルティング的）

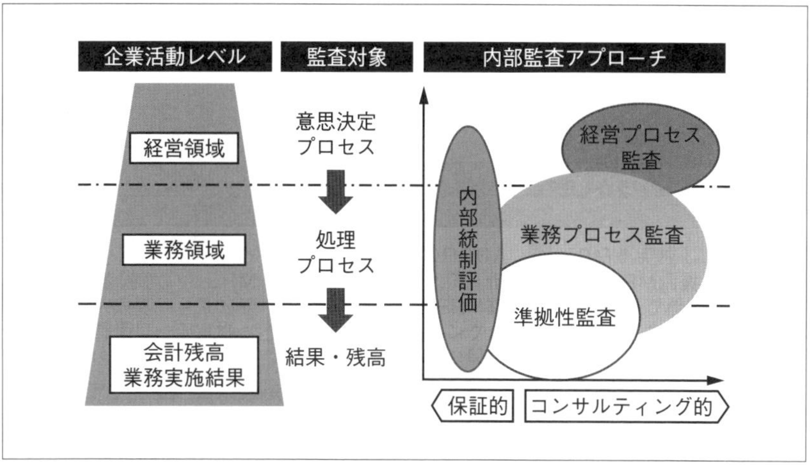

例えば子会社の内部監査において取締役会規則がきちんと整備されていないことを発見したとしたら、法令規則等への準拠性を目的とした監査では、規則の不備として指摘することが多いと思われます。しかし子会社のビジネスモデルに従って経営品質が上がる仕組みがあるかという視点からなされる経営監査では、そのような規則の不備は経営の実態に影響なければ問題としないか、挙げたとしても優先順位の低い指摘として扱われるかもしれません。

ベテランは二つの目的の監査を一回の監査作業の中で達成できるとしても、経験の浅いスタッフは、多分、混乱してメリハリの付いた作業ができず両方とも中途半端になりがちです。ですからこれは分けてやるのが基本となります。

② **内部監査アプローチ類型化の例（企業活動レベルから見た三つの監査アプローチ）**

次に、図表 4-2 の内部監査アプローチの類型化の例を見ておきます。

ここでは内部監査の内容を企業活動のレベルに応じて三つにグルーピングしています。(1) 目の前の結果や残高等の現象面を対象とする準拠性監査、(2) その背後にある業務プロセスの改善に着目する業務プロセス監査、(3) 更に上

流において経営的な意思決定プロセスをテーマとする経営プロセス監査です。

これら三つは監査の重点や視点、つまりミッションが少しずつ異なり、したがって改善提案の重み付けも違いがあります。事業部や子会社の監査をするとき、どれを目的とするかを明確にすることが、メリハリの付いた説得力のある監査結果につながります。

1) 準拠性監査

この典型的な例としては、所定の手続がルールどおりに実施されているかという確認が挙げられますが、在庫水準が正常値内にあるかどうかの確認をして各倉庫の在庫量に異常値がないか、滞留がないかといったことを確認する監査も含まれます。これは残高及び所定の手続の実施の有無といった現象面をとらえて異常点を把握し、不正の兆候の発見などにも役立ちます。

ただし在庫水準の例を見ても、その異常点の発見だけでは問題の解決にはならないので、その背後にある業務プロセス、例えば倉庫の在庫管理の業務プロセスを問題にすることにより、より前向きにこの問題の解決に対応することもできます。これは次の業務プロセス監査のテーマです。

2) 業務プロセス監査

業務プロセスの中にその原因を究明し改善策を提示することに監査のミッションを置くとすれば、これはプロセスに着目した業務プロセス監査として位置づけ、とりわけコンサルティング的付加価値を追及する監査としてデザインすることが適当と考えられます。

ビジネスの中核となる販売から入金、購買から支払、経費、人事等の業務プロセスを対象とする内部監査は、典型的な業務プロセス監査です。

ところが滞留在庫の原因は在庫管理プロセスだけとは限らず、例えば経営企画部による商品戦略に問題があるため、マーケットではもう売れない商品を大量に購入したというのがその根本原因にあることもあるでしょう。この場合、在庫管理プロセスからは問題解決にはつながりません。むしろ商品戦略を対象にした経営監査を行うことが考えられます。これは次の経営プロセス監査のテーマとなります。

3) 経営プロセス監査

　経営監査というのは、経営領域を対象とした監査ですが、内部監査としてどこまで客観性を維持できるか、または被監査部署の経営判断にどこまで関わるべきかという問題があります。マネジメントの先輩が経験を生かして後輩を指導するような監査になることもあり、その場合、本来、監査で口出しすべきでない経営判断への介入になってしまうことも考えられます。

　例えば、ある子会社は競合他社が開発した新製品によって、数年のうちには自社製品は淘汰され経営が成り立たないと予測されているとします。にもかかわらずその中期経営計画は非現実的な右肩上がりの売上の伸びを示しているとすれば、その計画数値の信憑性が問題になります。

　内部監査において、この問題点について事業計画が妥当でないと報告したとすると、経営判断への介入とも考えられ、監査の守備範囲及び客観性の点で問題となることが考えられます。そこで監査の組み立て上、経営判断そのものでなく経営計画の策定プロセスを監査の対象ととらえて、そのプロセスにおいて本来なら検討されるべき競合他社などのマーケット情報が考慮されていない、あるいはそれを入手・分析するプロセスがこの策定プロセスにリンクされていないという点を監査上の問題として指摘する手法を取ることが考えられます。すると経営の良し悪しの問題としてではなく、意思決定プロセスの問題として扱うことになり、監査に客観性・透明性をもたせることができます。

　またこのスタンスを明確にするために、中期経営計画策定に関する意思決定情報リスク（中期経営計画策定に必要な情報が策定者に与えられていないために計画がゆがめられるリスク）をあらかじめ想定して、このリスクをターゲットにプロセスを分析すれば、よりメリハリが付いた改善提案につながります。

　こうして経営監査を経営の仕組みやプロセスの監査としてとらえ、リスクを明確に設定することにより、経営監査が経営判断に直接関与することなく客観性を持った評価として構成することができます。そうすることによりマネジメントからは説得力のある結果として受け入れられやすくなると考えられます。

③ 内部監査ミッションの二つの座標軸

1）ステークホルダーのニーズに合わせて二つのさじ加減を決定する

　内部監査には、アシュアランス（ないし保証）活動とコンサルティング活動があります。アシュアランスとは、公認会計士監査の監査報告書のように「財務諸表が適正である」、あるいは、「内部統制が有効である」といったことを監査報告書において保証することです。一方、コンサルティングには被監査部署の業務などに関する助言・改善提案の提供等が含まれます。アシュアランスとコンサルティングは内部監査の付加価値を具体化する二つの座標軸です。

　これら二つの座標軸のどちらに重点を置いた内部監査をデザインするか、または監査において両者のさじ加減をどうするかは内部監査のミッションの問題であって、経営者及び監査役あるいは監査を受ける事業部門長などのステークホルダーのニーズや意向を踏まえ、監査方針として決定することになります。

2）ステークホルダーごとに期待の温度差

　ですが、一口にステークホルダーといっても、監査役は概してガバナンス重視の立場からアシュアランス的価値を内部監査に期待し、執行役等の経営陣は逆に事業活動への役立ちからコンサルティング的価値を内部監査に期待するといった形で、立場によって温度差が見られることもあります。したがって、どのステークホルダーにベクトルを合わせて付加価値を追求するかをはっきりさせることが、内部監査部門の付加価値向上の前提としても重要です。

④ アシュアランスとコンサルティングとで異なる監査の舞台裏

　アシュアランスとコンサルティングは、別々の内部監査業務として行うこともできますが、一つの内部監査業務の中にアシュアランス的要素とコンサルティング的要素をもたせることも多く見られます。どちらに重点があるかによって、内部監査の様相もかなり変わってきます。監査を受ける立場からは、業務改善という付加価値を期待できるコンサルティング的監査が歓迎されやすいでしょう。監査を実施する立場からは、重点の置き方により舞台裏にあるインフラの作り込みや監査アプローチがずいぶんと違ってくる面もあります。

　アシュアランス業務であれば、監査手続から報告書の文章表現に至る品質管

理のインフラ整備が何より重要です。また業務自体も結論をサポートするのに十分な範囲の監査作業が必要となる等、手間もかかります。しかし、これは経営層及び取締役のガバナンスにつらなる重要な機能です。どの程度のアシュアランスをどの範囲で行うかは経営層の意向によって決まります。

　一方、コンサルティング的監査にはそれなりの付加価値を創出する仕掛けとして、ビジネス分析、ビジネスリスクモデル、事業・業務に精通した人材の配置、プロセスマッピング、ベストプラクティス・データベース等々の道具立てや情報武装が重要となります。

■ 図表4-3　内部監査のミッション設定：
　　　　　二方向のミッションのどちらに重点を置くか

アシュアランス機能

「内部統制が有効である」等の監査の結論を記載した監査報告書によって保証する機能
積極的アシュアランスと消極的アシュアランスがある

監査品質管理・ドキュメンテーションのインフラ整備・組織的監査が重要

内部監査のスタンスを明確にする

◆経営層のステークホルダー（経営者、監査役、監査対象部署の責任者等）の意向をふまえて監査方針を決定。監査の座標軸の設定
◆つまり二方向の監査の付加価値の互いの重点配分を考えて監査をデザインする
◆このウエイト付けにより品質管理の内容、監査調書の書き方、監査チーム内の役割分担、育成すべき人材のスキル、整備すべきナレッジ等が違ってくる

コンサルティング機能

監査対象企業や部門の業務等に関する助言・改善提案を提供する機能
付加価値を創出する為のインフラの整備（業務・経営に精通した人材の配置、そのための研修・人材育成、ツールや業務プロセスに関するナレッジ等の情報武装等）が重要

解決策 12 アシュアランスの監査アプローチを作る

(1) アシュアランスの監査アプローチをデザインする
(2) アシュアランスの重さを考える

(1) アシュアランスの監査アプローチをデザインする

解決策11で見てきたような検討を踏まえて、予定する監査アプローチの種類ごとのアプローチを整理し作成することになります。この中で代表的なアシュアランスタイプの監査アプローチについて具体的に見ていきます。

図表4-2においては、比較的アシュアランスになじみやすい準拠性監査を保証（アシュアランス）寄りに、なじみにくい経営プロセス監査をコンサルティング寄りに表示しています。どれくらいアシュアランス的に厳密に設計するかも企業の判断の問題です。J-SOXにおける内部統制の評価は内部監査そのものではありませんが、一般に、内部監査部門が行う業務としてこの表に含めています。これは実質的にアシュアランスです。

アシュアランス監査のアプローチを例示すると図表4-4のようになります。

また、組織内のどの拠点・部署にどのようなテーマでアシュアランスを予定するかは、**解決策7**において例示したアシュアランス・マップのような全体像がわかる資料にまとめて経営層と協議して決定するのがよいでしょう。

アシュアランス監査の特徴は、所定の意見を述べるために監査をするということです。監査人は、その監査報告（口頭もありうる）において、保証する事柄を表明します。保証した事柄とそれを結論付ける証拠固めはすべて監査人の責任になるという構成ですから、どのような意見を表明するかということは、計画時から十分に検討して、すべての監査作業のターゲットになる保証の内容をよく見定めておく必要があります。

前掲のIPPFのプラクティス・ガイド「内部監査意見の形成と表明」には、

第4章　内部監査のインフラを再構築する

■ 図表4-4　アシュアランス内部監査のデザイン

主な監査プロセス	関連して整備する主なインフラ
1. 監査目的の決定	監査先選定方法、リスク評価制度
2. 監査方法・往査予定の計画	監査プログラム
・監査手続の作成	（監査手続書、チェックリスト、発
・往査日程・場所の調整	見事項記入調書、品質管理基準、機
・テスト手続の策定	密情報取扱方針、予定表等）
（テスト対象プロセス・母集団、	サンプル・テスト方針書
抽出方法、テスト手続の決定）	例外事項判断基準等
・監査計画書の作成	監査計画書様式
3. 監査の実施	チームメンバーの担当割当、日程表
4. テスト結果の評価	レビュー制度、調書文書化ルール
5. 監査結果の報告	テスト結果の判断基準
・監査報告会の実施	報告書記載様式
・監査報告書の作成・提出	報告事項判断基準

意見表明の計画に際して留意すべき事項が解説してあります（同ガイド、3ページ、"3. Planning the Expression of an Opinion"）。そのポイントと若干の補足説明を以下に記しておきます。

（意見表明のために監査計画に際して考慮すべき事項）

1) 監査意見には、マクロレベルとミクロレベルとがあること

　　これは**解決策6**でも紹介しましたが、上記図表4-4のような個別の監査はミクロレベルの意見表明になります。マクロレベルの報告書は、いくつかの個別監査のグループないしは一定期間の個別監査をまとめた総合意見です。

2) 提供される意見の性質、特に、積極的アシュアランスか消極的アシュアランスか。積極的アシュアランス意見の方がより多くの証拠、より広い作業を必要とすること

　　一般に、積極的アシュアランスは、「…の内部統制は有効である」または「…の内部統制は有効ではない」といった二つのいずれかの意見を表明します。

ただし、あらかじめ設定した段階評価によるレーティングによって表明することもあります。
3) 意見を表明する目的や使用目的
4) 意見表明に必要となる監査証拠の種類と範囲
　　特に、複数の監査プロジェクトの完成を必要とするマクロレベルの意見表明には重要。
5) 提供される意見の決定に利用される基準についてステークホルダー（上級経営者、取締役等）との協議及び合意
6) 慎重な監査計画及び監査活動に意見をサポートする十分な合理的な証拠を提供する監査計画と監査アプローチの策定
7) 関係するすべての予定プロジェクト（他の業務や自己評価への依拠を含む）及び最終評価に許される時間を考慮すること
　　なお、マクロレベルの意見表明については、マネジメントによる自己評価の結果や（監査業務以外からの証拠など）正式とはいえない証拠を検討した結果は、それらが信頼できると内部監査人が信じる場合には、利用されることがある。正式でない証拠は主観的評価を伴うことがある。そのような証拠への依拠は、マクロレベルの意見表明において開示される（同ガイド4ページ、3.2　Scope of Opinions 参照）。
8) 意見に十分な基礎を与えるために求められるすべての作業を実施するのに必要な十分なリソースとスキルがあるかどうか
　　それがなければ意見を差し控えるべきかどうか、あるいは（意見の範囲から特定の範囲ないしリスクを除外することによって）意見を限定するかどうかの決定がなされる。
9) 内部監査計画に関する経営者との協議及び伝達
　　この中には、個々のプロジェクトの時期と範囲、並びに、経営者あるいは適当な場合には取締役会に提供する意見を決定する際に使用される基準も含まれる。

(2) アシュアランス監査の重さを考える

　前記の1）から9）までの意味を汲み取っていただければアシュアランスの重さがわかると思います。特に、2）に触れたように、IIAの規定では、積極的アシュアランスがより高度な監査であるとしながらも、消極的アシュアランスも監査に含めています。ちなみに公認会計士の会計監査では、監査とは通常、積極的アシュアランスのみを指し、消極的アシュアランスは考え方としてはそうであっても、例えばレビュー・レポートなどに見られるように、内部監査のように意見（opinion）とはいわずに、レポートと表現します。意見をいうのは監査だけで、監査にはレビューや合意された手続のような消極的アシュアランスは含めません。監査とそれ以外とは厳然とした区別があるのです。

　こういうと、会計士監査と内部監査は違うからといわれるのですが、確かに規則の厳密さ・詳細さとか、会計士監査が失敗すれば一般投資家などから訴訟を受けることもあるというところは違います。しかし、IIAなどの基準等に示されたアシュアランスの考え方は公認会計士に求められるものとほぼ同じです。あえて言えば、監査の水準は公認会計士の場合には制度で決まっていますが、内部監査の場合はその機能のオーナーである経営層で決めることができます。ただし、要所で内部監査責任者は経営層と協議するなど一定の手順が求められてはいます。

　ガバナンスの要請からIIAは積極的アシュアランスを中心に監査を考えているように感じられます。しかし実務においてこれをきちんとやるのは、J-SOXのテスティングを考えればわかるように、結構な負担です。もし、やるとすれば、レーティングによる評定方式が比較的個々の監査における専門的判断を定型化して簡素化しやすいという点からお勧めします。

　しかし、アシュアランスにそこまでの要請がなければ、消極的アシュアランスで済ませて保証のための作業をセーブすることがよいと思われます。

　例えば、会計監査を例にとると、ある支店の財務諸表監査をするときに、その支店に往査するだけで監査意見が出せるとは限りません。場合によっては、

本社で支店の会計記録を決めていることもあり、厳密には本社まで行って監査しないと支店の監査も完全にはできないということが起こります。それに気付かずに支店からの情報だけで監査をすると、本社の会計記録への関与を知らないで、間違った監査結果を出す可能性もあります。それも知らなかったでは済まないのです。そこで事前に監査範囲を支店からだけわかる範囲に限定するなどの検討が必要となります。会計士監査ではこれは普通に起こります。

　もっと単純化していうと、ある企業の交際費だけを適性に表示されているか監査をすると仮定します。交際費勘定だけを見て適性意見を出すと、実は、旅費とか雑費にも交際費が混じっていることがあり、交際費勘定に表示された金額だけでその会社の交際費が正しく表示されていると結論付けた監査意見は間違いということになります。積極的アシュアランスでは、監査人は、知らなかったとはいえないので、あらゆる事態を想定して、交際費といっても全費目を視野に入れた監査が必要となります。

　この点を、前掲のガイドでは以下のような文言に含んで解説しています。特に下線部です。

　「積極的アシュアランスの意見は最も高いレベルの証拠を要求します。それは、内部統制やリスク軽減プロセスが十分で有効であるというだけではなく、<u>それに反対する証拠がもし存在するとしたならば、それもすべて特定できたであろうことを合理的に確信するのに十分な証拠が収集されたことをも意味しています</u>。監査人は、賢明な監査人であれば、当然に発見できたであろうことを発見するために監査手続が十分であることについて全責任を負っています。（前掲ガイド、3ページより一部訳出、ただし下線は筆者が加筆）」

　これは会計士でなく、内部監査人のガイドです。知らなかったとはいえない監査の重さが感じられるかと思います。しかし、そこまでは必要とされず、それこそ、監査した支店とか、費目だけの監査手続に限定した結果だけでもよいとなると、それは消極的アシュアランスとして構成するのが適当ということになります。

　その場合には、おそらく望ましいのは、その監査において実施した、監査手

続の概要を監査報告書において、列挙して説明し、そのうえで、その手続を実施した範囲では、その報告書に記載したこと以外にはその監査の目的に関して特に気付いた事項はありませんでしたという趣旨のコメントを報告書に記載します。このように、これ以外にはなかったという否定文でステートメントを出す、これが消極的アシュアランスの意見と IIA でいわれるものです。実質的には、会計士が考えるような本格的な監査（積極的アシュアランス）ではないですが、形式上はアシュアランスとしての要件を整えています。

いずれにせよ、これからアシュアランスの監査を整理する際には積極的と消極的のどちらをどのような場合に使うかも含めてよく検討が必要です。

アシュアランス監査の構成要素になる個々の手続やサンプリングのルール等は様々な文献や指針があるのでここでは詳細な解説は割愛します。その代わりに次のようなケースを紹介しておきます。

CASE 08 | サンプリングを知らなかった監査部長

　J-SOX 業務が広まった現在では内部監査部でもサンプリングのことはよく知られていますが、以前はそうでもありませんでした。ある米国系の上場会社は専務の肝いりで内部監査部を正式に立ち上げ、それまで1、2名で伝票チェックしていた内部監査は一気に10名ほどの立派な組織になりました。新任の内部監査の責任者にとって、監査は初めての経験のようでしたが、内部監査協会から出ている内部監査全書や親会社の資料などを参考に監査計画書等の書式を見よう見まねで要領よく整えて監査を始めました。特に監査計画書とか監査報告書など経営層に提出する資料は念入りに準備されていました。その会社の内部監査報告書は、「……は、概ね有効である」といった断定的表現で見るからにアシュアランスの立派な文言でした。そうこうするうちに米国の親会社の内部監査部から、どんな内部監査部ができたか見に来るということになりました。

　経験は浅いながらも短期間で内部監査を立ち上げた監査責任者は、来訪に備えて自信作とも言える監査計画書や監査報告書を英訳し、来日した親会社の内部監査人にも丁寧に説明をしました。一通りの説明をしたところで、先方から一言、質問がありました。「ところで、監査のサンプリングはどういうやり方をしていますか？」

　監査責任者は優秀な方でしたが、最近、監査を始めたばかりでサンプリングのこと

をよく知りません。そこで正直にまだそこまでやっていませんと答えました。すると、親会社の監査責任者は、急に興味を失ったように「そうですか、それならもういいです。」と言って、それ以上、資料を見ようともせず帰ってしまいました。先方の思わぬ態度に監査責任者は、どうしてそのような反応になるのか真意をはかりかねるようすでした。

　これは、後で聞いた話なので、推測ですが、おそらくベテランの米国の内部監査人は報告書の文言からそれが積極的アシュアランスであることを確認したはずです。しかし、文言がいくら立派でも監査の信頼度は、その背後にあるはずの品質管理のレベルによって決まります。そこでどの程度の監査の水準かを確認するために、その中核にあるサンプリングについて試しに聞いてみたら、何の仕組みもないことがわかった、つまり、その監査報告書は、十分な証拠による支えがあるとはいえない、単なる作文にすぎないと判断したのでしょう。それで、それ以上の検討は必要ないと判断されたのではないかと思います。

　これはアシュアランス監査の重さをあらためて感じさせる出来事です。アシュアランスの重さとその仕組みをまだ十分に認識されてなかった監査部長は、つい監査計画書や監査報告書などの正式文書の読み応えとか見栄えに注意が向いていたのではないかと思います。それも大事なのですが、その二つの「計画」と「報告」の間にある、監査手続がきちんとできていないとアシュアランス自体が成り立たず、監査報告書は一枚の紙切れと変わらなくなります。米国からきたプロの内部監査人はその辺の危うさを察知したのでしょう。

> **解決策 13** 年次計画を個別監査につなげるグランドデザインを考える
>
> (1) 年次のリスク評価から監査計画への展開方法を決める
> (2) 監査アプローチを配した年次監査のグランドデザインを考える

（1）年次のリスク評価から監査計画への展開方法を決める

① 年次リスク評価プロセスの流れを確認する

　解決策11と12で検討したような監査モデル別のアプローチは、個々の監査に適用するものですが、これらを年次の監査計画とどのように関連付けるかという方法を考えておく必要があります。

　ここでは、まず年次のリスク評価プロセスの流れを図表4-5に例示しました。ここでは、リスク分析として定性的分析、定量的分析及びプロセス的分析の三つの方向から光を当てて重要なリスクがもれなく洗い出されるような分析を目指しています。あらかじめ設定されたリスクモデルのリスクカテゴリーによって分類されたリスク項目は、次のビジネスへの影響度と発生可能性の面からリスク評価され、優先順位付けされます。更にこの評価結果を組織内の部署やプ

■ 図表4-5　内部監査アプローチの例—リスク評価の実施

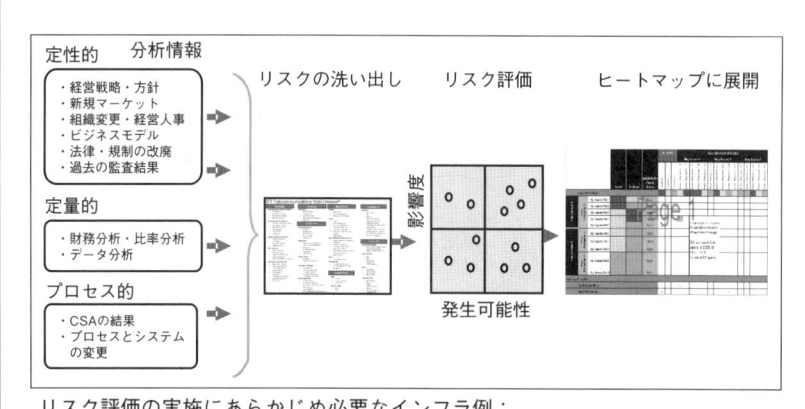

分析情報

定性的
- 経営戦略・方針
- 新規マーケット
- 組織変更・経営人事
- ビジネスモデル
- 法律・規制の改廃
- 過去の監査結果

定量的
- 財務分析・比率分析
- データ分析

プロセス的
- CSAの結果
- プロセスとシステムの変更

リスクの洗い出し → リスク評価（影響度／発生可能性） → ヒートマップに展開

リスク評価の実施にあらかじめ必要なインフラ例：
1. ビジネス・経営環境の情報収集ルート・データ分析手法
2. 企業独自のリスクユニバース・リスク定義
3. リスク評価基準、リスク評価書式
4. リスク情報の収集・整理方法（インタビュースキル、調査表ないし統制自己評価（CSA）手法、ウェブベースの評価手法とツール、ファシリテーションスキル等）
5. 他のリスク管理部署との連携の方針と手順

ロセスに関連付けてヒートマップを作ります。これで重要なリスクには何があって、それが組織内のどこで火を噴いているかが明確になり、経営管理者はリスク対応が誰の責任で行うべきか明確に意識できるわけです。

また、このリスク評価プロセスの実施には、あらためて準備して作り込んでおくべきインフラがあります。それを図の下に例示しておきました。

② リスク評価結果を年次監査計画につなげるプロセスを確認する

次にリスク評価の結果を年次監査計画においてどのように監査対応につなげるかを見てみましょう。これは図表4-6においてイメージを例示しています。

図表4-5においてヒートマップを作り、どの部署でどのようなリスクが問題になっているかがわかりました。それを図表4-6では、あらかじめ設定した監査アプローチをリスク対応のソリューションと考えていずれかのアプローチを

図表4-6　内部監査アプローチの例—監査計画の策定

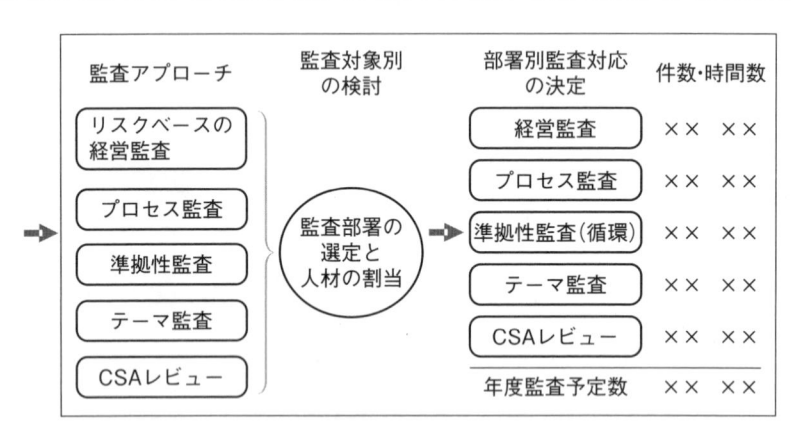

監査アプローチ	監査対象別の検討	部署別監査対応の決定	件数・時間数
リスクベースの経営監査	監査部署の選定と人材の割当	経営監査	×× ××
プロセス監査		プロセス監査	×× ××
準拠性監査		準拠性監査（循環）	×× ××
テーマ監査		テーマ監査	×× ××
CSAレビュー		CSAレビュー	×× ××
		年度監査予定数	×× ××

監査計画の策定にあらかじめ必要なインフラ例：
1. 経営監査、プロセス監査、テーマ監査、CSA監査等のメニューと方法論の整備
2. 各種監査方法の各事業部・子会社等への適用のグランドデザイン
3. リスクと監査との関連付け方法と監査計画をサポートする経営層への説明資料（監査のパフォーマンス等）

割り当てます。あるいは全く新しい対応が必要な場合には例えば、テーマ監査として扱います。この段階で監査対象部署を決定し、監査人を割り当てます。

ここで監査アプローチを決めて組織全体としての内部監査のグランドデザインを描くときの考え方を次に紹介しておきます。

(2) 監査アプローチを配した年次監査のグランドデザインを考える

上記において、様々な監査の目的ごとに監査をモデル化して監査アプローチを整備することを推奨しました。これを実際の監査で利用するには年度計画の中に盛り込む必要があります。これが次のテーマです。

大企業ほど組織も複雑で、大きな事業部の中にいくつもの事業子会社があり、支店、工場、研究所など様々な組織があります。それらに対して企業グループ全体の監査というミッションでグループ内の各組織に対してどのような監査対応をするか、また全体としてどのようなグランドデザインを描くかというのがここでの課題です。

多くの組織を単に順番にローテーションでやれば済むというものでもありません。例えば、通信や電力等の広域設備産業を例にとって、事業所単位だけでなく各部署にまたがる組織横断的なプロセス監査の視点で監査をデザインする潜在的ニーズがあることは第1章でも触れました。これは日本ではあまり意識されてこなかったプロセス思考のバリューでもあります。

また、逆に、事業の実態というよりは法的に子会社であるということから守るべき法令等もあります。そのためこの目的にはむしろ一定期間ごとの循環的な準拠性監査をすることが適しているという面も考えられます。

内部監査には様々なミッションに対応したアプローチがあることはすでに述べました。これらをうまく組み合わせて企業組織のどの組織レベルにどの類型の監査をあてるかというデザインを考えて、企業グループ全体として効果的な内部監査のモニタリング機能を発揮できるように企画する必要があります。

例えば図表4-7のような組織構造をもつ企業の内部監査をどのように計画するかを検討しましょう。親会社P社には事業別に分社化した子会社A社、B社、

図表4-7 組織単位の内部監査のデザインの例

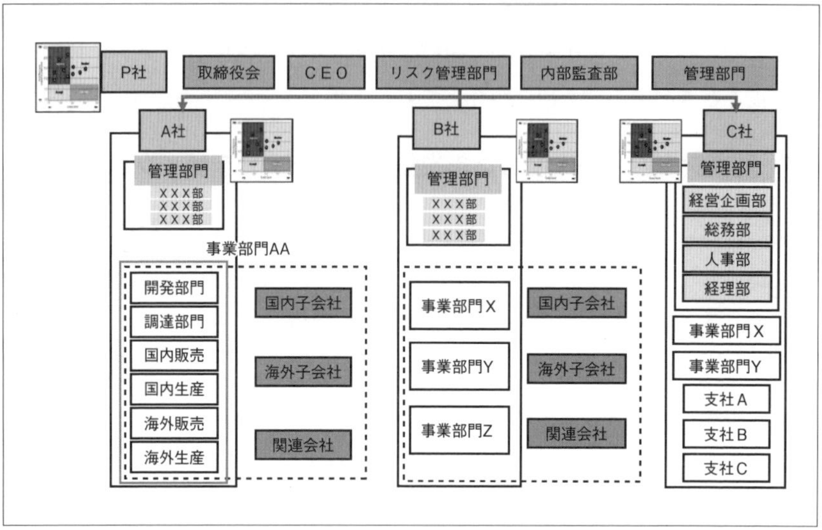

C社があり、それぞれに事業部門があります。このときP社の内部監査部は、どの組織にどのような監査を計画するか、またその際必要とされるリスク評価をどの組織レベルで行うかを検討することになります。

前に例示した、経営プロセス監査、業務プロセス監査、準拠性監査という3パターンの類型を活用すると、この三つに更にCSAの質問書だけによって管理することもこれに加えて4パターンの監査対応の仕方があると考えることができます。この4パターンをどの組織にあてはめるかが年度計画をデザインすることになります。

経営主体である三つの子会社A、B、Cにはそれぞれ経営プロセス監査を計画するのが相当でしょう。合わせてその三つの子会社と親会社P社のそれぞれの組織レベルでリスク評価をすることが考えられます。図中でリスクマップはリスク評価の対象とする組織を指しています。

グループ内で重要な基幹業務を担当する組織単位である事業部門AA、事業部門X、事業部門Y及び事業部門Zにはそれぞれ部門業務の一部を担当する

第4章　内部監査のインフラを再構築する

図表4-8　B社の内部計画例
～事業部門ごとにビジネスリスク状況が異なる場合

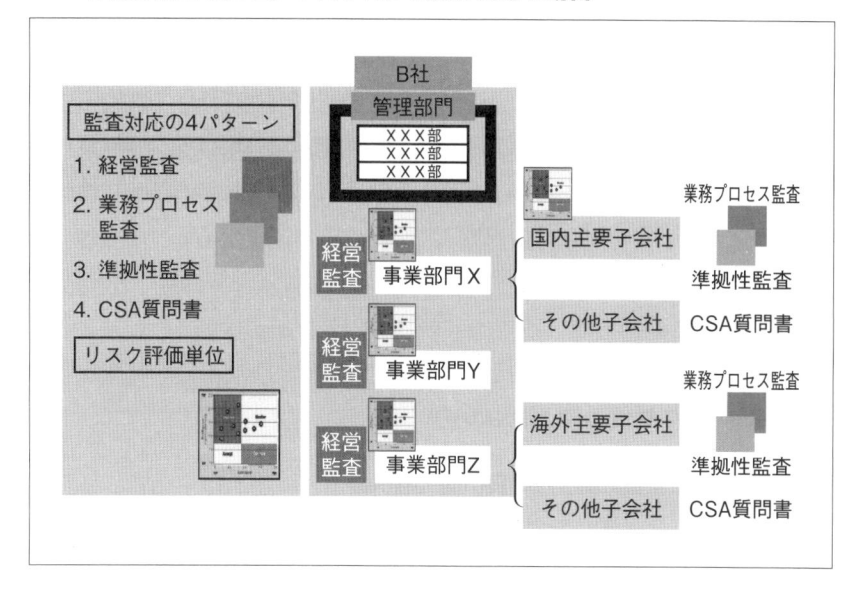

業務切出し子会社も含めて業務プロセス監査を計画し、法的主体であるP、A、B、C社とその主要子会社には準拠性監査を計画するといった具合です。

　それをB社について詳しく見たのが図表4-8です。B社内の事業部門X、Y及びZがそれぞれに独立して経営されていればB社とは別にそれぞれに経営プロセス監査をするのが適当と考えられるかもしれません。また、三つの事業部門が互いに異なるマーケットを対象としており、それぞれの事業リスクを事業部門単位で見る重要性があれば、それらが合体・相殺されるB社全体レベルのリスク評価よりも、リスクの色合いがはっきりわかるX、Y、Zの事業部門単位でリスク評価をすべきと判断されるかもしれません。

　また、業務プロセス監査は、国内と海外のそれぞれ主要子会社について計画し、同様に準拠性監査も計画します。

　事業部門XとZには、その他小規模の子会社がありますが、ここはそれぞれの事業部門別のリスク評価で取り立てて問題が上がらなかったため、重要性

と監査の経済性を考えて、経営管理の一環として行われているCSA質問書の回答結果をレビューするという間接的なモニタリングによって監査対応とすることが考えられます。

> **解決策 14** CSA（統制自己評価）を使った監査のバリューアップ
> (1) CSAをなぜ使った方がよいか
> (2) CSA導入を成功させるポイントを押さえる
>   ―CSAで失敗するパターンと成功するパターン

(1) CSAをなぜ使った方がよいか

① CSAを内部監査に使う際の良い面・悪い面

　CSA（統制自己評価）を内部監査の活動に関連付けて内部監査の効果や効率性を高めようとする企業が増えてきました。また内部監査部門が中心となって子会社・事業部等のCSAを管理するケースもありますが、これは正確には、経営管理の一環としてのCSAというよりは、質問書による書面監査ともいえますが、これも含めて一般にはCSAと呼ばれています。CSAの意味と利用状況は図表4-9のとおりです。

　CSAでは主に、質問書形式とワークショップ形式（ファシリテーション・ミーティング）の二つが用いられます。それぞれの主な作業手順は図表4-10に示しています。

　質問書形式CSAはリスク・内部統制・プロセスなどのテーマについて販売・購買・人事・財務といった機能別に、または、他のカテゴリーごとに質問書を作成し、これを対象となる部署、関係会社に提供して回答してもらい、その結果を内部監査・リスクマネジメント活動あるいは経営者のグループ内のリスク・統制状況の把握に役立たせるものです。内部監査に使う場合、海外子会社など、遠隔地にあるため監査の経済性から見て往査しにくい拠点を網羅的にカ

図表4-9　CSAの意味と利用状況

- ▶ CSA（Control Self-Assessment：統制自己評価）とは？
  - ▶ 内部統制の有効性を検証し評価するプロセスの１つ
    CSAは、内部統制の有効性を検証し、評価する一つのプロセスであり、その目的は、すべての経営目的が達成されるという合理的な保証を与えることである。-（IIA Professional Practices Pamphlet 98-2-A perspective on Control Self-Assessment, 1998年より）
  - ▶ CSAの働き：
    ①経営目標の達成に対する合理的な保証の付与
    ②内部監査への価値の付加
    ③業務担当部門の関与を高めることでの価値の付加

- ▶ CSAの利用状況…（社）日本内部監査協会「企業の自己評価活動に関する実施状況調査結果（2005年8月）」より抜粋
  - ▶ 「企業のリスク管理や、コーポレートガバナンスに関する関心が高まる中、ビジネスプロセスや内部統制状況を評価し改善する手段として、またビジネス目標や内部統制の考え方を組織内に浸透させるための有効な手段として、統制自己評価（CSA）活動が注目されている。」
  - ▶ 上記調査結果によると、アンケートに回答した338社のうち、175社（51.8％）が、何らかの形でCSAを導入済み。
  - ▶ CSAの導入率を企業規模別に分析すると、従業員が多い会社ほどCSAの導入率が高く、従業員5000人超の企業でのCSA導入率は72.1％となっている。

バーできるメリットがあります。

その反面、往査と切り離して実施すると回答結果の信頼性に問題を生ずることもあり、往査とのコンビネーション、各部署の責任者による理解などの運用面に工夫が必要です。また質問書の良し悪しにかかわらず質問書を通してあるべき統制につき、具体的・体系的メッセージを現場に与え管理意識を高めることをねらいとするものです。したがって、質問書の内容は各部署・関係会社にとって重要な統制を反映したものとなるように留意しなければなりません。

一方、ワークショップ形式のCSAは、ファシリテーションによって会議の参加者から統制・リスク・プロセスなどに関する問題提起・改善策などを導き出そうとするものです。部長クラスを集めた会議で事業部全体の内部統制上の共通問題を議論するような場面に適しており、ファシリテーションにより問題

■ 図表4-10　二つのCSAの作業手順の概要

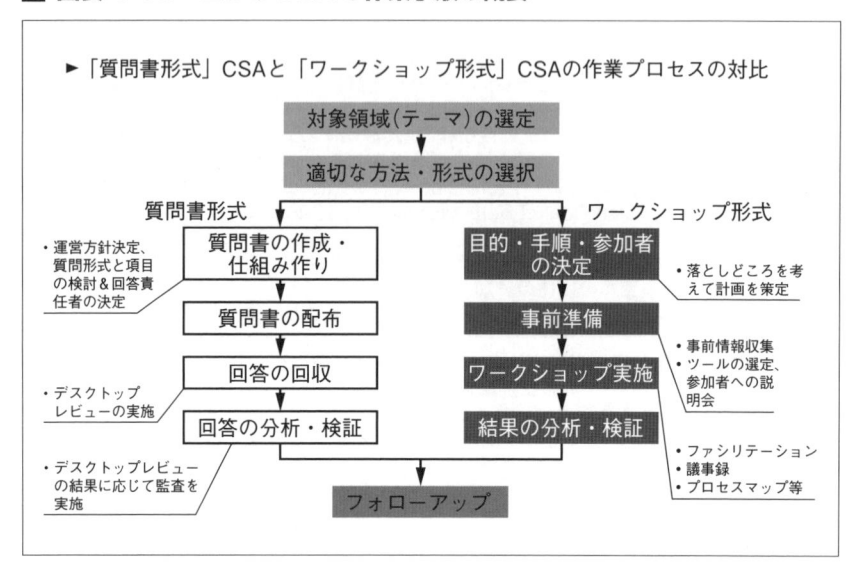

▶「質問書形式」CSAと「ワークショップ形式」CSAの作業プロセスの対比

```
                    対象領域(テーマ)の選定
                          ↓
                    適切な方法・形式の選択
          質問書形式      ↓      ワークショップ形式
```

質問書形式:
- 運営方針決定、質問形式と項目の検討＆回答責任者の決定 → 質問書の作成・仕組み作り
- 質問書の配布
- 回答の回収
  ・デスクトップレビューの実施
- 回答の分析・検証
  ・デスクトップレビューの結果に応じて監査を実施
- フォローアップ

ワークショップ形式:
- 目的・手順・参加者の決定
  ・落としどころを考えて計画を策定
- 事前準備
  ・事前情報収集
  ・ツールの選定、参加者への説明会
- ワークショップ実施
- 結果の分析・検証
  ・ファシリテーション
  ・議事録
  ・プロセスマップ等
- フォローアップ

点が次々と明らかになっていきます。ただし、個別の狭い範囲の業務プロセスなど、事情に通じた関係者の少ないテーマを取り上げるのは適していません。特に、現場での業務に追われる参加者をこのために何回かのCSAセッションに拘束しなければならないというコストがかかります。また、CSAの成功がファシリテーションを行うファシリテーターの技量に左右されたり、効果的な結果を生み出すために、あらかじめ参加者に統制やリスクに関する予備知識やフレームワークなどを研修によって与えるといった仕掛けも必要になるという面もあります。

　質問書形式が、統制やリスクに関するほかの部署・関係会社への水平展開に向いているのに対して、ワークショップ形式はその組織独自の問題について関係者を集めてコンサルティング的な解決方法を導き出すのに向いています。この二つの形式は、二者択一的に扱うのではなく、それぞれに適した局面で利用してメリットを発揮させることが望ましく、状況によってはそれらのコンビネーションで適用することを考えるとよいでしょう。

② CSAはどのように利用されているか

　CSAはもともとはリスク・マネジメントの手法ですが、今では内部監査や内部統制にも広く利用されています。CSAにもいろいろな使い方があります。実際にはどのような場面でどんな使い方がされているか、その事例をいくつか紹介します。

1）質問書形式CSA―内部監査における事例

　① 標準的質問書を利用して数多くの子会社・事業部の監査を統一的な方法で実施するとともに、拠点別の比較情報を得る。

　　利用目的
　　　…リスク情報入手を目的とする場合、改善提案まで回答を求める場合等

　　往査の有無
　　　…CSAの回答入手後に拠点の往査をする場合と全部は実施しない場合

　　質問書の構成
　　　…テーマ（生産、営業、研究所等）ごとにモジュール化した質問書から拠点ごとに該当モジュールを組み合わせた質問書を作る場合、規模別に標準質問書を作る場合等

　② 数多くの子会社・事業部に対して共通テーマによる部署横断的なテーマ監査を行いグループ全体を対象に報告する。
　　―質問内容によって、回答を求める職階ランクを変える場合（部長にリスクを、課長にコントロールを聞くなど）
　　―テーマに関する内部監査人の知識不足を補うメリットもある

　③ 各事業部門長に質問書を送り、各事業部にリストされた統制目標を評価してもらい、その結果に基づいて監査内容を決定する。

2）質問書形式CSA―リスク管理・内部統制における事例

　① 組織レベルのリスクを把握するために、標準的質問書への回答を求めるとともに、経営層の各役職者にインタビューして回答結果をフォローする。

　② コンプライアンスに関する質問書を作成し、各子会社・事業部のコンプライアンスの整備・運用状況を把握する。

質問書形式 CSA　内部統制の評価体制に利用する場合（図表 4-11）

ポイント
1. 内部監査等による二次評価により客観性と品質を確保する
2. 一次評価者への指導とインフラ整備による品質維持及び評価者の育成を考える
3. 自己評価の仕組みを利用して自立的な管理風土を醸成する
4. 自己評価は、二年目以降が効果的に実施できる

■ **図表 4-11　CSA 方式による内部統制の評価体制の例**

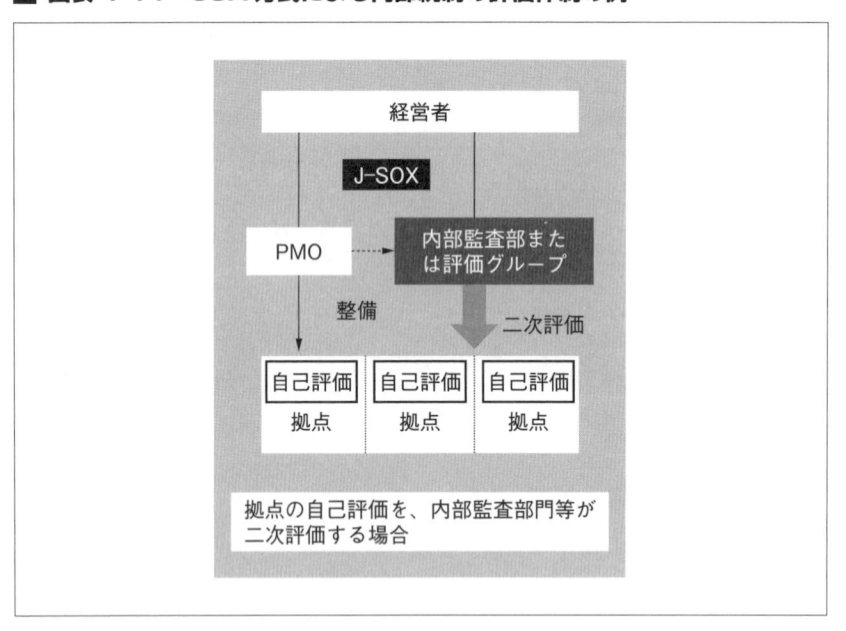

```
                    経営者
                      │
                   J-SOX
                      │
        ┌─────────────┤
      PMO ······→ 内部監査部また
        │          は評価グループ
       整備              │
        │            二次評価
        ↓              ↓
    ┌────────┬────────┬────────┐
    │自己評価│自己評価│自己評価│
    │ 拠点 │ 拠点 │ 拠点 │
    └────────┴────────┴────────┘

    拠点の自己評価を、内部監査部門等が
    二次評価する場合
```

③　J-SOX の全社統制について、各子会社に質問書の回答を求め、回答を内部監査が検証する。

④　各地域の子会社ごとに業務プロセス統制の自己評価を実施し、評価結果を各地域の内部監査が検証する。

第4章　内部監査のインフラを再構築する

⑤　各子会社ごとに統制の自己評価を行い、子会社を統括する事業部の評価チームが評価結果を検証する。

3）質問書CSAのメリットを生かした海外展開

　質問書形式CSAは、海外などに全社展開することを想定した場合には適した方法です。内部監査部門のリソースが限られている場合には、CSAを行うことにより、グループでの統制強化や統制状況把握を行うために有効です。

　ただし、質問書の内容は、海外の状況や風土・慣習の違いを反映したものでないといけません。日本用の質問書を海外に使うこともできますが、適宜、修正が必要となります。例えば、よくあるのが、日本での受取手形は海外ではそのような実務はあまり見られません。むしろ小切手の統制を丁寧に見る必要性がないか検討が必要です。また概して、統制が低い地域では職務分離の質問を十分に入れるのが得策です。あるいは従業員の離職率が高い子会社や国によってレイオフされた従業員が後で異議申し立てをできるオーストラリアなどではそのための退職時の統制などより注意が必要となるといった具合です。

　業務プロセスリスクは内部監査の主たる対象ですが、海外はそれが見えにく

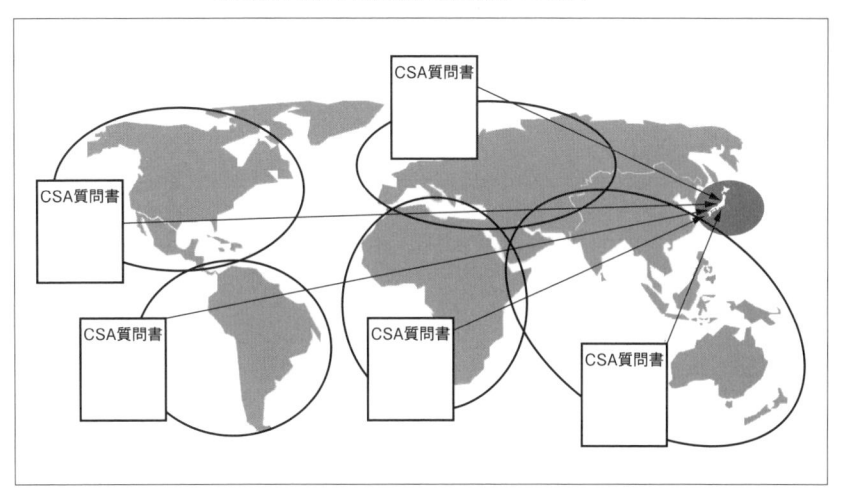

図表4-12　質問書形式CSA展開のイメージ
〜地域別に標準質問書を展開する場合〜

いのでCSA質問書によってそれを洗い出して監査の俎上に載せるという視点が必要です。

またやり方によっては、標準的な質問書を地域ごとにカスタマイズし、各地域の統括会社が推進する方法もあります。より現地子会社の状況を把握しやすい統括会社が地域の実情を反映し、より実効的な統制強化を図ることが可能となります。

なおCSAの海外監査への適用については海外監査に関する**解決策18**であらためて取り上げています。

4) ワークショップ形式CSA―内部監査・リスク管理・内部統制における事例

① 内部監査計画策定のために特定の項目について、ワークショップでリスク評価を実施し、その結果に基づいて内部監査計画を立案する。

② 部門横断的な、あるいは各部に共通のビジネスプロセスについて関係者を集めたワークショップを開催し、そのプロセスに特有の問題の解決を図る（例：各事業部で赤字受注になるジョブに共通の原因分析と対策、外注に伴う不正リスクの対応など）。

　―解決策の提出だけが目的でなく、共通の問題について関係者で議論する場を設けて認識を共有し、かつ各部に持ち帰ってフィードバックすることにも意味がある。

③ 企業の統制環境や全社的リスク評価のために、経営者層のメンバーに対してワークショップを開催する。更に経営者層、管理者層において、リスク対応の戦略立案のワークショップを行う。

④ 経営レベルのワークショップ結果に基づいて管理者レベル、担当者レベルでの関連するワークショップないし分析活動を行う（下方組織の活動につなげてカスケード（連鎖）させる）。

⑤ 内部監査において、CSA質問書によって洗い出された問題点について重要な拠点ごとないし重要なテーマごとに、ワークショップによって重要な問題の認識を深め対応策を検討する。

⑥ 各事業部ごとに、重要なリスクについてPDCAが回っていることをリ

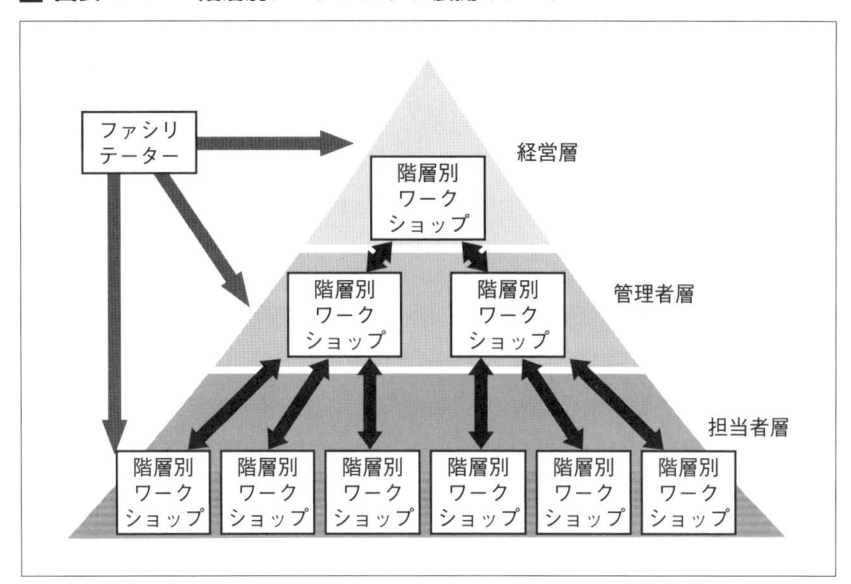

図表4-13　階層別ワークショップ展開イメージ

[ピラミッド図：経営層／管理者層／担当者層の各階層に「階層別ワークショップ」が配置され、ファシリテーターが各階層のワークショップを支援するイメージ]

ークショップによって確かめる。

5) ワークショップ形式CSAの展開イメージ（図表4-13参照）

　階層別にワークショップを行うことで、組織全体での自主的なコントロールへの意識醸成が促されます。

　経営層でのワークショップをリスク評価のテーマで1回行い、次にリスク対応の検討のためにもう1回行うこととし、それぞれの結果を受けて、これに連鎖させて管理者層及び担当者層に落とし込んだより詳細な実務上の検討をファシリテーション方法によるワークショップとして実施を検討します。

③ なぜCSAを使った方がよいか

　それでは、内部監査部門はなぜCSAの利用を検討した方がよいのでしょうか。多くの大手企業が利用するのは、CSAにいろいろなメリットがあるからです。以下にそのメリットをまとめておきました。うまく使えば内部監査のバリューと効率性の向上につながるはずです。

〈CSAのメリット〉

CSA一般に共通して：

1) CSAは、効果的な内部統制やリスク・マネジメントに関して各レベルの従業員が理解を深め、責任を自覚し、組織全体の統制意識を向上させるのに役立つ。

2) CSAには教育的な要素が含まれ、参加者に統制に関する分析の仕方、報告の仕方を指導する（質問書におけるレビューアーと回答者とのやり取りによる回答者の啓蒙・管理意識の醸成、ワークショップにおけるファシリテーターによる実務に関連付けた統制の参加者への説明など）。

3) 担当者が当事者意識をもつことにより、是正活動がより現実的で効果的なものとして設定される（伝統的内部監査では、現実と乖離した改善提案が提示されることがある）。

　　現実に即した問題の解決に資するだけではなく、共通の問題をみんなで議論する場を設けて共通の認識を図り、各部に問題意識を浸透してもらうのに役立つ。

4) CSAは、重要な問題について広範囲のカバリッジで扱うことを可能とし、重要なリスクやコントロールに容易に注力することができる。

5) CSAは、特にワークショップを通じて、企業内の各レベル・各地域・各部門間のコミュニケーションの促進に貢献することができる。

内部監査について：

6) 内部監査人にとって、CSAは目指すべき内部統制の規範を提供し、内部監査の指針ともなる。内部監査人のスキルの補強にもなる。

7) 遠隔地の拠点について、内部監査におけるターゲットであるプロセスリスクを把握する強力なツールとなる。特に海外監査では情報収集・コミュニケーションのツールとしての価値が期待できる。

8) CSA方式を組み込んだ内部監査によって、内部監査の拠点のカバリッジを上げながら、コストパフォーマンスが上がる。

9) ワークショップCSAは内部監査がコンサル的バリューを発揮するべ

ースとなる。また会議形式なので経営層・管理層も対象にしやすい。

(2) CSA を成功させるポイントを押さえる

では次に、CSA の導入と実施を成功させるポイントを考えましょう。

CSA を成功させる秘訣は、その実施に際して①正しいプロセスを使って、②正しい人から、③問題に関する正しい情報を得る、ということです。

要点を上げれば次のようになります。

〈CSA を成功させるポイント〉
1. 必要な知識・技能の理解ないし専門家の関与
   （監査作業における CSA の位置付け、内部統制の知識、レポーティング、分析手法、ファシリテーション）
2. マネジメントからの支持の取り付け
3. 正しい目的の設定
   目的の例：・内部統制の評価
   　　　　　・実効性のあるプロセス改善点の特定
   　　　　　・ビジネスプロセスの理解
   　　　　　・ビジネスリスクの特定、評価等
4. 必要な知識を持つ人たちの参画
   ・管理者、プロセス責任者、実施担当者
5. 正しいセルフ・アセスメント・プロセスの構築
   ・正しい「質問」を、正しい「順番」で、正しい「相手」に回答を求める
   ・デスクレビューとその後の現地往査の計画
6. 正しい技術の活用
7. 報告及びフォローアップまでの整合性を用途別に確保
   ・監査ツールとしての利用に重点を置く場合

⇒ CSA結果の検証手続、資料入手の必要性の検討
・マネジメント報告に重点を置く場合
　　⇒ マネジメントに有用な報告様式・内容の検討
・業務改善に重点を置く場合
　　⇒ CSA結果の実行に関する責任体制の確認

　この中で特に重要なのは、CSAの導入から実施、報告までの一貫性です。
　上記ポイントの7で、三つの場合について述べていますが、特に経営者への報告目的なのか、内部監査の手法として使うのかの区別が必要です。
　本来、CSAは経営管理のツールです。そうであれば証拠固めをするよりも、経営層に適切な情報を上げて、そのモニタリングに資するように設計することになります。例えば、図表4-14に例示したように、マネジメントの望むよう

■ **図表4-14　実施例：監査結果の取りまとめ
　　　　　　（要素別比較表）**

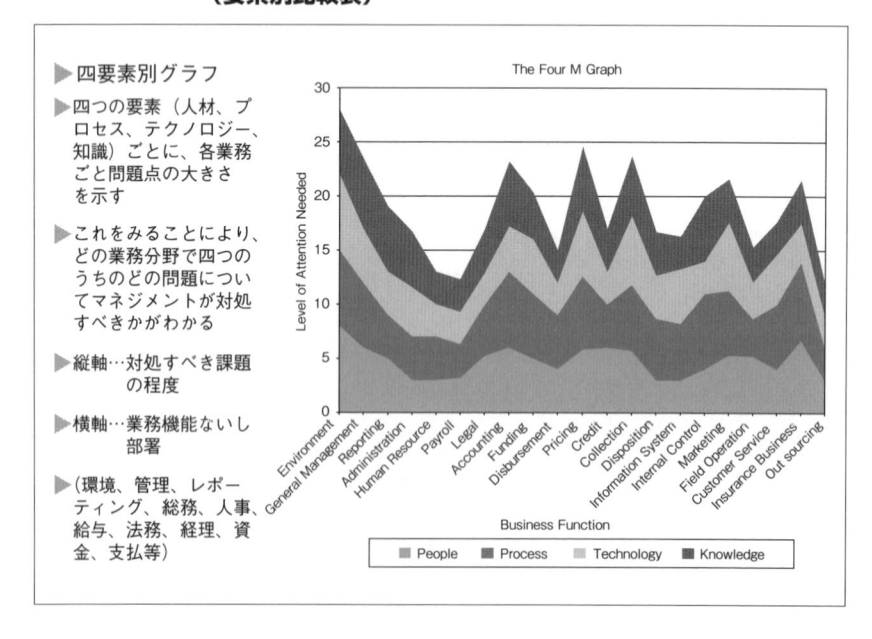

▶四要素別グラフ

▶四つの要素（人材、プロセス、テクノロジー、知識）ごとに、各業務ごと問題点の大きさを示す

▶これをみることにより、どの業務分野で四つのうちのどの問題についてマネジメントが対処すべきかがわかる

▶縦軸…対処すべき課題の程度

▶横軸…業務機能ないし部署

▶（環境、管理、レポーティング、総務、人事、給与、法務、経理、資金、支払等）

- 180 -

な形での情報の提示をあらかじめ考案してそれに合うように質問書を作ります。この場合は、各部署での問題を経営の考える四つのカテゴリーに分類して報告させ、各部署の横の比較ができるように配慮されています。

　一方、CSAを内部監査のツールとして使う場合には、通常、経営管理層にリスク情報だけを提供する以上に、この仕組みを通して、証拠の提供を求めるのが普通です。J-SOXの全社統制の評価に使っている場合には質問ごとに関連する規定や書類のコピーを要請することが多いと思いますが、これがその場合です。またそのように資料を入手しても構造的に自己評価なので信頼性を確保するには更に監査人がそれをテストすることも通常行います。

　そこでCSAの評価後に評価結果の信頼性・客観性を確保するためにどのようなサポート手続が必要かを検討することも特にアシュアランス監査では重要になります。

CASE 09 ｜ 海外CSAが動かなくなった理由

　以前、ある企業の監査部から海外子会社のCSAが動かないので何とかならないかと相談されたことがあります。聞いてみると、海外に送付したCSA質問書に海外子会社からの協力が十分得られず、返事が遅いとか、全く返事も来ないところもあり、何とかしてほしいということでした。

　A．質問構造を見ると、組織の責任者向けの質問と担当者向けの質問が混在しており、回答する方もおそらく誰に回答させるか戸惑ったのではないかと思われます。これは役職ランク別に分類し直してもらいました。

　B．CSAの目的として、経営管理用の現地情報の収集と内部監査目的の資料の収集が重なって、かなり重たい資料要求になっていました。

　これも、CSAの目的を整理して資料の提供要請は最低限に押さえました。

　C．回答を入手した後の集計表のイメージや経営層にどのような資料を見せるかという構想がまだありませんでした。これも、会社の意向に合わせながら、COSOなどを参考にある体系に基づいて回答結果を集計・表示できるように質問項目への回答の仕組み等をデザインしました。

　これで、ようやくCSAは動き始めて、回答結果も初期の目的に合うように提示できるようになりました。

また、ワークショップCSAは、監査というよりコンサルに向いた手法です。内部監査ではテーマ監査の導入に向いています。

ワークショップは、全体の会議を盛り上げる仕掛けがないとうまくいかないので、事前に参加者に資料の提供や研修などの仕込みが大変だとか、ファシリテーションに負うところが大きいとか、この結果だけだと客観性が薄いので監査にならないのでどうするかとか、いろいろと難しい面もあります。ここでは失敗のパターンと成功のパターンを示しておきます。これを参考に実務での進め方を考えてください。

ワークショップ方式CSA―失敗のパターンと成功のパターン

〈ワークショップ方式で陥りやすい問題点〉
1) 参加者は現場の第一線の働き手を集めるため、コスト負担が大きいわりに、成果が見えにくい、あるいは現場の協力が得られないことがある
   ・コストに見合う効果を上げられるかが課題
2) フレームワークの提供など議論のたたき台や話を整理する仕掛けがないと時間内にまとまらなかったり、成果が上がらないことがある
3) プロセスの細かいテーマは、わかる人が限られて議論になりにくい
   ・会議テーマと参加者がミスマッチのケース
4) アイデアはあるが、組織の壁に阻まれて本当のことが言いにくい雰囲気
   ・参加者の人選、事前の趣旨の説明などのアレンジの問題
5) 改善の方向性やリスクのイメージは得られても、アシュアランスに使うには証拠能力が不足しがちで、別途、証拠集めが必要となることがある
   ・例えば、企業全体のリスクが事細かに洗い出されても、どこまで信憑性、客観性があるか、ベースが弱いことがある

〈ワークショップ方式で成功しやすい場合〉
1. 参加者が対等に参加できる共通のテーマを扱う場合

- 企業全体のビジネスリスクの洗い出しなど
2. アイデアがある人が本音で話せる環境を作る
    - 匿名性を確保できる投票方式や投票ツールの利用。参加者に対等的参加を求め、状況によっては責任者は外してもらう。ファシリテーションを活用して各人のアイデアを引き出す
3. 議論を活発にし、意見をまとめる道具として、フレームワークを用意している
    - ビジネスリスクモデル、コントロールモデルなど
4. 対象となる組織に固有のコンサルティング的なテーマを扱う
    - 様々な立場のメンバー参加による共同作業のメリットを生かせる
5. CSAチームにファシリテーターなどの専属チームがいる
    - 会議の進行や落としどころに慣れた手際よさが必要
6. マネジメントのコミットメントがあり、実施の意義が浸透している
    - 正式な業務として認知することで参加意識、責任感を高める

解決策15 国内とは勝手が違う海外監査の手順を押さえる

(1) 海外監査を計画する際の前提条件を確認する
(2) 作業ステップ（1～6）を固める
(3) 海外内部監査計画の手順（プロトコール）を押さえる

　海外拠点の内部監査は、国内の監査とは勝手が違う難しさがあります。どういう面が大変かというと、大体、以下のようなところです。
- 言葉の壁があって監査がうまくできない
- 国内子会社と状況が違うのでどこにリスクがあるかがわからない
- 法制度やカルチャーが違うので、何を標準にしてよいかわからない
- 現地の社員やマネジメントと面識がなく、何を考えているかわからない

図表 4-15　内部監査世界調査
―海外業務に対する内部監査の課題

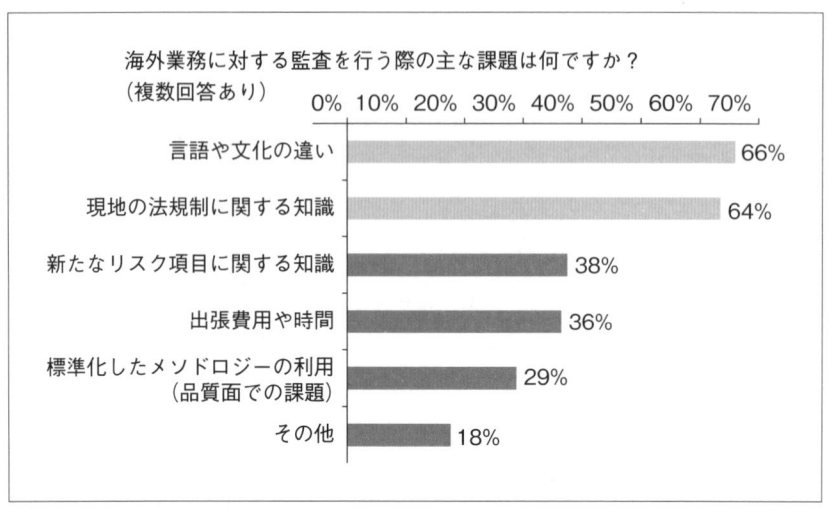

海外業務に対する監査を行う際の主な課題は何ですか？
（複数回答あり）

項目	割合
言語や文化の違い	66%
現地の法規制に関する知識	64%
新たなリスク項目に関する知識	38%
出張費用や時間	36%
標準化したメソドロジーの利用（品質面での課題）	29%
その他	18%

出典：アーンスト・アンド・ヤング、2008年内部監査グローバルサーベイより一部訳出（大手企業を中心に世界35カ国348社を対象に実施）

・短期の往査でどれほど意味のある結果（改善案）を出せるかわからない
・英文の報告書を現地と交渉してつめるのが大変

とりわけ海外子会社の内部監査に見られる課題としては、一般に、言語や文化の違い、現地固有の法規制や慣行あるいはリスクがわかりにくいなどが挙げられます（図表4-15参照）。また実際には、これらの事情の下で、せいぜい一週間程度の現地往査でいかに手際よく、当を得た発見事項や改善提案を挙げて、意味のある内部監査として成果を出せるかというのも大きな課題です。

（1）海外監査を計画する際の前提条件を確かめる

まず、個々の課題に入る前に、ここでは大局的に監査の流れを確認します。個々の海外監査でどのような作業をするかは、状況によって異なりますが、その作業に影響を与える主な要因の例としては、次の事項が考えられます。

第4章　内部監査のインフラを再構築する

① 年次監査計画の内容
　―特に年次の監査計画と個々の監査とをどのように関連付けるかというアプローチやその子会社を監査対象に選択した理由及びその基礎となったリスク認識
② 他の目的による内部監査類似業務及び他の部署による監査業務
　―主に同じ子会社を対象としたJ-SOX業務や経営管理の一環としてなされるアシュアランス等のリスク管理業務、子会社や地域別の内部監査グループによってなされる内部監査との棲み分けや互いの連携の方針
③ その海外監査に認められる予算とリソース―往査日数等

　一般的には、個々の海外監査の計画に際して、上記①や②からくる制約やあらかじめ用意された前提条件はあまりないことが多く、一方、③については現地の負担などを考慮して子会社の規模が多少大きくても、一週間程度の往査で何とか収めたいという意向が働くことが多いようです。

　その背景を考えると、①については、監査計画においてリスク・アプローチが十分できていないということかもしれませんし（IIAの国際基準2010は「…リスク・ベースの監査の計画を策定しなければならない」としている）、②では、内部監査部門と他の機能との連携や調整があまり意識されていないということかもしれません（IIA国際基準2050は内部監査部門長が内部監査部門以外のアシュアランス業務等との情報共有と活動の調整をすべきであるとしている）。また③については欧米の外国企業が日本子会社の内部監査の往査に2、3週間ないしそれ以上あてることも少なくないことと比べると、それだけ日本では内部監査がまだ成熟していないという面もありそうです。

　しかし、それはそれとして、ここでは、通常、日本企業が行っている内部監査の慣行や流儀という現実を踏まえて、そこから、より望ましい監査へのレベルアップを目指す場合に、標準となる海外監査の手順を課題としています。具体的には、上記の①や②で述べたような、内部監査業務全体に共通した考え方の整理や他の部署とのアレンジ及びそれを反映した年間計画が入念に策定されているのが一つの理想であって、その方向で標準化が進んだとすれば、それだ

け個々の監査ごとに検討し、計画しなければいけない作業は減ってきます。しかし多くの企業は多分そこまでできていないだろうという想定のもと、個々の監査の計画の中で、言ってみればテーラーメイドに（手作りで）判断して決めることを前提としているということです。

こうした前提で、図表4-16に一般に、経験上、望ましいと考えられる海外内部監査のスケジュールを作業区分別に示しています。

図表4-16　海外監査標準作業スケジュール

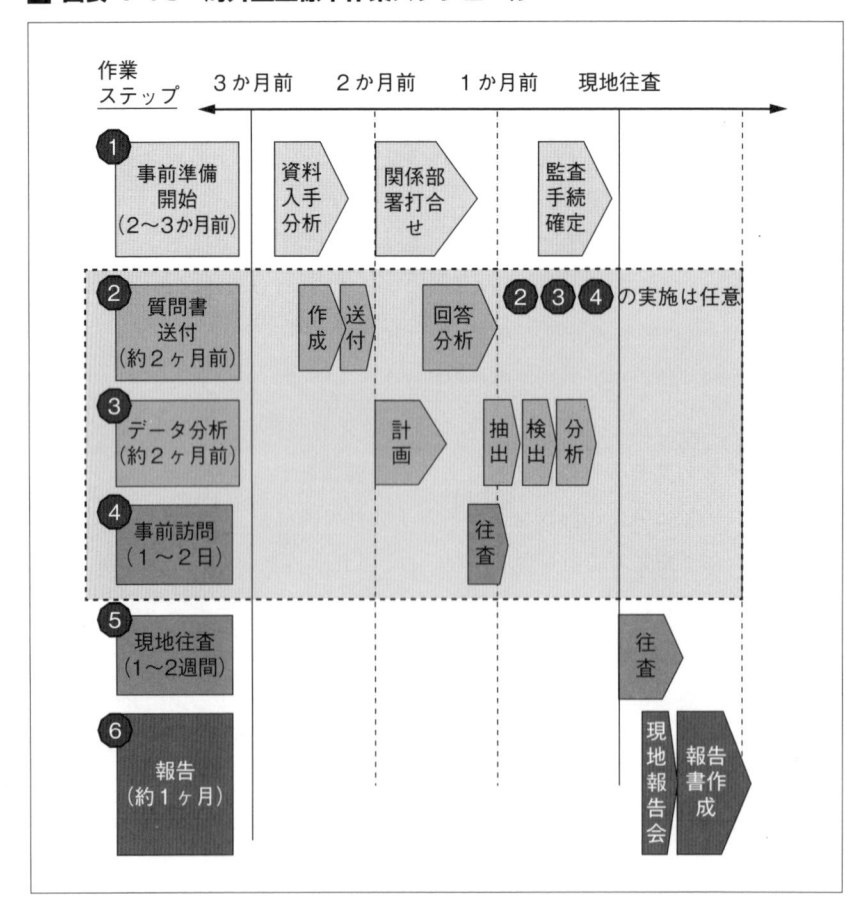

作業ステップ	3か月前	2か月前	1か月前	現地往査
① 事前準備開始（2〜3か月前）	資料入手分析	関係部署打合せ	監査手続確定	
② 質問書送付（約2ヶ月前）	作成　送付	回答分析	②③④の実施は任意	
③ データ分析（約2ヶ月前）		計画	抽出　検出　分析	
④ 事前訪問（1〜2日）			往査	
⑤ 現地往査（1〜2週間）				往査
⑥ 報告（約1ヶ月）				現地報告会　報告書作成

(2) 作業ステップ（1～6）を固める

では、図表4-16のスケジュールの内容を見ていきましょう。

ここで日程と作業ステップという形から入るのは、まず全体観をしっかり持つためです。個々の作業にこだわりすぎて全体のバランスを欠いたり、トータルで見ると不効率にならないため、各論に入っても常に作業全体とのバランスを意識するのがプロらしい仕事の進め方です。また作業の順番やステップ間の時間間隔も品質と経済性の両方に影響します。

図の左側に次の①から⑥までの作業ステップを目安となる活動を始める時期とともに示しています。

① 事前準備開始（現地往査の2～3か月前）
② 質問書送付（現地往査の約2か月前）
③ データ分析（現地往査の約2か月前）
④ 事前訪問（現地往査）（1～2日）
⑤ 現地往査（1～2週間）
⑥ 報告（約1か月）

これらの作業ステップのすべてを実施するのが一般にはお勧めです。しかし、状況によって、そこまで時間とコストをかけられないとか、実施できる人材がいないとか、現地など関係部署の了解がとりにくいなどの理由で、どれかを削るという選択肢も考えられます。

まずこの表の日程は、初めて監査をする海外子会社を想定しています。二回目からは効率化を図って省略したり、もっと短期でできることもありますが、実際にはメンバーが変わったり、何年後になるかもわからないので一概にはいえません。二回目以降の効率化・短縮化は個々に検討が必要になります。

①から⑥までのステップのうち、①事前準備、⑤現地往査及び⑥報告は、通常、必要なステップです。フルメニューでやる場合に比べて、②、③及び④はそれぞれオプション（任意）の作業になります。その場合の作業の必要性を判断するための参考として、②、③及び④の個々の内容について以下に説明して

おきます。

① **質問書送付**

　これは、必須ではないですが、ぜひやった方がよいステップです。この目的は主に、プロセスレベルのリスクを洗い出すことにあります。販売、購買、その他のプロセスのリスク情報を入手するのに質問書は有効なツールです。内部監査の重点によって、不正リスクに重点があれば、職務分離とか、各プロセスで不正対応に重要な統制の状況を丁寧に聞いたり、場合によっては米国FCPA（米国海外腐敗防止法）に沿った公務員等との不正支出を扱う質問を入れたり、そこはリスクを考えながら自由に調整できるのもメリットです。

　また、内部監査の主たる対象であるプロセス周りのリスク情報を補足する方法として適当な方法はあまりありません。質問書以外にプロセスを把握する別の適当な方法が使えるとか、そのあたりの対応に経験と知見のあるメンバーが監査チームに加わっているという場合でなければ、省略しない方がよいでしょう。

　とりわけ、現地情報の少ない初めての会社には、現地作業で注力すべき領域をあらかじめ洗い出し、現地での作業に目鼻を付けるために非常に重要です。

② **データ分析**

　これについては、データ分析を実施できる人材の育成とか、分析手法の導入などすぐに準備しにくい面もあるので、任意にしていますが、海外監査の付加価値向上を目指すのであれば検討をお勧めします。

　親会社において海外事業管理などの部署で子会社の財務及び非財務情報あるいはその分析結果又は業務プロセスに関するパフォーマンス・メジャーを使用した測定結果などが利用できる状態であれば、これらを活用することも考えられます。ただ、そうでない場合には、通常、現地会社からデータを入手して分析するのが基本になります。その場合、大体、以下の手順になります。

・事前にどういうプロセスについて何をチェックするかを計画する
・現地会社から関係するデータを抽出し、ダウンロードする
・データを使って特定の情報を検出し、異常点などの確認をする
・その結果を内部監査の目的にどのように関連付けて使うか、現地往査での

第 4 章　内部監査のインフラを再構築する

フォローの内容などを決めて往査における作業につなげる

データ分析を利用すれば、どのように内部監査に役立つかは、別の**解決策 19**で扱っていますので詳しくはそちらを参考にしてください。

③ **事前訪問**

これは正式な現地往査に先立って、半日か1日（長くても2日）程度、予備調査として主にインタビューのために現地に赴く事前訪問（プレ・ビジット）のことです。

この目的は本番の往査において行う監査のプログラムを作るための情報を直接に現地のメンバーへのインタビューによって入手して、適切で効率的な往査を実現させることです。

もし、外部のコンサルタントなどの支援を受けている場合には、日本から出かける代わりにその現地事務所から出向いてもらう可能性もあります。

1）インタビュー形式を生かすやり方

この事前訪問に先立って質問書への回答を入手している場合には、その回答からうかがえる疑問点や追加質問を事前訪問の際に現地マネジメントに確認することも一応考えられます。しかし、この事前訪問の最大のメリットは、面と向かって会話すること、いわゆるフェイス・トゥ・フェイスのコミュニケーションによって、質問書などによるあらかじめ準備された文字情報にはない幅広い情報を入手でき、それも対話形式なのでそのつど、疑問点を確認したり、深掘りしたりできることです。例えば会社全体の雰囲気やマネジメントと部下との関係あるいは内部監査に協力的かどうかなど感じ取ることができるでしょう。ですから、メールで行える、それもこちらが用意した質問書のフォローよりも、むしろ、フリーハンドに、先方のマネジメントの経営やプロセスあるいはリスクに関する考え方・感じ方を自然な形で聞いてくることが重要です。

2）インタビュー項目と内容の文書化及びそのメリット

話を聞くテーマは、子会社の組織、経営管理や内部統制全般の概要を一通り聞いたうえで、本題である特定のプロセス（販売、購買、人事、セキュリティ等）や課題が決まっているとしたら、その課題についてヒアリングをします。

プロセスであればプロセスの流れと問題点についてヒアリングします。これはJ-SOX業務で作成する業務手順書とほぼ同じですが、そこまで詳細に精密でなくても、内部監査の往査時のポイントを決める参考になればよいのです。むしろ潜在的リスクがあればやや詳しく、余裕があれば改善の可能性まで話し合います。この作業は、日本から現地に行って英語で聞くとなると、経験豊富な監査人がインタビューをして、もう一人が書記役としてメモをとって文書にまとめるという要領で行います。このような監査のポイントになるリスク要因、対象となる業務プロセスの概要や発見事項の候補となる項目をまとめた文書が事前に作ってあるのとないのとでは監査全体の出来栄えに相当大きく差が付きます。そのようなこちらがほしい情報に集中して入手した最新の情報を手際よくまとめた10ページほどのメモは、現地会社から送付されてきた数百ページの資料よりよほど監査計画の作成に役立つと感じられるかもしれません。

　こうして、うまく進めば、本番の往査の傾向と対策を的確に準備することができ、監査全体の見通しが良くなるとともに、安定した監査品質を導き出すことに成功します。ただしインタビューする人の経験・能力で相当、結果の品質レベルは違ってきますので、ここは要注意です。

　このインタビューの結果は文書にまとめて、関係者で共有し監査計画に資料として使います。その準備に余裕を与えるために時期は往査の1か月前くらいまでに終えるのが適当でしょう。あまり何か月も前に訪問するのは、往査までに状況が変わったり、聞いた話を忘れたり、その後の計画作業が散漫になりやすいのでお勧めしません。

3) 事前訪問しない場合は電話・テレビ会議で補う

　また渡航費用や時間あるいは現地の負担などを考えて、事前訪問をしない場合には、それを補うために電話会議か、できればテレビ会議などをするのがよいでしょう。

　一例を挙げると、ある商社の米国子会社のマネジメントとテレビ会議をしたことがあります。その社長さんは営業と経理担当のそれぞれの責任者を左右に同席させながらも、一言も発言させないで一人でわれわれ内部監査人側との協

議をすべて仕切られていました。そういう話の進め方やテレビモニターを通して伝わってくる部下に対する態度がいかにもワンマン経営者を思わせるものでしたが、実際に現地に出かけてみると専制的な経営の仕方に部下のほとんどが反発し、それが多くの経営管理上の問題にもつながっていることがわかりました。このときのテレビ会議は、会議の打合せ内容とは別に、そのような統制環境の一端を事前に垣間見る良い機会となっていました。

(3) 海外内部監査計画の手順（プロトコール）を押さえる

また計画作業として、やっておくべき標準仕様と思われるところを「図表4-17　海外内部監査計画のプロトコール」として作成しました。これを見て、現在、念頭にある作業予定と比べてみて、全体の作業イメージが合っているか、どこか抜けているところがないかを検討するための参考にしてください。

個々の監査はそれぞれに状況が異なりますから、このとおりでなければいけないというわけではありません。その違いに納得して説明がつけばよいわけです。しかし、個々のステップや方法にこれまで意識していなかった項目があればそれを取り入れるかどうか検討してみることをお勧めします。

図表4-16のスケジュールが時系列的な作業フローの表示に重点を置いているのに対して、図表4-17のプロトコールでは、監査計画作業の項目出しと関連する成果物のリスト化に配慮しています。そのためやや表現形式が異なっていますが、基本的には同じ監査計画作業を表現しています。

図表4-17の作業ステップのうち、14のナレッジ支援・リサーチチャネルの整備というのは、特に監査のテーマが法務・コンプライアンス、IT、人事、新規業務、技術開発、品質等の専門領域に深く関わる場合に、内部監査人が参照できる専門ナレッジや過去事例のデータベースの準備、あるいは社内でその専門的な問題について相談できる相談窓口を準備しておくことによって専門領域の監査の品質を確保することが適当と考えらえることがあります。その場合のデータ等のナレッジの支援と窓口の設定をいっています。

また、成果物として示した書類は、各ステップの終了までに完成が期待され

■ 図表4-17　海外内部監査計画のプロトコール

作業ステップ	成果物
A. 内部監査の基本スタンスの設定 1. ミッション　アシュアランスかコンサルティングか 2. 報告書　様式、報告先、利用目的、他の成果物 3. 主な監査領域、ガバナンスか、プロセスか、拠点	
B. アプローチの決定 1. 往査日定と監査スケジュール 2. 監査範囲　対象プロセス、拠点等 3. 重要課題に関するリスク認識・事前調査 4. サンプルテストの計画 5. CSA、データ分析等の手法・テクノロジーの利用 6. 適切な人材によるチーム編成 7. 監査の現地会社等へのアレンジと準備作業 8. 監査計画書の作成	 監査通知書（英文） 監査計画書
C. 監査計画の詳細化と準備作業 1. 準備から報告までの作業手順・成果物の決定 2. 監査の品質管理手続の決定 3. 往査時スケジュール案の策定と現地との調整 4. 監査チームメンバー別作業と予定時間の決定 5. 監査チーム・ミーティング 6. 関係部署へのヒアリングと打合せ 7. CSA質問書の作成、依頼、分析等（任意） 9. データ分析のアレンジと実施（任意） 10. 事前現地訪問又は電話会議等の実施（任意） 11. 監査手続書の策定 12. 書式等のツール作成と利用方法の決定 13. サンプリングの実施（往査前に実施する場合） 14. ナレッジ支援・リサーチチャネルの整備（任意）	 往査時タイムテーブル 作業別予定時間表 議事録（適当な場合） 議事録（適当な場合） CSA回答書 監査手続書 監査報告書書式 発見事項サマリー書式 サンプルテスト結果調書

るマイルストーンでもあります。例えば、B.アプローチの決定は、1から8までの一連の作業の結果は基本的にすべて監査計画書に盛り込まれます。ですから、個々のステップごとの成果物となる書類はここには書き出していません。監査計画書の完成がステップBの完了となります。

次のステップCも一連の作業結果は監査手続書に反映されます。優れた監査手続書を作るのがステップCの目的ともいえます。

Cステップの成果物の最後に、「監査報告書書式」、「発見事項サマリー書式」及び「サンプルテスト結果調書」が並んでいるのは、往査中に使うこれらの書式の様式をあらかじめ決めておくということです。すでに標準化されたものを使うのであればあらためて作成する必要はありません。

また、作業ステップCの「2.監査の品質管理手続の決定」についても、内部監査部門として定めた既存の規定で済ませれば追加作業はありません。必要となるのは、例えば監査報告書の様式をそのつど決定している場合で、改善提案事項や内部監査の結果を格付けしたレーティングで表現する場合にその各レート（A、B、C、Dといった格付けによる評定など）の意味する内容を定義づけする作業などがあります。

解決策16　海外監査の成果を上げる監査モデルの設定

(1) 成果を上げる監査モデルを設定する
(2) 現地子会社へのアレンジが成否を分ける
(3) 作業計画の策定―リスクベースの効率化・省力化

企業によって、海外監査の経験のレベルも様々だと思われますが、ここでは一般に、海外監査の失敗例なども交えて、成果を上げるための留意点を以下の切り口から解説いたします。

・成果を出せる監査モデルの設定
・現地子会社への事前アレンジ

・リスクベースの作業計画の策定

（1）成果を上げる監査モデルの設定

① 監査のミッションから監査報告書までの一貫性したアプローチ

　これは監査のミッション（使命）や目的の設定から監査手続の計画・実施、報告までの一貫性を問題としています。成果を出すというだけでなく、後で関係者と揉めないために注意を要するところです。ここでは、以下の点に留意します。

> ・子会社チェック機能型（アシュアランス）か、業務改善提案型（コンサル）か、両者のウエイト付けやそれぞれの目的にかなった監査プロセスと報告様式を明らかにしておく
> ・監査の目的と監査手続と報告内容が互いに整合しているか
> 　例）アシュアランスの場合、結論の根拠となる手続と母集団・サンプリングの計画及び報告書上の手続概要の記載
> 　例）コンサル型の場合、改善案の協議に十分な時間配分、保証（アシュアランス）と誤解されないような報告書の書きぶりに注意

　アシュアランスとコンサルティングの使い分けについては別の**解決策12**として解説していますが、海外内部監査についていうと、監査報告書又はそのドラフトを読んだ被監査会社のマネジメント等から異論が出されることもあるので、監査報告書において、監査の趣旨・目的と合わせて監査手続の概要を記載し、報告内容の前提となる監査作業がどのようなものか誤解がないように伝えることが望まれます。

　アシュアランスの場合には、例えば、「○○○事業部のXXXにかかる内部統制及びリスク管理は適切に整備され運用されていると認めます」といったような、確認した内容についての意見の表明（ステートメントという）を伴います。その意見表明を支えるためには、本来、十分な証拠を入手するために必要と考えられる監査手続はすべて実施するのが原則です。これは時間が足らなく

なったのであらかじめ決めた手続を減らすことはせずに終わらせないとレポートを出せないというのがアシュアランスの感覚です。しかし、状況によっては、ごく一部の領域に限定したサンプルテストやあるいは質問や部分的な資料閲覧だけといった、結論を支えるには軽すぎる手続だけに基づいてアシュアランス的な結論を導いていることも実務上はよく見られるところです。

　そのような場合には、その根拠となった手続の概要をレポート上で説明して、その監査によるアシュアランスの程度や精度がどの程度のものか積極的に示すことをお勧めします。そうすることでレポートの利用者に監査の結果について過度の信頼を与えて、誤解を招いたり、内部監査への信頼が不安定になるのを避けるためです。また、前提となる手続の範囲や量が異なれば結論も変わりうることを明記するのが適当と考える場合にはそのようにします。

　コンサルティング的な監査で改善提案を主体とするときも、その前提となる面談の相手や資料の閲覧は限られており、その前提が変われば見えてくる状況も違ってくる可能性があります。そこで、場合によっては、質問に対応していただいた被監査会社の担当者の部署・氏名を報告書の最後の方にリストとして挙げることも一つの望ましいやり方です。これによって、内部監査に対する協力に感謝の意を表すとともに、情報源となったインタビュー対象者の範囲を示すこととなり、内部監査人の結果に対する責任を限定することにもつながります。

1）合意された手続（agreed-upon procedures）による場合

　上記のようなことは外部委託する際も同じことがいえますが、依頼人の考える監査の目的と委託先が採用するアプローチがちぐはぐだと実施した後に問題となることがあります。以下はそのようなケースの例です。

CASE10 ｜ 外部委託に満足できない監査部長

　ある自動車メーカーのグループに属するH社は、海外監査の内部監査要員が不足していることもあって、海外子会社の内部監査を監査法人に外注していました。その監査法人のスタッフは事前に用意したチェックリストに従って現地で作業を進めます

> が、往査期間中はチェックリストに決められた項目を消化するのに忙しく、現地子会社における業務改善に役に立つような改善提案などはほとんど出てきません。
> 　この監査部長は、監査法人スタッフに現地の業務プロセスや内部統制の問題をよく見て、相談にも乗ってあげて、問題の指摘や改善提案を出してほしいのに、監査人は会社のビジネスや業務を見るよりも、持ってきたチェックリストをつぶすことにばかりに集中していることに不満のようでした。
> 　そうしてできた数十ページにわたる長文の監査報告書は社長も読もうとはされないようで、何のためにコストをかけた外部委託だったのか疑問が残ります。

　これは外注のアレンジがうまくできていない典型的なパターンです。大手監査法人ならそれなりの決まった監査方法があるはずなので任せればベストの監査ができるはずだと考えたのでしょう。あながち間違ってはいませんが、依頼人としての要望を明確に伝えて業務内容に合意するという点が手薄だったようです。

　この監査法人のやり方は、事前に取り決めたチェック項目を一つずつつぶしてその結果を簡潔に記載する方式をとっていたようです。その監査報告書の一節を見ると、子会社の○○業務の職務分離をチェックした結果として、「……の業務において職務分離の問題があった。」でそのチェック項目は終わっています。しかし、概して、海外子会社は、人員に余裕がないため、この職務分離がうまくできていないことが案外多く見受けられます。子会社の社長も人を追加で雇えないために、良くないとは思いながら仕方なく兼務させていることも多いでしょう。

　ですから上記の監査法人のコメントは想定内のことでもあり、それだけでは、あまり有り難みがないわけです。むしろ、これは子会社としては情状酌量の余地なくどうしても職務分離の問題はなくすべきことなのか、何をどうすれば職務分掌的にもOKといえるか、専門家としての現実的なアドバイスや丁寧な解説がほしいわけです。であれば、このような監査の方向性を軌道修正して、チェック機能重視の監査をもっとコンサルティング的な監査に軸足を変える必要

があります。

　もしかしたら、そのような専門的なアプローチがよくわからないからこそ監査法人に頼んでいるのだから、こちらからそれをオーダーするのは難しいといわれるかもしれません。そうだとすると、一番わかりやすいのは、どのような監査報告書を作業結果として出すかについて納得が行くまで委託先と協議を重ねるのがよいと考えられます。

　一般に、改善提案を主たる報告内容とする監査は、いわゆる Findings and Recommendations を報告目的とした監査で、これは実質的にはコンサルティング型監査と考えられます。上記の例に出てくる監査法人のやり方は、おそらく合意された手続（Agreed-upon procedures）か、それに近いやり方であると推測されます。これはあらかじめ実施手続を具体的に決めておいて、その結果だけを報告するか、もし特に問題が出てこなければその旨だけを報告するといった内容の一種の消極的アシュアランスになります。アドバイス的な要素は通常、そこに含まれません。

2）レーティング付きの改善提案型監査報告書の場合

　Findings and Recommendations タイプをとっているレポートでも、被監査会社の格付けを決定するなど気になる扱いが含まれていることもあります。それが次のケースです。

CASE11 ｜ レーティング付きの改善提案型監査レポート

　この会社の海外監査レポートでは、内部監査における発見事項とそれに対する改善提案がレポートの大部分のページを占めており、内容的には改善提案型の監査報告書のように見えます。ただ違うのは、改善提案の内容などをベースに監査対象となった子会社の各部署ごとに A、B、C などと格付けがされていて、内部統制的に重大な欠陥がある場合から良好な場合まで段階的に序列が付けられ評定されています。この判定結果は報告書の最初の方に簡単に書かれていますが、そのような格付けの趣旨や根拠あるいは判断基準の説明は特にありませんでした。

　これも国内監査・海外監査を通じてときおり見られる報告書のパターンです。

改善提案型のようですが、格付けがされており、会社によってはその結果が被監査部署の業績評価に直結していることもあり、受ける方はまさに判定結果を宣告されるわけです。意見表明という言い方はされていませんが、内部統制やリスク管理が有効であるとか、不備があるとか、あらかじめ定めたグレードによって評定する一種のアシュアランスです。

　ただ、その判断基準が不明だったり、評定の裏付けとなる証拠を十分に収集していなかったり、あるいは判断の根拠が報告書にきちんと書いていないこともよく見られることです。そのため監査の客観性につき議論が起こったり被監査部署との間で揉める原因となる可能性もあります。

　ちなみにIIAのプラクティス・ガイド「内部監査意見の形成と表明（Formulating and Expressing Internal Audit Opinions）」（2009年3月）でもこのようなグレーディングを積極的なアシュアランス意見の一つとして紹介し、こうしたレーティングないし格付けの例をいくつか示しています（同プラクティスガイド付録A参照）。例えば以下のような例が挙げられています。

・非常に高い—残存リスクが高く、受け入れられる許容水準を超えている
・高い—残存リスクが高く、受け入れられる許容水準を超えている
・中位—残存リスクが中位で、組織のリスク許容水準内である
・低いリスク—残存リスクが低く、組織のリスク許容水準内である

　積極的なアシュアランスですから、当然にそれぞれの場合の内容を明確に定めるとともに、評価結果をサポートする証拠を十分に入手し記録に残す必要があります。

　この場合、アシュアランスとして一貫させるならば、それに耐えられるだけの証拠の収集やその判断基準に関する品質管理のルールをきちんと設けるのが適当と考えられます。またレポートにおいても、その報告の性格付けを明確にしたうえで、どのような作業の結果、どのような基準で評定した結果であるかを、レーティングの各ランクの意味合いの説明とともに伝えるのが適当であろうと思います。もし、反対に、正式な格付けの要素をほとんどなくしてもよいのであれば、判定は正式な監査結果ではなく、監査の過程で得られた情報によ

る（正確性を保証しない）参考情報という扱いにして補足的に提供するということも考えられます。その場合にも、このような情報提供の趣旨を報告書に明記します。

いずれにせよ、保証とコンサルのどちらにどの程度軸足を置いた監査なのか、そのスタンスがわかりやすいのが良い監査報告書です。どっち付かずでお互いの良いところを消し合わないように配慮したいものです。

② **主たる報告言語の決定、日本語報告書の場合は現地語翻訳版の検討**

海外監査の監査報告書については、報告言語を日本語、英語、その他のいずれにするか検討が必要です。多くは、日本の企業なので本社で報告用に日本語が必要と言われますが、中には英語だけでよいという会社もあります。

通常、現地への改善提案を主たる目的とするのであれば、現地の担当者が読める、英語でないと効果が上がりません。子会社の社長や管理層が日本人であれば、日本語で書いた改善提案を後で現地語で担当者に説明してもらうことも可能でしょうが、伝言ゲームとなる弊害もあるので、改善すべき人に直接にわかる言葉（文章）で内部監査人自らが伝えるのが原則です。また、日本語を正のレポートとする場合でも、現地での改善提案の普及用に英語か（どうしても必要なときはその他現地語）で置いてくることを考える必要があります。

CASE12 | 監査報告書は日本語を正にするか、副にするか

以前、ある化学会社の監査室がシンガポールとその近隣の子会社数社をまとめて内部監査するのを支援したことがあります。作業終了後に監査室長に同行して現地各社を回って監査講評会を開いたのですが、日本で経営者に見せるものなので正式な報告書は日本語で、というのが室長の依頼でした。しかし、各社で、現地の監査人と会社側との改善案についての議論は英語でなされ、文章も英語ベースでどんどん修正されていきます。これを目の当たりした監査室長は、帰国するころには、「やっぱり正のレポートは英語でないとおかしい。英語でやっているんだから。」と言われるようになっていました。結局、日本語版も「和訳」と明記して「副」の位置付けで作ることになりました。

監査の目的と効率性からすると、正は英語で、日本報告用は日本語の要約版で済む場合も多いと思います。英語以外の外国語（中国語等）のレポートを正とするケースも見られますが、一部の関係者にしか理解できないことが多いのであまりお勧めしません。

③ 他部署との連携及び往査チーム編成の検討

ここで他部署とは、主に関連事業部・コンプライアンス部、現地監査部などを想定しており、これらの部署との連携をどうするか、及び、どのようなメンバーで現地往査に行くかというのが課題です。以下の点を検討します。

> ・現地で主にインタビューする相手が現地人か日本人か
>   …監査チームに現地人を加える必要性
> ・監査担当者の実務経験、語学・現地の慣行・文化・法制度に対するバリアの程度…外部委託のニーズの検討
> ・監査担当者の実地研修（OJT）としての効果…コソーシングのニーズ

海外子会社の監査に出かける際に、その事業に責任をもつ本社の事業部のメンバーや、あるいは監査のテーマにコンプライアンスが含まれる場合には本社のコンプライアンス部のメンバーが、内部監査部に同行し、共同で監査をすることもあります。現地往査までの同行はしない場合であっても、往査前の準備作業において現地の監査上の問題を探るうえで情報収集や問題意識の共有などをするのが適切です。

また現地か近隣地域に地域担当の内部監査人がいる場合には、共同で監査を行うのも当然、検討すべき選択肢でしょう。

特に、言葉や現地事情の問題などをめぐって、現地監査人を使うか、日本から監査人が出かけていくか、そのチーム編成をどうするかは、重要です。

一つの目安は、監査のテーマとして、経営監査に見られるように、日本の親会社で経営層が考えるような経営の思想や方法・文化、組織の在り方が現地でうまく根付いて運用されているか、ということに重点がある場合には、それを

実感しているおそらく監査部長クラスが直接に現地に出向いてマネジメントに面談するのが、一般に適切でしょう。他方、現地の法律、ビジネス慣行の中で法令違反など起こさず、かつ現地の商習慣にかなった事業運営と効率的な業務処理ができているかというオペレーショナルな面に重点を置くならば、その分野の知識経験が豊富な監査メンバーがチームに加わるかどうかで監査の出来栄えが全然違ってきます。

　そのような適任者が社内にいない場合は、経験豊富なコンサルタント等に外注することも検討すべきでしょう。ただし、その場合でも、担当するコンサルタントによって経験や能力に大きな差がありますから、慎重に見極める必要があります。また、海外監査のケースを積み重ねることで、内部監査部門内にナレッジの蓄積ができて、人材の育成にも役立つ方法が望ましいわけですから、そのようなコーチングもできるコンサルタントがいればなおよいでしょう。

④ **データ分析・CSAを活用した海外監査のバリューアップ**

　データ分析とCSAの活用は、海外監査のやり方を根本的に変革させ、付加価値の向上に大きく貢献する可能性を秘めています。

　これはこのあと**解決策18と19**で取り上げます。

⑤ **実施コスト、監査日数の制約**

　現地往査は1週間くらいが一般的です。日程や予算の関係で2、3日で済ますという会社もありますが、初めて行く子会社で、監査の成果を出すつもりならば最初は1週間くらいが推奨できます。当然、監査予定作業の量や対象会社の規模・複雑さにもよります。海外の場合には、会議のタイムテーブルや資料のアレンジなど相当効率的に事前のアレンジができていないと、往査期間内に一定の成果を上げるのが難しくなります。往査の日数を絞ることで、事前の準備の負担が増えすぎたり不効率になる面も合わせて考慮すべきでしょう。

(2) 現地子会社へのアレンジが成否を分ける

　特に、海外監査に初めて行った人からは、英語がハンディになったという話以外にも、現地の人との関係がぎくしゃくして監査が思うように進まなかった

とか、まともに監査にならなかったというケースも耳にします。海外なので、当然、言葉の問題だけでなく、現地の法制度や商慣習になじみがないことは一応、想定内でしょう。しかし、それだけでなく、監査の趣旨が事前にうまく伝わっていないため、受け入れ態勢が十分できてないことも背景にありそうです。意外とこのあたりのアレンジで、ベテランと未経験者との差が付いているかもしれません。これに関しては、以下の2点ができているかどうか確認してみてください。

1) 監査の趣旨（目的・作業・結果の用途）を具体的に記載した英文の監査通知書を発行し、関係者の理解と協力を引き出すことに成功しているか
2) 特にアドバイザリー型の場合、警戒心を解いて胸襟を開いて議論してもらえる環境作りが整っているか

上記1）の内部監査のアレンジについては、日本語ベースで現地社長や管理責任者との間で電話やメールで簡単に済ませることもできるでしょうが、内部監査を受けるのは、それ以外の現地の社員が中心となるのが普通です。であれば、その方たちに伝わるように文章（おそらく英文）できちんと趣旨説明をしておくことをお勧めします。特に契約を重んずる欧米の文化では正式な書面で伝えることが重要でしょう。おそらく現地の人が知りたいのは、監査の結果が自分たちの身の上に人事上、どう影響するかです。親会社とはいえ異国の日本企業の中で内部監査をどういう価値観でとらえ、監査の結果を何にどう使うか、その仕組みが現地社員にはよく見えないとすれば、これは大きな問題として受け止められるでしょう。

改善提案を主な目的とした典型的な内部監査においては、業務や内部統制について問題がないか確認し、問題点があればそれを指摘し、改善を促します。その際、オープンに話し合いができる環境が整って初めて現実に即した改善のアドバイスもできるというものです。コンサルティングないしアドバイザリー的な付加価値を発揮するには、いかに本音ベースのコミュニケーションに持込

めるかが大事です。逆に、監査人的な「上から目線」では先方の心を閉ざし話し合いの妨げとなりがちです。そのため、そのような監査の目的や趣旨については、現地で監査を始めるときのキックオフ会議などの機会をとらえて、友好的な雰囲気の中できちんと説明しておくのが効果的です。

(3) 作業計画の策定─リスク・ベースの効率化・省力化

現地のアレンジと並行して監査の準備もすぐに始めます。ここでのテーマは監査のアプローチです。海外監査では往査期間が1、2週間に限られるのが普通です。そのため往査前に周到に準備できたかどうかで、海外監査全体の成否が決する面があります。事前にやることは一般に次のようなことです。

- 本社等、各拠点の往査の日程・インタビュー等の日時の調整
- 依頼資料のリスト化と依頼及び資料の収集と分析
- 必要な場合は、現地でのテスト用サンプリングのアレンジ
- 本社の関係事業部等からの情報収集
- 該当する場合、事前質問表やデータ分析の企画、資料作成、実施及び結果資料の分析、あるいは事前訪問や電話会議のアレンジと実施
- 材料となる資料の分析を踏まえて、往査時の手続、現場で使うまとめ資料や報告書のフォーム等の決定

この場合、ときおり見られるのが、現地子会社から取り寄せた資料など、限られた情報に時間をかけすぎて現地の学習を進めるあまり、監査の流れや結果をそれだけで決め込んでしまうことです。例えば次の事例です。

CASE 13 | 無意識にリスク・アプローチを踏み外すリスク

ある大手企業の内部監査スタッフは、初めての海外子会社往査を前にして、事前準備を始めました。現地より届いた何箱ものダンボール箱に詰められた資料の膨大さに圧倒されながらも、1、2か月もかけて何とか読破し、分析も一通り終わりました。

> ほとんどのリスク対応ができたはずでした。ところが、現地往査に臨んでみると、話がずいぶん違っており、事前に送られた書類には書いてないリスクがあちこちで問題となっている状況です。何をどこまで踏み込んだらよいか思案しながらも、それでも慣れない英語で話を聞いているうちに一週間の往査は時間切れとなり、消化不良のまま講評会もそこそこに帰路につくことに。帰りの飛行機の中で、あれだけ用意万端整えて準備したはずだったのに、あれは何だったのかと思ってしまうパターンです。

　これは、わかりやすいようにやや誇張して書いてますが、実際にそうそうたる企業の監査部の優秀なスタッフが「策士策に溺れる」の例えのように、ついこのモードに入ってしまうのを見かけます。
　はたから見ると当たり前のように思えても、自分一人では意外と気付いていないこともあります。ここでは次の３点に注意が必要です。
① 被監査部署から出された資料には、特に要求がなければ、出したくない資料は普通入ってないため、この情報だけではわからないこと
② 今現在、問題になっているリスクはまだ資料がないこと
　―リスクに対してコントロールが設定され、制度ができ、その処理結果として書類ができる。だから書類だけを見ても制度対応済みのリスクしか見えず、現地で火を噴いている新しいリスクはまだ制度もなく、当然、関連書類もほとんどない。
③ 資料を見ただけではわからないから往査に出かけるのに、せっかくの機会が十分生かされず、また多様な情報源の必要性も考慮されていないこと
　―これは、作業時間の使い方とどの情報を重視するかという点で、"リスクの高いところに監査リソースをあてる"というリスク・アプローチの基本を踏み外していることに気付いていない。

　要するに、全体を振り返ってみると、ウエイトの低い入手書類の理解・分析に時間をかけすぎてそれを監査の中心に据えた書類監査となってしまったこと、また、それだけ、本来、優先度の高い現地往査が生かされていないことが、リスク・アプローチのバランスを欠いた結果を招いたということです。

第 4 章　内部監査のインフラを再構築する

　　それでは、これはどのように改善したらよいでしょうか。対応としては以下の視点からの検討が考えられます。
① アプローチ―海外監査の一連の作業の流れをモデル化して、それぞれの時間と進捗管理をすること。効率の悪い作業に執着して（上記の例がまるで書面監査になったように）全体のバランスを見失わないため
② 人材―未経験者だけの往査は避けて、往査時のインタビューにはなるべく経験のある監査人をあてること。深みのある監査ができるだけでなく、現地で初めて接する生情報にも柔軟に対応して監査の重点やアプローチを調整する判断力が期待されるため
③ 情報―事前情報の収集は、現地に任せずに監査チームから資料を特定すること、またその前提となる監査アプローチやリスク評価の考えを監査チームとして持っておくこと。事前質問書、データ分析、関係部署からの情報や管理データの入手など、情報源や収集方法を多元化させて偏りのない総合的な判断が導かれるように工夫すること

　上記の教訓も踏まえて、個々の海外監査のアプローチを大局的にとらえると、その決定に際して、以下の留意点が挙げられます。

・リスク・ベースによる監査の効率化・省力化
・書類ベースからリスク・ベースへの切換え
・年度計画と個別監査計画の全体のグランドデザイン
・往査によるリソース対応の限界をデータ分析・CSA 等で補う
・SOX 業務等の結果の活用

　この中でも、監査におけるリスクの扱い方、特にリスク評価への対応については次にもう少し詳しく見てみましょう。

解決策 17 海外拠点に固有のリスク対応

(1) 定性的、定量的、プロセス的の3次元で洗い出すリスク認識
(2) 海外固有のガバナンスとプロセスリスクへの対応
(3) 海外固有のその他のビジネスリスクへの対応―法務・不正・契約、他

　海外拠点の内部監査の計画にあたっては、子会社の売上や資産規模などの重要性だけでなく、その子会社ないし拠点固有のリスク対応を考える必要があります。その際、一般に海外内部監査において留意すべきリスク要因としては、コンプライアンス関連を中心に見ると図表4-18のような項目が挙げられます。

(1) 定性的、定量的、プロセス的視点からのリスク認識

　内部監査のためのリスク評価は、定性的、定量的それにプロセスリスクとい

図表4-18　海外内部監査で留意すべきリスク

海外固有のリスク要因―コンプライアンス中心

▶ 不正・腐敗リスク
　▶ 職務分離の不備⇒不正の原因になる可能性
　▶ 特に、非英語圏では言語の壁、風土の違いが潜在的リスク要因となることも
　▶ 現地プロパー社員と日本人駐在員との不和・不信感⇒モラルに影響
　▶ 米国海外腐敗行為防止法（FCPA）⇒日本企業も含めて数億ドル以上の罰金事例
　▶ 英国贈収賄禁止法、2011年7月1日施行

▶ 国ごとの労働法等の違いと改廃の動きに気付かないリスク
　▶ 例：法令違反（残業時間、有給休暇）、退職金制度、雇用形態
　▶ 関税等― 申告要求の厳格化に未対応のため不測の課徴金等（タイなど）

▶ 契約リスク― サプライチェーンの違い、契約慣行の違い

▶ 海外拠点に見られる手薄な法務対応
　▶ 顧問弁護士、法務担当の守備範囲、本社法務部の知らない法対応

う三つの視点から総合的に潜在的リスク領域を洗い出すことが適当です。
　これは概ね次のような意味で使っています（図表4-19参照）。
定性分析
　―企業のガバナンス及びビジネスモデルの分析
　―企業の戦略・業務・コンプライアンス・財務に関するビジネスリスク分析
定量分析
　―金額・数値・係数による財務分析及び非財務分析
　―データ分析
プロセス分析
　―業務プロセス（販売から入金、購買から支払、決算、研究開発、他）分析
　日本の親会社は、海外子会社について、売上高、利益、債権や在庫金額ある

図表4-19　3つの角度からのリスク領域の洗い出し
　　　　　―定性的・定量的・プロセス的

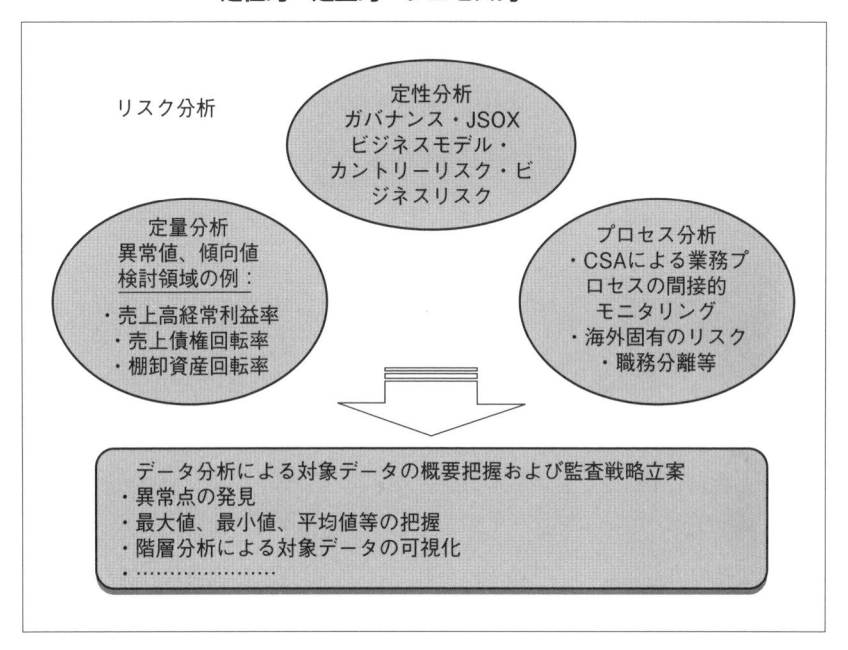

リスク分析

定性分析
ガバナンス・JSOX
ビジネスモデル・
カントリーリスク・ビ
ジネスリスク

定量分析
異常値、傾向値
検討領域の例：
・売上高経常利益率
・売上債権回転率
・棚卸資産回転率

プロセス分析
・CSAによる業務プ
　ロセスの間接的
　モニタリング
・海外固有のリスク
・職務分離等

データ分析による対象データの概要把握および監査戦略立案
・異常点の発見
・最大値、最小値、平均値等の把握
・階層分析による対象データの可視化
・……………………

いはそれらから計算された財務比率といった定量的な情報については、情報を持っているのが一般的です。子会社の売上や資産規模だけでなく、これらの財務分析から重要性やリスク要因を洗い出すことがまず考えられます。また非財務領域でも、コンプライアンスや業務に関して各拠点の事業や業務の状況を表す指標がパフォーマンス・メジャーとして設定され、これを使ったモニタリング結果があれば参考になります。

しかし、定性的なリスク情報は、現地に赴任の経験のある社員でもなければ、意外ともっておらず、組織としては共有していないことが多いと思います。

(2) 海外固有のガバナンスとプロセスリスクへの対応

① ガバナンス上のリスク

親会社としては、現地子会社のガバナンスは極めて重要です。幸い、近年のJ-SOXの導入によって、ある程度までは全社統制のチェックリストへの回答などで海外子会社のガバナンス関係の情報も入手しやすくなりました。J-SOX適用対象外の子会社であっても、同様のチェックをかけることで相当の情報が得られるはずです。

ただし、次のことに留意が必要です。すなわちJ-SOXの場合には法対応ですので、グループ全体であるべき規範を設定して、そこから逸脱があれば原則的に修正を求めるという方針で作業が進むと考えられますが、J-SOX適用対象外の子会社の内部監査でJ-SOXの質問項目によって不備の候補といえるものが出てきたとしても、一概に、J-SOX適用会社と同様の基準で修正・改善を求めるとは限りません。むしろ内部監査の目的を踏まえたうえで、費用対効果も踏まえたリスクの実質判断になると思われます。

例えば、J-SOXのチェックリストに従うと、内部監査機能がないとか、通報制度を設定していない、あるいは正式なリスク・マネジメントの制度がない、という例外事項にあてはまることがあります。このとき、当該国での法的な要請や親会社の方針によって特に求められていない状況で、親会社の内部監査部門としては、これらの機能に不備があるとして改善事項としてその設定を求め

るかどうかです。

　一般に、初めて内部監査をする子会社については、ガバナンスを中心に監査領域を決定することも多いと思われます。しかし、純粋に J-SOX でいう全社統制の領域だけに限定した内部監査をすると、上記でいう実質判断をする材料が十分得られないことがあります。そこで、ガバナンスに重点を置く場合でも、主だった業務プロセスも監査対象に含めて、その状況と合わせて、ガバナンスレベルの不備がどの程度、リスクとしてオペレーションの中で顕現しているかという総合判断のもとに、ガバナンスレベルの改善提案の要否や改善が必要とされる程度を決定するのが内部監査としては望ましいでしょう。

② **プロセスリスク**

　業務プロセスも、J-SOX の対象になっている大規模な子会社であれば業務プロセスのテスティングを通して見ているはずですが、多くの子会社は対象外であることが多く、また対象になっていても、当然ながら財務関係に限定されています。一方、プロセスリスクは内部監査では重要な守備範囲です。これを往査に行く前にどれくらい体系的に把握して、潜在的に重要なプロセスリスクを洗い出せるかは内部監査の成否を決める重要な要素です。

（CSA によるプロセスリスクの洗い出し）

　そこで、最低ラインとしては、すでに触れた CSA 的なチェックリストを各子会社に配布して主な業務プロセスにつき回答を求め、そこから重要なプロセスリスクがないかあたりを付けることが効果的です。

　中には、既存の CSA 質問書の回答からはほとんど内部監査に役立つようなリスク情報が得られないという会社もあります。ですが、それは CSA を利用することに問題があるというよりも、そもそも CSA の質問項目の設計の問題とか、運用の仕方の方に問題がある場合も多く見られます。プロセスリスクを事前に分析する適当な方法が CSA 以外にないとすれば、一度、CSA の設計と運用が適切かどうか見直しをかけた方がよいかもしれません。

（慣習やプロセスの違いからくるリスク）

　個々の業務プロセス及びそこに内在するプロセスリスクは、原理的には日本

国内でも海外でも大きくは変わりません。ただし、いわゆるカントリーリスクも含めて、国情や取引慣行などを反映してプロセスの重点領域が違うとか、プロセスを動かす人の信頼感が違う、更には統制環境が違うといった状況が重なって、予期しない潜在リスクが広がっていないか、注意が必要です。そのような、日本とは勝手が違うため対応に注意を要する例をいくつか挙げてみましょう。

a) 郵便による入金（mail receipts）

例えば、日本では通常の取引の支払は銀行振込が普通ですが、米国などでは小切手の支払が一般的です。日本では売掛金の入金というと振込みを想定して内部統制が整備されており、小切手の入金はめったにないでしょう。しかし郵便による小切手の入金の多い米国などでは、外部からの郵便物を社内で誰が開封するか、開封したら何を文書に残すか、というところから、入金のコントロールが始まります。そのような取引慣行の違いに気付かずに、振込入金を中心に想定したコントロールだけを追いかけていると重要なポイントを見逃してしまうかもしれません。そういう取引形態や商慣行の違いに応じて、統制の重点や監査のポイントも当然に変わってきます。

b) 利害相反（conflict of interest）

また、フィリピンや中国といったアジア諸国では、会社の役員や従業員が会社の取引先に親族や身内が経営する会社を選び、いつの間にか会社に損を与える不当な価格で取引がなされていることがあります。その場合、まず購買に関して、業者の選定及び相見積もり入手の方針及び手続がきちんと定められ運用されているかを確認します。J-SOXの下で業務プロセスのチェックを受けていれば、カバーされているかもしれませんが、会計処理の対象となる購入手続に入る前の統制なのでJ-SOX業務では十分対応されてないことも考えられます（プロセスレベル）。

更に、これは会社と当事者である役員ないし従業員との間で利害が対立するいわゆる利益相反（conflict of interest）のある取引に該当します。そのため、コンプライアンス上、購買に関わる役員・従業員が、自ら会社にそのような取

引を事前に開示して承認を求めるような方針等を整備することが必要です。日本でも外資系の会社を中心に利益相反がないことを書いた宣誓書を役員にサインさせるところがありますが、国によっては購買責任者に適用することも必要となってきます（ガバナンスレベル）。

　上記のガバナンスのところで、ガバナンス領域だけの判断によらずにオペレーションを見たうえでの総合判断が望ましいと説明しましたが、これもその例となります。上記で触れたようなConflict of Interestの詳細な方針や手続は原理的には、ないよりあった方がよいとしても、多くの日本の企業はおそらくそこまでの詳細な規定はなくてもあまり困ることはないでしょう。しかし、購買担当による利益相反取引が普通に見かけるような国ではリスクの高さが日本とは比較になりません。そのような環境下にある子会社には、内部監査部門としては、そのリスクを踏まえて規定整備のための改善を提案するのが相当ということになります。これがリスクの実質判断が必要になるという一例です。

c) 採用時のバックグラウンド・チェック（background check）

　例えば、シンガポールなどで新規採用の手続において、バックグラウンドチェックについて何も触れてなければ、管理職や現預金や給与などを扱うセンシティブな職種の採用には採用予定者にバックグラウンドチェックをすることが内部監査による改善提案に含まれることがあります。日本ではあまりなじみがありませんが、単に前の勤務先に照会するだけでなく、場合によっては外部のエイジェントに依頼して人事調査をすることが一般に行われている国ではそれが採用時の内部統制として扱われます。欧米でも、特に不正予防の手段としてバックグラウンドチェックが推奨されることがあります。

d) 職務分離（segregation of duties）

　これは前にも触れましたが、特に海外拠点では、一般に、潜在的リスクが高いと予想されるいわば必須項目です。ここでは、その内容から実務上の対応まで、少し詳しく説明します。

1) 職務分離の意味

　一般に職務分離とは、承認手続、現物管理、記帳管理等の兼務させるべきで

ない業務担当の分離です。特に、入出金と会計の記帳、給与計算と支払、各データへのアクセス権限、会計記録の記帳と承認などの担当者の分離が重要です。

ただし、これについては職務の分離だけというよりは、以下のような流れで考えるのがわかりやすいと思います。

　―個々の業務における権限や限度額の設定
　―適任の人材を業務に担当させること
　―兼務できない業務を特定して担当を分離させること

ここには情報システムやデータへのアクセスが適切に制限されていることも含みます。

このように職務分離を徹底させることの意味で最も大きいのは不正防止でしょう。多くの不正事件は、職務分離の不備が背景にあって起こっていることも内部監査人としては常に頭の片隅に入れておくべきことです。職務分離の不備は、不正の兆候を示すレッドフラグ（危険信号）としてよく引き合いに出される現象でもあるのです。

2）職務分離をめぐる海外との肌感覚の違い

　以前、ある大手メーカーの海外監査の支援を長くやっていました。そのときは国内で監査手続の作成を支援して、実施は提携している現地の事務所に指示して実施させるリファーラル方式です。現地から監査報告書ドラフトが挙がってくると依頼元の監査部から内容につき質問がきます。そのとき最も説明が必要とされた課題の一つがこの職務分離の改善提案です。職務分離に厳しい海外の内部監査レポートを見て、管理を強化するあまり過度の負担にならないか、本当にそこまでの改善を求めるべきかというのが議論の的です。最近でこそ、J-SOX業務を通じて厳しくチェックされますが、従来、職務分離は、信頼関係を重んずる日本ではあまりうるさく言われてこなかった領域です。国内でモラルの高い日本人の職場環境だけに身を置いていると実感しにくいところでもあります。

　しかし、出張などを通して、現地の空気を吸ってみると、肌感覚でリスクが感じられるようになってきます。例えば、あるタイの製造会社では日本人駐在

員による管理層とローカルハイヤーからなる労働層とが融和できておらず、その間に大きな壁が感じられ、不正が起きていてもおかしくないと案じる日本人管理者がいます。また、別の台湾の日本企業では、従業員のターンオーバー（離職率）がかなり高く、いつ辞められるかわからないし、辞めるときも日本人には何の相談もないと打ち明けるマネジメントもいます。そういったネガティブな面を目の当たりにすると、肌感覚で職務分離のたづなを緩めることにリスクを感じることもあるわけです。とりわけ日本から内部監査に出かけることの多いアジア地域では、職務分離の不備が不正リスクに直結する可能性が高く、日本の感覚とは違うと考えた方がよいでしょう。そこに肌感覚がないとすれば、日本のやり方ではなく、まずは現地か、国際的なルール・慣行に従うというのが海外監査の常識と考えるのがよいでしょう。

3）海外監査における職務分離不備への対応

　ところで、内部監査の現場で、例えば、次のようなやり取りはないでしょうか。

　―内部監査人「固定資産の購入は、社長がすべて承認することを前提に検討してくだい」

　―子会社社長「会社にいないことも多いので、それでは5万ドル以上のものだけは直接に承認することにします」

　―内部監査人「ではそれでもよいでしょう」

　内部監査人がこのような一種の妥協ができるのは、リスク・エクスポージャーや統制の費用対効果をあらかじめ念頭に置いているからです。過去の会計記録等から承認すべき金額や件数がどれくらいあって、そのうちどれくらいを社長が承認するかという目算があって判断できることです。このことは、承認というコントロールは、文書の照合や金額の調整などと並んで、特定のリスクを直接に抑えるコントロールであることに関係しています。リスクを具体的にイメージしやすいこれらの統制に比べると、リスクに受け身的な職務分離は職務体制による予防的・間接的なコントロールです。そこでは、どれくらいのリスクが存在して、そのうちいくらがこの職務分離というコントロールによって防止されたかが記録に残らないという状況にあって、なかなか効果の見えにくい、

つまり費用対効果をまともに判断できないコントロールでもあります。

　例えば、内部監査の現場での報告会で職務分離をめぐってマネジメントと内部監査人との間に議論が起こることがあります。「入出金業務と会計業務とは、本来、人を分けて分離させた方がいいんでしょうが、うちの会社の規模ですと人もいないし、まだそこまでの必要はないですから」、と現地の社長から牽制が入ります。では仕方ないですね、と受け流してしまうのは、リスクの量がはっきりわからない状況においては内部監査人としてある意味、無責任です。

　そのように改善提案を却下したり内容を緩和できるのは、例えば、職務分離の不備に責任のある上位のスパーバイザーが緊密に業務をレビューしているとか、他の統制によってリスクが軽減されていることが説明できる場合です。

　すぐに改善できる状況にはないとしても、一般には、その潜在リスクを説明し対応の必要性を喚起する意味で、改善提案に含めることが適当でしょう。確かに、費用対効果の配慮は必要ですが、それは経営者のリスク判断に委ざるを得ないこと（つまり社長が自分でリスクを取ってあえて改善をしないこと）はあっても、監査人側から改善案を却下できる積極的根拠がなければ残すのが監査人の責任でもあります。

CASE 14 ｜ 外資系企業の内部監査における職務分離の扱い

　欧州に本拠地のある大手企業の日本子会社で従業員による不適切な購買が発見されました。日本側の大企業とのジョイントベンチャーなので両方の親企業からマネジメントが派遣され、経営にあたっていますが、全部で数十名の人員で経理関係は担当者と責任者が1名ずつで会計と支払の分離はされていません。銀行とのオンライン・バンキングによる支払も、担当者が支払明細を用意して、責任者が会計記録とチェックをしたら、もう一人支払承認をする責任者が必要になります。内部監査のために来日した親会社の内部監査責任者は、状況を見たうえで、ためらうこともなく、社長に会計支払の承認者になること、銀行勘定調整表のレビューをすること、それに経営層にある2名のマネジメントの費用支払の承認はお互いにレビューし、承認者となることを要請し、経営陣の了解をとりました。小規模の会社では経営者も営業や純粋な経営だけに安住せずに、日常の管理業務を担当するのも当然だという感じでした。

また、海外子会社でオンラインバンキングによる支払というと、社長が最終承認者になって最後まできちんと見ていますという説明を受けることがあります。しかし、そのような社長の話とは裏腹に、実際に操作しているのは社長のIDを任せられている担当者で、どんな支払でも一人でできているということもあります。そのため、監査では、本当のオンラインの操作者が誰で、そのIDを誰が持っているかまでの確認が必要となります。

4）解決のストーリーを考案するのが内部監査人の仕事

こうして、現地法人になるべく負荷をかけないで、かつ、潜在リスクも抑えられて内部統制的にも納得できるような、そういう改善の筋道、いわばストーリーを考えることが大事です。このストーリーを考案して、現地担当とよくすり合わせて提案し、うまくビジネスと管理が両立できるように導いていくというのが、経営に役立つ内部監査の実践でもあり、アドバイザー的な内部監査人のバリューの見せ方でもあるわけです。そのような事例も次に紹介しておきましょう。

CASE 15 ｜ 海外内部監査における職務分離不備への対応例

日本企業のアジア地区現地法人としてスタートして間もないＴ社は、まだ小規模のため、会計業務を大手会計事務にアウトソーシングしています。しかしアウトソースした業務の詳細は書いたものがありません。銀行勘定調整表も会社にはないし、同じ部署内で現金・小切手の取扱いと会計の記帳業務を兼務していることも問題です。ただ会計事務所による代行作業の内訳を確認したところ、銀行勘定調整等のチェック業務も会計事務所側の作業過程において一部、自発的に行われていることがわかりました。それを会社の統制と認定できれば、財務と会計の担当者を分離しなくても、外部者の目を通すことで社内の業務未分離のリスクが相当軽減されると判断されました。そこで改善提案には、担当を分離するか、あるいは、代替案として、現在、会計事務所がやっている作業を業務手続として明文化して会計事務所の了解を取る形で、委託契約上、互いの責任範囲を明確にすることを提案しました。特に人件費等のコスト負担を伴わない後者の代替案を現地の社長は喜んで採用してくれました。

(3) 海外固有のその他のビジネスリスクへの対応—法務・不正・契約、他

① ビジネスリスク

　上記のガバナンスにも広い意味では含まれますが、とりわけ、経営監査的なテーマをカバーする場合には、ビジネスモデルや経営戦略を理解したうえで、戦略リスクも含めて分析をします。海外拠点について経営監査を本格的に実施している例は少ないと思いますが、可能性としては、親会社と業種の異なる会社をM&Aで買収したり、既存のグループ会社とは異なる製品群、商流、顧客層が存在する子会社の場合、あるいは既知のビジネスであっても経営状況が悪化しているような場合に、ビジネスモデルや経営基盤に問題はないか、経営悪化の原因は何かという視点から経営監査をすることが考えられます。

　また企業としての本業になる販売や購買あるいは生産については、業種ごとにいろいろなリスクが考えられますが、本業だけに、そこはよく対応できていることも多いと思います。それ以外の領域で考えると、手薄になりがちなのが、法務とか人事とか、あるいは総務など間接部門で本社から人員を出すほど子会社の規模が大きくないので、専門の担当がいない領域です。

② 法務リスク

1) 顧問弁護士の守備範囲が十分か

　海外監査では顧問弁護士がいるかどうかを普通、確かめます。ただし、いるだけでなくその守備範囲が十分かも大事です。顧問弁護士の担当範囲が事業固有の特許や契約の相談、取締役会議事録等の作成など範囲か限られていて、労働法などが漏れている場合があります。また管理層が日本人でそこに気付かないことがあります。

2) 経営者の気付いていない現地特有の労働法違反はないか

　　—経営者の気付かない労働法違反の例

　　　・法定限度有給休暇残日数（例：15日）を超える未消化残高がある場合
　　　・法定限度（例：月次36時間〈中国〉や1日2時間〈チリ〉）を超える残業がある場合

―不法と断定できないが労働法との調整が図られていない例
- 退職金制度について、会社ルールでは自己都合と会社都合ともに支給されるが、法律の要求する退職金制度では解雇のみしか支給されない状況の中で法定の制度への移行の検討がされてもよい場合（チリ）
- 本採用前の試用期間中の従業員に、一定期間（約1か月）を過ぎて不採用を通知する場合には法的に退職金を払う義務が会社に生じており、本来は、社内規則に盛り込んで対応すべき場合（タイ）
- 正式な雇用ではなく、（社会保険・医療保険等が払われない）一時採用の契約者にのみ適用される契約（例：アナラリー契約）で長期間勤務する者がいると、労働規制当局による罰金が科される可能性がある場合
- 就業規則に定めた勤務年数に応じた有給休暇付与日数が、一定勤務年度超の従業員については労働基準法の限度を下回り、このまま行くと違法になる場合

上記の労働法違反は、明らかになれば当局によって罰金等を課されることがあります。罰金だけで済むという面もありますが、違法状態にあるにもかかわらず、場合によっては当局は把握している中で、そのことを現地経営陣が知らないことはそれ自体問題と考えられます。

3) 不正関連の法規

最近、外国公務員に対する贈収賄に対する規制が厳しくなっており、日本企業を含めて多額の罰金を科される事例が増加しています。
- 米国FCPA、米国連邦法で「外国公務員に対する商業目的での贈賄行為を違法とした法律」
- 英国贈収賄禁止法（The Bribery Act）、2011年7月1日施行

④ **契約リスク―日本とは違う契約リスクはないか**

例えばある通信系企業は海外でも日本と同じようなビジネスをしていますが、契約ひな形は日本では統一されているのに、米国等では条件によってかなりバリエーションがあります。そのため契約文言の取扱いに関する方針や手続が特に必要になります。また国によっては特別な条項を顧客の要求で入れるケース

が増えています。それに伴って、日本では必要とされなかった営業としての方針設定や営業現場での対応の周知徹底という課題も出てきます。

> **解決策18　CSA方式監査の海外展開**
>
> (1) 海外監査における事前質問書の利用
> (2) CSA方式監査の海外展開
> (3) 海外監査用CSAの導入を検討する

　海外子会社の内部監査の付加価値を上げる方法として、CSAないし事前質問書の利用及びデータ分析の活用という方法があります。

　これらの方法は、新しい手法やテクノロジーを活用して、内部監査の品質を向上させるとともに、使い方によってはコンサルティング的なバリューアップにも貢献する方法です。またリスクアプローチという面からは、監査の品質面だけではなく、監査の省力化・効率化にも役立つという、すぐれて現代的なニーズに応える方法でもあります。

　これらの手法の導入には、質問書等の開発やツールの導入といったインフラの整備とか、使いこなせる人材の育成という面も伴いますが、今後、内部監査を進化させる一つの方向として、ぜひ押さえておきたい領域といえます。

（1）海外監査における事前質問書の利用
　　―拠点数が多い場合のCSA的手法の導入の検討

　これはCSAというよりは正確には、往査前準備の一環として、現地に質問書を送付して回答を求めることです。一つの監査にかけられる労力とコストにもよりますが、監査でカバーすべき拠点数が多い（10拠点前後が目安）場合には、事前質問書の導入で現地からの情報収集の効率化・均質化を進めることができます。

　すぐにはできなくても、導入の長所短所、アプローチとしての適合性、誰が

やるか等の面から導入するかどうかを検討されるのがよいでしょう。ちなみに一般事業会社であれば連結売上数千億円以上の規模の会社に見られる方法です。

事前質問書の典型的な使い方は、監査の計画時に、現地状況の情報収集とリスク評価の手段として活用することです。内容は英文でプロセス関連のリスクをプロセスごとに体系的に洗い出せるような質問を用意します。

CSA 的な効果を上げる使い方は、最初の監査ではめんどうなようでも、質問を提示して回答を求める日本の事務局とこれに回答する現地との双方向のコミュニケーションにして、1、2回はやり取りすることです。

新たに買収して海外子会社となった企業には、買収後の業務統合（Post Merger Integration）の取組みがなされます。その場合、その活動から内部監査に参考となる情報が得られることもありますが、内部監査とは目的や視点が異なるため、現地のガバナンスや業務プロセスについては、親会社による内部監査によって初めて詳しい状況がわかることも多いようです。そのような未知の部分の多い子会社の内部監査に事前質問書は役立ちます。

CASE 16 ｜ 買収後初めての海外監査への事前質問書の利用

ある会社は、最近買収した海外子会社の初めての内部監査に英文の事前質問書を作成して現地に送り、回答を収集することにしました。質問書には、現地会社の更に子会社まで含んだガバナンスと、販売、購買等の主だった業務領域を対象に決めて、現地で一般的と考えられる内部統制のテーマに、業種やその企業の地域的な位置付けを踏まえた質問も若干加えて回答を求めました。回答欄には、Yes/No の回答だけでなく、要所要所に先方の業務や統制の現状に関する簡潔な説明を各担当に記入してもらったため、現地の統制のレベルや弱そうなところ及びそれに関する現地の考え方がよく理解できました。所々、回答に不備が見られたり、回答に対して追加質問がある項目には、エクセルの質問表にコメント欄を追加してそれを記して再依頼をかけました。

こうして、電話会議、資料依頼から事前質問書によるやり取りまでインタラクティブ（双方向的）なコミュニケーションが功を奏して、初対面での数日間の往合も、最初から、それまでの情報交換を踏まえたポイントを絞った議論に集中できました。改善提案も速やかに草案することができ、現地マネジメントも内容に納得して改善に前向きの姿勢を見せてくれました。

事前質問書の利用によって付加価値を上げるポイントをまとめると、
・単に、一方的に回答の記入を求めるのではなく、質問書を使った双方向のコミュニケーションによって、先方の足りないところを個別に指導・アドバイスできる機会を生かすこと、及び、
・プロセスごとにあるべき統制を示唆しながら自律的な改善を促すという、CSA本来の持ち味を生かすということにあります。

また、現地会社に質問書に回答してもらう負担を気にされる会社もありますが、これはやり方次第です。最低1週間、できれば2週間位の長い回答期間を設けて、先方の時間のあるときに、それも担当ごとに手分けして回答してもらえば、負担は少ないし、往査中に会議室に拘束する時間をその分増やすよりはよいという面もあります。

(2) CSA方式監査の海外展開

このように質問書は、うまく使えば、アドバイザリー的な付加価値を出すのに適したツールです。上記の会社では、質問書を監査計画のツールとしてこの子会社用に作って利用したわけですが、もっと本格的に海外子会社用の質問書をあらかじめテーマごとに体系化しておいて、それを海外拠点の特徴に合わせて使い分けるという方法もあります。更に、計画から往査作業、報告まで、CSA質問書を主体にしてコンサル的な内部監査を実現するようなやり方もあります。まさにCSA監査ともいえるような方式です。それが次に紹介するケースです。

> **CASE17 | CSA方式内部監査の海外展開**
>
> ある会社では、海外子会社に共通して適用できるCSA質問書を開発し、海外拠点監査に活用しています。質問書は業務プロセスや監査領域によって、モジュール化され、子会社のタイプ（生産会社、販売会社ないし研究所等）によって、該当するモジュール別質問群を集めて、会社の規模も考慮して、例えば数百人の会社なら3～400問程度の質問書を作ります。

第4章 内部監査のインフラを再構築する

　質問への回答は、3-4段階評価で自己評価をお願いし、統制状況などが不完全な箇所には、それに対する改善案をアクションプランとして回答してもらうというアレンジです。回答書は1、2回のデスクトップレビュー（書面確認）の結果を質問書を通して現地にフィードバックし、続く現地往査では、記入担当者ごとにレビュー・セッションを設けて、質問項目の残された問題を議論し、必要に応じて関連資料を見せてもらい、現地がドラフトした改善提案の妥当性を確認し、監査人が必要な手直しを加え完成させます。

　最終日の経営者への報告会では、改善提案の詳細はすでにCSAに網羅されているのでその全体状況をパワーポイントなどにまとめて報告します。これが報告書なので現地でほぼすべての工程を完了します。

　この方式で監査を回してみて、感動的ともいえるのは、最終日の講評会がスムーズに行くことです。それはそうです。改善提案といっても現地の社員が挙げたものがベースですから責任者からの反論は聞かれないし、それを総合した監査人のコメントもそれぞれの根拠が完成したCSA文書として詳細に裏付けられているものなのであまり議論の余地がありません。

　要するに、通常の監査では往査の最後の講評会の議論を踏まえて、持ち帰って報告書ドラフトとして完成させ、あらためて報告書の内容を確認し合うわけですが、上記のCSA監査ではCSAを通したやり取りで文書化と改善提案の検討作業の半分以上は往査に先行して行います。そのような時間軸の取り方によって、現地講評会ではほぼ完成に近い文書をCSAによるサポートとともに報告書ドラフトとして準備できるわけです（資料の一部として図表4-20参照）。

　更に、メリットを挙げると、非英語圏での使い勝手がよいということです。海外監査に日本から出かけるときでは、大体、英語のできそうな人を中心にチームを組みますが、それでも欧米など、英語がネイティブの国で面談を中心にやると、英語のハンディのため、所々、聞き逃したり、相手にしゃべり負けたり、ということが出てきます。一方、中南米などでは日本人と同じく、英語が流暢ではないため、事前に時間を使って英語を書いてもらった方が、先方も楽になり、現地での打合せがその文書を見ながら円滑に進むし、こちらも事前に読んでいるので、お互いに、いきなり面談するよりも余裕を持ってはるかにス

■ **図表4-20　CSA監査のとりまとめ表の例**

業務サイクル	A子会社 全体評価 高	中	低	改善提案の重要性 高	中	低	計	B子会社 全体評価 高	中	低	改善提案の重要性 高	中	低	計	C子会社 全体評価 高	中	低	改善提案の重要性 高	中	低
ガバナンス全般					2	1	3					1	1	2					2	1
コンプライアンス					1	1	2				1	3	1	5					2	1
販売から入金管理					1	2	3					2	2	4				2	1	2
購買から支払管理					1	3					1	1	2						1	
棚卸資産管理						2													2	
経理・財務管理					1	1						2								1
資金・投資管理				1	1	2						2		2						1
固定資産管理					1	1						1	1						2	1
人事・給与管理				1	2		3					2	1	3					1	1
経費管理												1	1							
IT管理												1	1							
計				3	10	7	20				2	13	12	27				2	11	8

　ムーズに作業が進むわけです。

　また、逆に上記CSA方式のデメリットも挙げておきましょう。

a）これは短所というよりコストというべきでしょうが、事前に質問書を作る労力とコストがかかること、作り方によってはうまくワークしないことがあることです。

b）改善提案まで現地に書いてもらいますから、それが現実的にできるような能力と意識の高い現地子会社を一応想定していること。そうでないと監査人の負担がその分増えます。

c）CSAによる現地との文章のやり取りをこなし、現地往査のセッションを

リードし、場合によっては改善提案を手直しできる力量が監査人側に期待されること。

d）CSA方式の特徴として、質問書に取り上げた課題を中心に作業が進むため、そこで予定していなかった新たな問題を現地で見落としたり、フォローの時間がなかったりする可能性をあらかじめ念頭に置く必要があること。

（3）海外監査用CSA導入時の留意点

① 書面監査を使った海外監査体制の構築

CSA（書面監査）の導入をベースにして海外監査体制の構築を進める会社もあります。その導入プロセスを例示したのが図表4-21です。各フェーズの主な作業と留意点は以下の通りです。

フェーズ1　質問書による拠点別リスク評価
- 作成した質問書の海外拠点への送付と回収によるリスク状況の把握。主に業務プロセスを対象とする
- 質問書への回答結果により拠点別リスク状況を示したリスク棚卸表を作成
- 上記作業内容と成果物はフェーズ2以降の作業との整合性をあらかじめ考慮して決定

フェーズ2
- フェーズ1のリスク評価結果から選定した拠点にパイロット監査（現地往査）を実施
- パイロット拠点につきデータ分析を試行してみる（任意）
- 現地往査を通して質問書への回答及びデータ分析のフォロー作業
- 上記パイロット拠点の監査経験を踏まえて海外拠点全体の監査体制を検討

フェーズ3
- フェーズ2までを参考に海外監査体制を構築
- 書面監査から経営層主導のCSAに移行する際（該当する場合）には監査部門の責任関係の変化に留意

図表 4-21　海外内部監査の整備・運用の取組み例

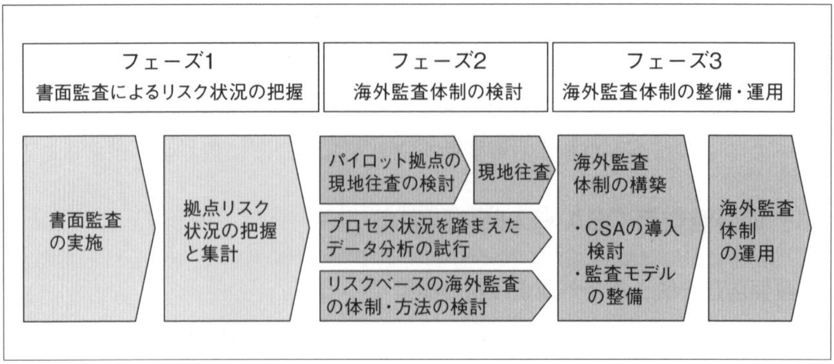

フェーズ1　書面監査によるリスク状況の把握
- 書面監査の実施
- 拠点リスク状況の把握と集計

フェーズ2　海外監査体制の検討
- パイロット拠点の現地往査の検討 → 現地往査
- プロセス状況を踏まえたデータ分析の試行
- リスクベースの海外監査の体制・方法の検討

フェーズ3　海外監査体制の整備・運用
- 海外監査体制の構築
  - CSAの導入検討
  - 監査モデルの整備
- 海外監査体制の運用

図表 4-22　海外拠点への書面監査・CSA 監査導入の課題

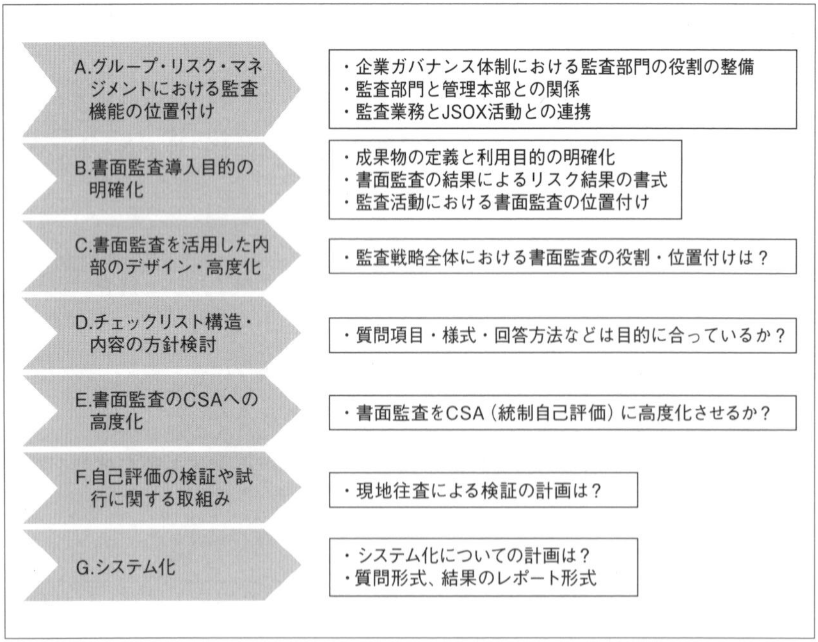

課題	内容
A. グループ・リスク・マネジメントにおける監査機能の位置付け	・企業ガバナンス体制における監査部門の役割の整備 ・監査部門と管理本部との関係 ・監査業務とJSOX活動との連携
B. 書面監査導入目的の明確化	・成果物の定義と利用目的の明確化 ・書面監査の結果によるリスク結果の書式 ・監査活動における書面監査の位置付け
C. 書面監査を活用した内部のデザイン・高度化	・監査戦略全体における書面監査の役割・位置付けは？
D. チェックリスト構造・内容の方針検討	・質問項目・様式・回答方法などは目的に合っているか？
E. 書面監査のCSAへの高度化	・書面監査をCSA（統制自己評価）に高度化させるか？
F. 自己評価の検証や試行に関する取組み	・現地往査による検証の計画は？
G. システム化	・システム化についての計画は？ ・質問形式、結果のレポート形式

② 海外拠点への CSA 監査導入時の留意点

上記①で CSA 導入時の検討課題は以下のようにまとめられます。

初めて海外監査体制を構築する際には、まず CSA を活用する監査機能と内部統制や他のリスク関連機能との関係や機能分担を整理し（A）、それを受けて書面監査の目的や監査における位置付けを明確にし（B、C）、そのミッションに合わせて質問書の構造や内容を作成します（D）。もし質問書を監査のツールから経営サイドの CSA に移管するとしたらそのための役割・質問内容の見直しが必要です（E）。また自己評価の信頼性を検証するために現地往査等の検証方法を検討します（F）。最後の全体の作業が落ち着いたらツール化を検討します（G）。

> **解決策 19** データ分析による内部監査のバリューアップ
>
> (1) データ分析を使った異常点等の特定の方法
> (2) データ分析で内部監査にインテリゼンスを与える
> (3) データ分析・CSA による海外監査の効率化

(1) データ分析を使った異常点等の特定の方法

データ分析は、ACL などのツールを利用して、データに表れた異常点、傾向値及び潜在的なリスク要因特定するための手法です。内部監査においては、業務プロセスごとに関連データの比較・突合などによって異常点などの洗い出す方法がよく見られます。これは内部統制上の準拠性をサポートするだけでなく、不正の兆候の発見や業務改善を支援する手法としても活用されます。

業務プロセスごとに例を挙げると、以下のような適用の仕方があります。

＜購買から支払プロセス＞
【内部統制の準拠性対応】
・二重支払いの可能性のある債務の識別

- 取引先別請求額ないし注文額を超過する支払総額の識別
- 取引先マスターファイルに載っていない取引先への支払の識別
- 取引先コードや取引先名等重要データが抜けている取引の表示
- 自動／マニュアルチェックによる支払タイプの把握
- 同一の起票者・承認者による注文書・支払額の識別や注文書の作成、承認、
- 物品の受領が同一の人物によってなされた取引の識別
- 通常の支払時期よりも前に支払われた取引の識別
- 取引先マスターファイルに含まれる従業員

【不正対応】
- 類似ないし同一の業者名・業者住所
- 1業者への同額の複数回の支払（50万の支払が10回行われている）
- 連名承認必要限度額を下回る額の1取引先への複数回の同一日の支払
- 正常パターンを外れた金額の識別（ベンフォード法則を利用した分析）

【プロセス改善対応】
- 運転資本の改善
- 取引先ごとの発注分析（支払総額、支払回数、注文書の最高・最低金額、種類ごとの返品、発注数より少ない入荷があった回数等）

＜在庫管理プロセス＞
【内部統制の準拠性対応】
- マスターファイルにはないが、取引ファイルには含まれている取引
- マスターファイルと取引ファイル内で、単価差異がある品目の識別
- 月ごとの在庫調整項目の内容把握（破損、陳腐化等）
- 単価がゼロとされている在庫品目と調整額の識別

【プロセス改善対応】
- マスターファイルに二重登録されている品目ナンバー
- 月ごとの在庫取引タイプの把握
- 不動在庫品目の把握

第 4 章　内部監査のインフラを再構築する

＜給与・従業員関連費用＞

【内部統制の準拠性対応】

・採用日に 18 歳以下の従業員

・従業員マスターファイルに載っていない従業員や退職従業員への支払

・過剰な時間数に対する支払や二重支払いがある従業員

・従業員の従業員番号、銀行口座番号、住所、電話番号の把握

・承認額を超えた経費支払が行われた従業員のリスト

・二重支払のサマリー

・キャンペーンごとに新規採用及び退職した従業員の区分・数

・月ごとの売上状況（数、金額等）

【プロセス改善対応】

・類似の住所をもつ従業員の識別

・退職事由コード（非倫理的な行動や不満等）

・複数の番号を持つ同一の従業員の識別

　また、このような分析を内部監査においてどのような局面で使うかというと、それは監査計画におけるリスクから実施・報告に至るまで様々な使い方ができます。例えば、以下のような利用が考えられます。

監査プロセス	実施するデータ分析の内容	実施によって期待される結果
監査計画	・購買から支払、発注から売上、決算、人事・給与など重要な主だったプロセスに異常点等の発見のためにあらかじめデザインした所定の分析を行う。 ・財務データと財務比率を利用して、拠点別比較、前期との比較、期中の変動などを分析する。 ・売掛金等の監査上、重要な残高の内訳を分析する。	・リスク評価作業の一環として、往査時に確認すべき異常点や不正の兆候その他の懸念事項があらかじめ抽出され、リスク領域の特定に役立つ。 ・拠点ごとのリスクの評定に役立つリスク情報を提供する。 ・テスト項目のサンプリングに参考となる情報を提供する。例えば重要な残高の構成の属性（少額で多数の項目から構成されるとか、数件の大規模顧客が大半を占めるなど）等。

往査	計画段階で認識された懸念事項を確認し、サポートする。必要に応じてよりテーマを深掘りしたり、範囲を広げた分析を行う。	懸案事項の処理と必要な改善提案の策定のベースとする 準拠性テストの一部として利用する
報告	・監査指摘事項及び改善提案事項との関連性を確認（そのサポートないし反証となる可能性） ・適当であれば改善提案等の根拠付けの一部として報告書においてデータ分析の結果を挙げる	・内部監査人の見解や改善提案の妥当性あるいは改善を要するリスク状況を説明し、裏付ける客観的で説得力のある情報を提供する。

なおデータ分析の利用やIT関連不正へのデータ分析についてはIPPFプラクティス・ガイドでも解説されています（IPPF-PG GTAG16 Data Analysis Technologies, August 2011, GTAG13 Fraud Prevention and Detection in an Automated World, December 2009 参照）。

(2) 内部監査におけるデータ分析の利用とメリット

データ分析は、内部監査にどのような効果をもたらすでしょうか。

① 監査にインテリジェンスを与える―客観性・説得力

最も象徴的なことは、経験と勘による内部監査人の所見や結論に数字やデータによる客観性と説得力を与えることです。特に海外監査では、日本人が言葉と文化の壁に阻まれて、ともすれば思うように内部監査の力を発揮できない中で、データはいとも簡単にそのようなハードル乗り超えて普遍的な説得力を発揮します。まさに内部監査にインテリゼンスを与えてくれるものです。

② 監査の品質向上

1) サンプリングと全件テスト

データに直接アクセスすることによってサンプリングが容易になります。またサンプリングではなく、全件テストも採用しやすくなります。これは監査計画の品質向上につながります。また往査先においても、限られた往査期間の中で、サンプルを抽出するとどうしても直近の数か月など限られた範囲でしか見

第4章　内部監査のインフラを再構築する

る時間がないことがあります。それを事前にデータを通してサンプルを抽出しておけば全期間にわたって適当なサンプルを抽出することができ監査の精度を高めることができます。

2) 監査のパワーアップ

またデータの突合せによる異常点の洗い出しなど、これまではできなかった新たな検出機能によって監査指摘事項の発掘に貢献します。

また、例えば給与データと人事データを突合せて、従業員以外のいわゆる幽霊社員への不当な給与の支払がないことの確認とか、退職後の従業員への給与支払がないとか、データ分析を使わないと効率的にできなかったテスト作業を比較的簡単にすることとができ、監査能力が高まります。

③ **効率性—時間的余裕、往査の縮小**

往査前にデータ分析を利用して効率的に計画することによって、往査期間の作業に余裕ができ、その分、コンサル的なテーマなどに時間をあてることがしやすくなります。また時間の削減が安定的にできるようになれば往査日数の縮小につながることも考えられます。将来的には、データ分析を監査の主体において、拠点往査自体を縮小・省略するという戦略が選択肢に入ってきます。

(3) データ分析・CSAによる海外監査の効率化

データ分析とCSAの活用は、特に海外監査においては、監査の有効性・効率性とともに、コンサルティング的な付加価値の向上にも役立ちます。

一つのパターンは、図表4-23に例示したように、リスク・アプローチの展開方法としてデータ分析やCSAを使うというやり方です。リスク・アプローチと言っても、範囲を拡大してより多くのリスク項目を見ようというのではなく、逆に、リスクの少ないところに、データ分析やCSAのような手法やテクノロジーを活用することによって、人手をかけるのを少しでも省力化して、監査作業全体をスリム化することに、そのねらいがあります。

欧米に比べると、内部監査の人員数に見劣りのする日本企業において、人をあまり増やすことなく、監査品質を維持・向上させていくという発想は、まさ

に日本の企業が今後、追求していく方向に合っているとも考えられます

① **海外監査におけるデータ分析とCSAの適用パターン**

図表4-23に例示した方法は、海外子会社をあらかじめ一定のリスク評価と重要性の判断によって、高中低の三段階にグループ分けして、それぞれの監査にあたって監査方法を変えて格差を付けるというアプローチです。ここでは次の方法を例示しています。

- リスクと重要性の高い子会社—現地往査によるフルスコープ監査。内部監査のベテランを中心に現地での各拠点の往査を中心に十分にリソースをかけた監査の方法。
- リスクと重要性が中の子会社—リスクと重要性が高くないので、プロセスごとに設計したデータ分析を日本からデータを収集して行い、異常点が出たプロセスについては、そこを集中的に往査に出かけて監査する方法。この方法が定着したら、異常点のない子会社は往査を省略することを予定。
- リスクと重要性が小さい子会社—全体のバランスと監査のリソース配分の

図表4-23 海外監査におけるデータ分析とCSAの活用の例

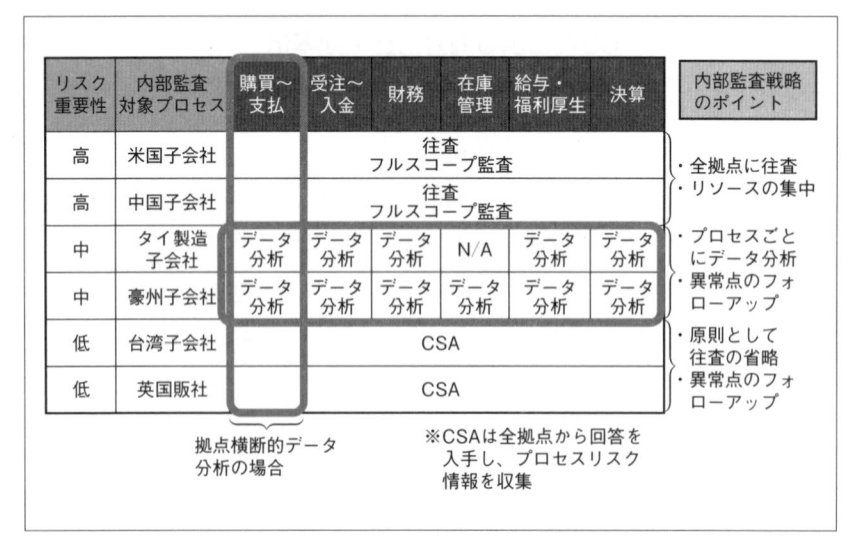

リスク重要性	内部監査対象プロセス	購買〜支払	受注〜入金	財務	在庫管理	給与・福利厚生	決算	内部監査戦略のポイント
高	米国子会社	往査 フルスコープ監査						・全拠点に往査 ・リソースの集中
高	中国子会社	往査 フルスコープ監査						
中	タイ製造子会社	データ分析	データ分析	データ分析	N/A	データ分析	データ分析	・プロセスごとにデータ分析 ・異常点のフォローアップ
中	豪州子会社	データ分析	データ分析	データ分析	データ分析	データ分析	データ分析	
低	台湾子会社	CSA						・原則として往査の省略 ・異常点のフォローアップ
低	英国販社	CSA						

拠点横断的データ分析の場合

※CSAは全拠点から回答を入手し、プロセスリスク情報を収集

観点から、往査に行かないことを前提とする。プロセスリスクに焦点を当てたCSAの結果情報の分析を通した間接的なモニタリングによる。ただし、CSA等の結果から必要性があれば往査やデータ分析をかける。

また、上記のほかに、データ分析に適用としては、図表4-23の例にあるように、購買〜支払プロセスだけを選んで、各拠点につき横断的にデータ分析を実施することも有用です。これはSAPなどが共通して入っている場合には現実的な方法と考えられます。

② この方法の特長
- リスク・アプローチによって、リスクの高い拠点や領域には、往査日数やサンプル数を増やすという量的な対応は一般的ですが、ここでは、監査の方法自体をリスクと重要性で三つにパターン化するという質的な対応に特長があります。
- これによって、限られた監査人のリソースを最大限、リスクの高い難しい監査に振り向けるとともに、リスクの中位、低位の拠点には、人材に代わるリソースとしてデータ分析とCSAという手法を活用することによって、一定の品質を維持しながら、監査の効率性と経済性を追求する方法です。
- データ分析で往査を代替させるところまでいきなり進まなくても、往査と合わせてデータ分析を使うことによって、往査作業の効率化、その分、往査中の時間をコンサル的な課題に振り向けられる、往査だけでは気付きにくい異常点など監査の視点が提供できるというメリットがあります。

そもそもデータ分析では、データに語らせるというところに、その強みがあります。これは、海外監査の場合、言葉や文化・習慣の壁を突破して、データが客観的に異常点を教えてくれるということです。海外往査に行くと、初日は責任者から概要を聞いて、工場見学をしたりして、次の日から業務ごとのヒアリングが始まるとしても、個々の案件や取引に話が及ぶのはその後でなかなかデータまでは行きつきません。そこを事前に先取りして客観的に分析して問題点を抽出できるとしたら監査の効率性が相当上がる可能性があるわけです。

③ データ分析やCSAの利用の状況

　それではこのような方法がどれくらい日本企業で行われているでしょうか。CSAの活用は大手企業ではある程度、一般的ですが、データ分析は、日本では大手企業も含めて、興味はあっても、まだ試したことはないという企業が多く、適用している会社は少数と見られます。

　海外に数十拠点を抱えるある大手メーカーの監査部長からは、データ分析の価値は否定しないにしても、日本からは見えにくい海外については、現地往査で直接見てくるというのが確実な方法で、まずこれをきちんとできるようになってから、その次にデータ分析のような高度なやり方が考えられるのではないか、という感想も聞かれます。やり方も使い勝手も実感の薄いデータ分析にはまだ距離感があるようです。

　一方、実際に海外監査で試したことのある企業からは、客観的なデータの抽出によって、現場での経験による限られたサンプリングを補える面があるとか、資料のファイリングの仕方によって現場ではなかなか資料が出てこなかったが、データからは事前に見ることができていた、役員の経費等の監査にチェックする材料を提供できたといった前向きの印象も伝わってきます。

　おそらくデータ分析の内部監査への適用は、しばらくは試行錯誤が続くと思われますが、現時点では、以下のような流れで海外監査に取り込んでいくのが現実的と思われます。

―第1ステップは、個々の海外監査に試験的にデータ分析を取り入れて経験値を上げる。
―第2ステップは、データ分析の回し方の要領がつかめたら、往査を前提にしなくても、いくつかの拠点を対象に日本からデータだけの分析をかける、あるいは国内拠点に試してみる。
―第3ステップは、拠点グループのデータ分析の適用に自信が付いたら、上記事例のようなリスク・アプローチのメカニズムに組み込んで、監査の武器として本格稼働をかける。

第 4 章　内部監査のインフラを再構築する

> **解決策 20**　不正対応の仕組みを作る
>
> (1) 不正リスク管理体制と内部監査部門の役割の棚卸し
> (2) 不正リスク評価への対応
> (3) 不正監査と不正調査への対応

(1) 不正リスク管理体制と内部監査部門の役割の棚卸し

　不正対策は古くて新しい問題です。不正は人の行う行為ですから、コピー技術が発達すればそれだけ巧妙な偽造の技術が進んだり、IT技術が発達すればそれを使った不正も出てくるなど、時代の流れとともに日進月歩に発達しています。例えばライブドア事件をきっかけに、偽計取引や風説の流布という証券取引法違反が世の中に知れ渡ったり、偽装という言葉も食品偽装から耐震強度の偽装までその時々の世相を反映して次々と新たな手口が出てくるといった具合です。不正の中身は変わっても、これが企業が対処すべき最も難しいリスクの一つであることに変わりはありません。不正が大きな問題になれば、その直接の損害よりも、企業としてもブランドが損なわれ、業績の悪化だけでなく、上場の維持に影響するなどかなり深刻な事態を招く可能性があります。そのため不正対応はやればきりがないですが、後で後悔するわけにもいかない、とりわけ手堅い対応が求められるところに難しさがあります。

　ところで不正に関して内部監査でよく問題になるのは、社内で起こった不正に内部監査としてどのように対処すべきか、あるいは自ら不正調査に乗り出すべきかどうか、あるいは最近の傾向としては、グループ子会社の内部監査の本格稼働に際して、不正リスクをどう評価したらよいか、というあたりです。

　企業は、一般に何らかの不正対策の仕組みをもっており、そこには内部監査も含まれています。内部監査部門は、通常、社内の不正に対して何らかの責任を負い、日頃から注意を払っているはずです。ただ、どこまでが不正に関する

内部監査の責任であるか、明確になっているでしょうか。内部監査に限らず、組織内の各部署が不正に対してどのような対応をする責任があるかをきちんと整理している企業はまだ多くはないと思います。内部監査協会、米国公認会計士協会及び公認不正検査士協会をスポンサーとして公表された「不正のビジネスリスクの管理：実務ガイド（"Managing the Business Risk of Fraud：A Practical Guide", sponsored by The Institute of Internal Auditors, The American institute of Certified Public Accountants, Association of Certified Fraud Examiners)」は、そのような不正対応に関する各部署ごとの役割分担表を例示しています（図表4-24「不正方針決定マトリクスのサンプル」を参照）。不正というやっかいで重たい課題は内部監査だけでは十分に対応しきれないし、またそうすべきでもありません。むしろ全社を挙げた仕組み作りが肝要です。各部署がそれぞれの責任のもとに不正に適切に対応する仕組みを日頃から整え、互いの役割について共通認識があれば突然の事件への対応にも役立つでしょう。また、そのような体制があることを社内に示すことは不正の抑止にもつながります。

　こうして全社的な取組みとして不正対応をとらえるとき、企業にとって何か課題となるでしょうか。前掲の実務ガイドは、コツコツと継続的に努力を続けることでしか重大な不正から企業を守ることはできないとしています。しかし、その上で組織が不正リスクの管理に有効な環境を前向きに作るための主な原則を挙げています。以下の五つがそれです。

組織の不正リスク管理に有効な環境作りのために5つの原則
1．企業のガバナンス機構における不正リスク管理体制の設置
　・不正リスク管理に対する取締役会及び経営者の期待の伝達を含む明文の方針
2．不正リスクの定期的な評価
　・組織として抑制する必要のある潜在的な不正スキームや不正事象の特定

図表 4-24　不正方針決定マトリクスのサンプル（SAMPLE FRAUD POLICY DECISION MATRIX）

注）このマトリクスは組織として定義された責任を整理し可視化するツールとして利用できる。これは誰がどのような責任をもつべきかを表す標準というわけではない。

求められる行為	調査部隊	内部監査	財務会計	経営者	部門経営者	リスク・マネジメント	PR	従業員関係	法務
不正予防の統制	S	S	S	P	SR	S	S	S	S
事故報告	P	S	S	S	S	S	S	S	S
不正調査	P	S						S	S
不正のための資金の回収	P								
不正予防の改善提案	SR	SR	S	S	S	S	S	S	S
内部統制レビュー		P							
センシティブな事項の取扱い	P	S		S		S		S	S
広報・新聞発表	S	S					p		
民事訴訟	S	S							P
是正措置・再発防止の提案	SR	SR		S	SR	S			S
回復状況のモニター	S		P						
積極的な不正監査	S	P							
不正の教育/研修	P	S			S			S	
脆弱な分野のリスク分析	S	S				P			
ケース分析	P	S							
ホットライン	P	S							
倫理分野	S	S							P

P（主な責任者）、S（副次的責任）、SR（共同責任）

出典："Managing the Business Risk of Fraud：A Practical Guide", sponsored by：The Institute of Internal Auditors, The American Institute of Certified Public Accountants, Association of Certified Fraud Examiners, P54 の表を訳出

3．不正の防止技法の確立
　　・組織への影響を軽減するために、可能であれば主な潜在的不正リスク事象を避けるための技法を確立すべきである
4．不正の発見技法の確立
　　・予防的方法が機能していないか、軽減されていないリスクが実現するような場合には不正事象を発見する技法を確立すべきである
5．潜在的不正情報の報告プロセスの設定
　　・潜在的不正に関する情報提供を求める報告プロセスを設定し、潜在的不正リスクが適時に適切に対応されていることの確認に役立てるために、調査と是正活動への協調的アプローチを利用すべきである
（出典：前掲実務ガイド6ページより訳出して一部要約）

　さて、内部監査人は、内部監査活動を通して企業組織内での様々な不正の案件や手口及びその兆候あるいはそれに関する機密情報に接する機会があり、またそれらの内部統制上の問題や予防対策を現場から経営会議までのいろいろなところで議論したり検討することも多いはずです。そのように企業内でも特異な立場にある内部監査部門には、不正対応についても、その経験と知見を生かした、内部監査にしかできない使命があるといえます。その一つは、不正対応の仕組みの整備への貢献であり、もう一つは、その仕組みを前提とした不正監査及び調査の実施にあると考えられます。これには以下の内容が含まれます。

不正対応の仕組みの整備への貢献
組織としての不正の予防・抑止及び事後対応の仕組みの構築と維持に向けて、経営層及び各部署に対する必要な働きかけや監査の専門家としての指導及び助言をすること。

　この具体的な対応の中では、以下の①と②が重要になると考えます。

① 不正リスク対応の体制を把握し、内部監査の対応を確認

　内部監査として企業組織における不正リスク対応の体制を把握し、必要な対策を講じることです。具体的には以下の点を挙げることができます。

- 取締役会、経営者、事業部門、法務、企業倫理、リスク管理部、リスク委員会、懲罰委員会、内部統制、内部監査等の関連部署あるいは子会社、工場、支店等の各拠点における不正対応への関わりを棚卸しして、適切な役割を果たしているかを検討する。必要に応じて指導・改善提案をする
- その体制において内部監査が適切な関わりをし、その役割を果たしているかを検討し、必要であれば見直しを検討する

　ここで課題としているのは内部監査としての状況把握であり、問題認識です。不正は企業の存続にも影響しうる重要な問題です。重大な不正は不意に起こります。不正を考えない企業のガバナンスはありません。それを支える内部監査が不正対応の仕組み・活動について現状を把握していないというのも考えられません。普段、営業に専念している営業部長が思わぬ不正事件に巻き込まれてあわてることはあっても、普段からリスクに真剣に取り組んでいる内部監査はそのような非常時でも冷静な対応が期待されます。そのベースを作るのは、一つはここで言うような日頃からの現状把握と認識であり、もう一つは自らの使命として正面から取り組もうとするプロの監査人としての覚悟ではないかと思います。

　その覚悟とはどのようなものか。それはIIAによる内部監査テキスト翻訳版にある次の文章からも感じ取ることができると思います。

（内部監査人の役割）

　内部監査人は、組織体のガバナンスにとって不可欠な存在であり、COSO ERMのフレームワークでも描かれているように、ERM活動をサポートしなければならない。組織体に影響を与える最も重要なリスクの一つが、不正に対する組織体の脆弱性である。事実、不正リスクを十分に低いレベルにまで低減することなしに、「有効なガバナンス」など無意味な

言葉にすぎない。

　すなわち、重大な不正の発生は、何よりもまずコーポレート・ガバナンスの失敗（組織体のリスク選考や自家保険的なリスクの受容の不適切な評価を含む）を暗示している。したがって、<u>監査委員会や上級経営陣に対して、正しい経営者の姿勢を確立し、コントロールへの意識付けを作り出し、不正の潜在的なリスクに対する信頼できる対策を構築することを勧めるといった、組織体の不正に対する意識を覚醒させることは、すべての内部監査部門の責任である。また、内部監査は組織体の価値や企業行動規範の存在と遵守を強化し、内部告発のホットラインや他の手段を通じて、違法、非倫理的、不道徳な疑いの生ずるような活動を報告する。監査委員会や取締役会は、専門的能力の高い、付加価値をもたらす内部監査部門以外の何者も望まない。</u>（下線筆者）

出典：(社)日本内部監査協会「内部監査―アシュアランス・サービスとコンサルティング・サービス―」(2009年) pp178-179 より。なお原文は INTERNAL AUDITING：Assurance & Consulting Services, IIARF, 2007, 7-10

② 企業としての不正リスク評価に道筋をつける

　これはまず企業として対処すべき不正をきちんと想定して、そのための不正リスクの評価が適切になされていることを内部監査として確認することです。そして、不正リスク評価への内部監査としての関与がどうあるべきかも含めて、経営層や各部門に必要な提案や働きかけをするなどの適切な対応を図ることです。

　不正リスクの評価は、不正対策の入り口であり、想定される不正リスクがここできちんと認知されないと、必要な統制や体制に関する判断を誤り、正式なリスク管理の体制を決めたり、リスク管理を行う際に不備や不都合が生じることがあります。

　その重要性にもかかわらず、正式な不正リスク評価の仕組みがない企業は少なくありません。ここでも内部監査が貢献できる余地は大きいと考えられます。

第4章　内部監査のインフラを再構築する

> **不正対応監査及び調査の実施**
> 上記の仕組み及び体制を踏まえて、不正リスクを適切に織り込んだ内部監査を実施するとともに、必要な範囲で不正調査に関わること

　これは内部監査部門の本業である、内部監査において不正対応の要素をどのように、どれくらい取り込んでいくかという問題です。

　また不正調査については、その専門部隊を抱える内部監査部門も中にはありますが、おそらく本格的な不正調査は経験したことがないというところが多いと思います。そういう中で、内部監査部門としてどこまで、どういう形で不正調査に関わっていくかという問題です。

　上記においては、不正に対して企業としてあるいは内部監査の立場からどのように取り組むかという課題について、大局的な検討を加えました。これについては、以下に挙げるように、まだ触れていないいろいろな側面もあります。

- 例えばガバナンスの面からしても、前掲の実務ガイドでも示唆されているように、本来、不正管理プログラムの方向性を決める取締役会が何をするか、それを実行する経営者、その執行を監視する監査委員会（や監査役）などの機能分担すべき機関や役職者が今のままでよいのかという問題、あるいは、執行においてもコンプライアンスとか企業倫理あるいは労務や各事業部の担当部署として不正にどう対応するかという問題があります。
- また不正関連といっても、不正というより腐敗（任された権限を個人的利益のために悪用すること）と呼ばれる、米国海外腐敗防止法（FCPA）や英国で制度化が進められている英国贈収賄禁止法の規制対象となる公務員への贈収賄等には内部監査以上にコンプライアンスの面から特別の対応が必要になると考えられます。
- 技術的な面にしても、不正に対する予防、抑止及び発見というアプローチにどのように取り組み、そこに内部監査はどうか関わるかという問題、あ

るいはリスクマネジメントにおいて不正リスクはどのような取扱いが必要かという問題もあります。更にデータ分析やデータマイニング等のテクノロジーの利用を手掛けるかという面もあります。
・人材という面からは、内部監査人が不正調査までするのかという素朴な疑問があり、専門性からすると、監査と調査の違い、あるいは外部に委託する必要性なども課題となります。

それぞれに根が深く簡単には答えが出せない問題を含んでいます。そこでこの解決策では、この後、不正リスク評価及び内部監査としての不正調査への対応という課題に重点を置いて話を進めることにします。

(2) 不正リスク評価への対応

ある企業がリスク管理の一つの試みとして経営会議を構成する役員の人たちがそれぞれ重要と考えるリスクを挙げてもらいました。すると生産、販売、研究開発あるいは業種特有の対応といった企業活動の根幹をなす各プロセス関連のリスクが続々と挙がりました。しかし、それを見た社長はコンプライアンスをもっと重視すべきではないかといわれたそうです。生産や販売の基幹プロセスがうまくいかないと確かに売上や利益といった業績に影響します。しかし企業が企業として立ち行かなくなる最悪のシナリオを考えると、業績悪化よりももっと怖いのは、企業がマーケットで信用をなくし市場の一員として認められなくなるような事態です。その典型がいわゆる不祥事です。不祥事は必ずしも意図的な不正だけから起こるものではありませんが、何らかの形で不正がからんでいる場合が少なくありません。

また、近年の不祥事といわれる事件を紐解くと、昔だったら大目に見られたことが今では厳しくなった世間の評価や価値観の変化を認識せずに、ちょっとしたルール違反やコミュニケーションの行き違いが偽装だとか不正として糾弾されるケースがみられます。食料品に関する賞味期限や原産地等の表示の問題などがその例です。不正とは、本来、「だます」意図があって不当な利益を得ようとする行為です。誰もだまされない子供だましのうそにだまされたといっ

第4章　内部監査のインフラを再構築する

ても不正とはいわれないし、だまそうという意図がなくては不正ではありません。しかし最近はそういった不正とコンプライアンス違反の境目がわかりにくく地続きになってきた感があります。

　ですから企業の責任者としてコンプライアンスや不正対応に注力する姿勢はうなずけるところですし、特に企業の業績がそのブランド力に支えられている場合はなおさらです。

　ではそのような不正リスクはどのように評価するのでしょうか。IPPF プラクティス・ガイド「内部監査と不正（IPPF-Practice Guide "Internal Auditing and Fraud" December 2009, The IIA）では、不正リスク評価は、主に次の五つのステップからなるとしています（同ガイド 16 ページ）。

1．不正リスク要因を特定する
2．潜在的な不正のスキームを特定し、リスクに基づいてそれらの優先順位付けをする
3．既存のコントロールを潜在的不正スキームと関連付けしてそのギャップを特定する
4．不正の予防統制と発見統制の運用の有効性をテストする
5．不正リスク評価を記録し報告する

　いわゆる業種や業務に固有の不正リスクを見て、更に内部統制を見るというのは一般のリスク評価と同じです。しかし不正とはコントロールがあっても、上司が無効にしたり、共謀が合ったりという事態も想定しなければなりません。どんな不正が起こりうるかは考えてもきりがなく、ビジネスや業務のあらゆる場面であらゆる不正を想定するなんてとてもできません。また、どんな組織や業務にも共通して使えるような質問項目による調査（サーベイ）も見かけますが、その組織に特有の核心的な問題にせまることは期待しにくいでしょう。そこである程度、納得感のある結果を出すには、その企業のビジネスや現場の状況を踏まえた不正のスキームやシナリオの分析という手法が重要となります。

　このように方法論も色々検討すべき点がありますが、その前のハードルは社内のアレンジです。不正リスク評価は組織的、継続的に行うことが肝要です。

特に初めてやるときには、経営管理者をはじめ関係部署にどのような目的で何をするかを事前に了承してもらい、その結果も適当な範囲で報告することが必要でしょう。リスク評価をしたあとの対応方法も考えておく必要があります。また、「おたくの部署のリスクが高かったので詳しく調査をします」ということになれば何らかの結果を出すことも期待されます。また適切な人材の関与も必要です。

一般に、不正リスク評価の実施においては以下の点に留意します。

① リスク評価プロジェクトのスポンサーを決める

リスク評価をだれがどうやるかを決めるのも大事ですが、まずだれがその活動の責任者、いわゆるスポンサーになるかという決定も極めて重要です。せっかく優れた評価作業をしても、スポンサーが適切にそれを活用して組織に役立つようにしてくれなければ意味がありません。

スポンサーは企業組織の中でも周りが納得するような見識と経験を備えたシニアの経営管理経験者が想定されます。欧米の感覚では、取締役会の中でも独立した役員あるいは監査委員会のメンバーがなることが、まず想定されるでしょう。CEOなどがその責任者になることも状況からみてそれが適切であればよいでしょう。ただ、経営陣は不正リスクの評価を通じて自らの執行の善し悪しが問われたり、自分の責任下にある業務における重大な落ち度が評価の過程で明るみに出る可能性もあります。そうした場合、組織のためにその事実に立ち向かい客観的な立場を貫くことができるでしょうか。

上記のような利益相反の関係を考えて問題なければ、組織の風土や人間関係までよく知っている人が望ましいでしょう。また別に評価作業チームを用意するといっても、責任者として不正リスク評価の専門的判断はある程度は必要になります。例えば、作業チームが提案する作業の進め方や方法論、組織内の評価対象範囲や重点領域等の計画を吟味し、承認し、開始後の進捗管理、上層部への報告などは責任者の仕事です。ただ専門的なことは社内に詳しい人がいなければ外部のコンサルタントや弁護士をアドバイザーとして入れることも検討することが適当です。

② リスク評価の作業範囲

　不正リスク評価の範囲は組織によって異なります。組織全体を対象にするのが一つの望ましい方法ですが、重要な事業リスク分野に焦点を当てて評価する場合もあります。ただしそれに基づいて作られる不正防止プログラムや統制活動の設計に必要と考えられる領域は、評価範囲に含めることが必要です。考え方としては、その程度や範囲は取締役会あるいは更に経営管理者のレベルで想定されるリスク・アペタイトやリスク・トレランスに応じて決まります。

　また企業の規模に応じて、全社レベル、重要な事業部門レベル、重要な勘定レベルあるいは業務レベルでリスク評価を行います。

③ リスク評価チーム

　リスク評価を実施するチームは経営者が組織の各部署から様々な能力を有する人材を集めて組織します。一般には内部監査、財務、法務、IT、セキュリティあるいは評価対象となる事業部門などの人材です。作業メンバーには評価対象部署においてどのような不正を行いうるかに関して知識のある人の参加があればより現実的な評価が可能となります。

　また最終的には、経営者をはじめ主な部門の責任者、業務のプロセスオーナーなどそれぞれの立場で不正リスク管理に責任をもつ責任者がリスク評価の決定にも参加するべきと考えられます。

④ 関連情報の収集とリスク要因の特定

　ここで収集される情報には以下のものが含まれます。

・その企業の過去の不正事例及び不正が疑われた事例の資料の吟味
・同業他社や類似の組織体に関連した不正の評価
・同業他社と比較した組織の業績指標の過去数年間の検討

　また**解決策19**で取り上げたようなデータ分析や財務分析の手法を使って、一定範囲のグループ企業や事業部門に対して分析を行い、業績や財務比率の不規則な変動や潜在的に不正の兆候と見られる異常値を補足する方法も考えられます。

⑤ **不正スキームの検討と優先順位付け**

　不正調査チームは、ブレーンストーミング、経営管理者へのインタビュー、分析的手続及び過去の不正情報等から潜在的な不正のスキームを特定します。

　ここでのブレーンストーミングは**解決策 14** で説明したワークショップ方式を利用して効果的に進めることも考えられます。

　なお、監査人的な発想からすると J-SOX を通して身に付けた内部統制の不備から不正リスクを見るというアプローチもあります。ただ、内部統制のリスクは不正リスクとは違います。また、内部統制でわかるのは業務が正規に流れたとすれば、こういう不正は起こるはずがないということです。しかし不正には、「だます」という要素と「隠す」という要素がありますから、これを念頭においた検討が必要です。一方、データ分析（あるいはデータマイニング）という手法は、業務データの異常点などとして不正の兆候をあらかじめ決めておけば、それがあるかないかが客観的にわかります。これがデータ分析の強みです。データ分析について、より詳しくは**解決策 19** を参考にしてください。

⑥ **不正のトライアングルの利用**

1) トライアングルの考え方

　不正対策には「不正のトライアングル」の考え方が従来より使われており、最近では公認会計士の監査や内部統制の考え方にも取り入れられています。これは不正を働く個人にとって、その原因となる「動機・圧力」、不正を働く「機会」及び不正を「合理化・正当化」しようとする個人の資質という三つの要因がいずれも成立するときに、不正が起こる可能性が高くなるという過去の調査による考え方です（図 4-25 参照）。

　この不正のトライアングルを内部統制の問題としてみると、以下のように考えることができます。

　例えば、ある企業は業績を伸ばすために販売員にかなり高い売上目標を設定し、それを達成した従業員には相当に多額のボーナスを与えるという制度を導入しました。

　多額のボーナスは売上げを促進させますが、不正という観点からはそれを動

第4章　内部監査のインフラを再構築する

図表4-25　不正のトライアングルの考え方

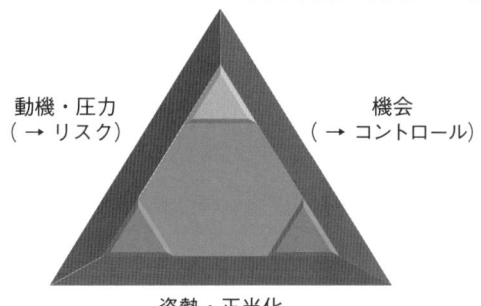

不正トライアングル：三つの不正リスク要因（動機、機会、正当化）の存在

- 動機・圧力（→リスク）
- 機会（→コントロール）
- 姿勢・正当化（→組織風土）

（参考）不正のトライアングルを想定した全社統制の質問

・経営者は、不正に関するリスクを検討する際に、単に不正に関する表面的な事実だけでなく、不正を犯させるに至る動機、原因、背景等を踏まえ、適切にリスクを評価し、対応しているか。

「財務報告に係る内部統制の評価及び監査に関する実施基準」（金融庁）58頁より

機づける「リスク」として働きます。そのため、しっかりした経理制度によって、月次・年次決算で各販売員に売上げ計上のごまかしの機会を与えないような仕組み、「コントロール」が必要となってきます。仮に、これが不十分な中で経営者が健全な経理よりも業績達成を優先してもよいという言動を普段から従業員に発していたとすると、これがマイナスの「統制環境」として働き、従業員に不正を合理化する口実を与え、これを誘発することになりかねません。

逆に言えば、組織としては、新たな施策を導入するときには、それが不正リスクの要因とならないかを検討し、必要な内部統制等の手当てをうながすような、不正対応のプログラムが社内で動いていることが期待されます。

2）レッドフラグとの関連付けと不正スキームの洗い出し

このような考え方を実務に生かす方法として、それぞれ三つの面から「レッドフラグ」と呼ばれる、その組織に特有の不正の兆候をあらかじめ検討してお

き、これを日常管理や内部監査に活用する方法があります。一般には、次のような要素が例として考えられます。
- 不正の誘引・圧力のレッドフラグ（兆候）
  - 深夜残業・休日出勤が常態化している
  - 現実に達成のかなり困難な仕事上の目標を与えられている
  - 住宅ローンなどで個人的に財政難にある
  - 収入に不相応な生活スタイルをしている
- 不正の原因となる弱い統制環境のレッドフラグ
  - 経理基準が無視され、放置されている
  - 横領者、違反者に対して告発や処罰をしようとしない経営者
  - 利益相反行為や役職者の高額の交際費・むだ使いに明確な立場を示さない経営者
  - 重役の高額の経費支出などで内部監査に聖域を設けてチェックされていない

こうした不正のトライアングルの考え方やそれを基にしたレッドフラグは上記の不正スキームの洗い出しに際して役に立ちます。

業務プロセスごとの不正を検討するときは、プロセスに特有のレッドフラグ（不正の兆候を暗示する危険信号）を議論の材料としてプロセスを検討するのがよいでしょう。実際の業務プロセスを前提にして不正を働く人間は内部統制上のどのような弱点を突いてくるか、どのような統制を無効化するか、あるいは迂回するか、どのように不正を隠ぺいするかなどを具体的に検討します。

3）その他の利用（サーベイ・自己評価等）

また、このようなレッドフラグを組織・職場の特徴を反映した具体的兆候としてリストにしておき、職場管理者はふだんから部下にこのような兆候がないか気を配り、不正のトライアングルに陥ることのないように注意するといった職場管理も一つの予防対策になります。

あるいはそれを質問項目にして従業員意識調査などの際に調査項目に含めて、不正の兆候を探ることも有効です。「あなたの職場で不正の兆候を感じたこと

がありますか」とか、「同じ職場で生活が急に派手になった人がいますか」といった質問がそれです。ただし、このようなサーベイの結果、たまたま不正のリスクが高めに出てもそのようなうわさ話的な情報だけでは根拠が薄く、また匿名回答の場合はフォローもできません。そこで正式なリスク評価として使う場合は、各部に正式な自己評価として回答してもらう方法も考えられます。問題が出れば追跡調査をしやすい点ではこちらがお勧めです。

⑦ 不正の守備範囲

不正リスクの特定に当たってはあらかじめ不正の性質に従った分類を体系的に用意しておくのが賢明です。IIA では、不正は、詐欺、隠匿または背任の性質を有する不法行為のすべてを指しています。専門職団体によってその定義や分類には多少違いがあります。

公認会計士の業務では、不正には、「不正な財務報告」と「資産の流用」の二つがあるといわれています（AICPA 監査基準書第 99 号「財務諸表監査における不正についての考察」（2002 年 10 月）及び日本公認会計士協会監査基準委員会報告書 240 号「財務諸表の監査における不正」平成 23 年 12 月 22 日における定義を参照）。また、ACFE（公認不正検査士協会）は、更に、汚職（corruption）を三つ目の定義に加えています。ここでは ACFE による定義と

■ 図表 4-26　ACFE の不正の樹形図

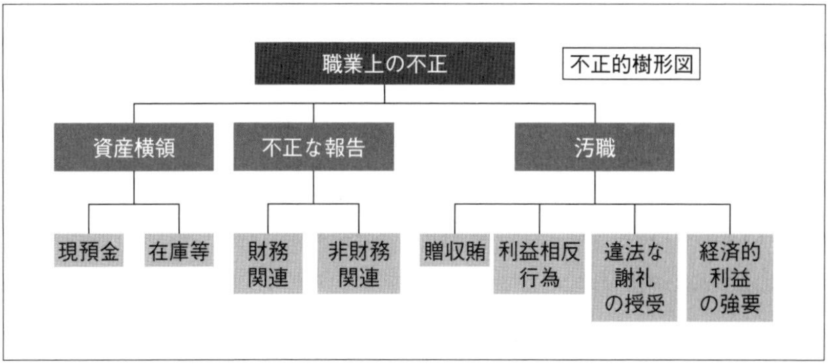

```
                        職業上の不正                    不正的樹形図
        ┌───────────────┼───────────────┐
     資産横領          不正な報告              汚職
      ┌─┴─┐          ┌─┴─┐     ┌────┬────┼────┬────┐
    現預金 在庫等    財務   非財務  贈収賄 利益相反 違法な  経済的
                    関連   関連           行為   謝礼   利益
                                                の授受  の強要
```

（参考：ACFE JAPAN「2005 年不正検査士マニュアル」）

分類を紹介しておきます。

ACFEは、職業上の不正を、雇用主の資源や資産の意図的な御用や悪用を通じて、個人的な富を追求するために事故の職業を利用することと定義しています。またACFEは、統一的不正分類システム（不正の樹形図）によって職業上の不正を以下の図のように三つの類型に分類しています。

・資産の着服横領（組織体の資産の窃盗又は不正流用）
・不正な報告（情報の利用者を欺くため意図的に虚偽の表示を行うこと）
・汚職（不正行為者が自己または他者の利益を得るためにビジネス取引上の影響力を、他人の権利や雇用主に対する義務に反して不正に使用すること）

上記の三区分のうち、不正な報告には、財務関連と非財務関連とがあり、このうち会計監査で問題となる粉飾決算などの財務諸表の不正が代表例として良く引き合いに出されます。しかし、財務関連は公認会計士監査においても扱われています。内部監査は外部監査よりもより多くの情報にアクセスできる立場にはありますが、会計監査が入っている場合には、むしろ非財務関連をきちんとカバーすべきでしょう。

「非財務関連」の不正な報告には何があるでしょうか。米国などで出回っている不正関連の参考書や前掲のガイドやIIAのプラクティス・ガイドでは、不正な報告といえばほとんど財務諸表の不正として扱っているようにも見えます。しかし、日本で近年、問題となっている食品や建設をはじめ様々なケースについて報道される偽装という不正は、この「非財務関連」の不正な報告の典型例になると考えられます。これには確信犯的な悪質なものもありますが、当事者としては無意識に起こしてしまったコンプライアンス違反という性質のものも多く含まれます。内部監査においても押さえておきたい分野です。

ポテトチップ型からフルーツ型に変わる日本の不正パターン

「不正予防と内部統制へのロードマップ」というと、数年前、マイクロソフト社の財務ディレクター（CFE）が不正調査の専門家と書いた本ですが、不正には様々な理論があることが紹介されています。

第4章　内部監査のインフラを再構築する

　例えば、「ポテトチップ不正理論」。これは軽い気持ちで食べ始めたら、病み付きになってやめられないというパターン。米国に良くみられる個人の貪欲のために実行した不正に比べると、日本では、企業のためと思って仕方なく決算のつじつま合わせなどの不正に協力していたら、つい個人でも不正に手を染めて、いつの間にか抜けられなくなったというパターンが良く聞かれます。まさにこのポテトチップ型です。

　もう一つは、「低く垂れたフルーツの不正理論（Low-hanging fruit Theory of Fraud）」です。特に購買関係の不正に多く、実行者は巧妙なスキームを次々と考案しては実行する抜け目のない、想像力に富んだ頭の良い実行者と思われがちですが、これが大きな誤解で、その証拠にちょっとしたミスで大抵ばれてしまいます。要するに財務諸表の粉飾のようにハイリスクの不正ではなく、低い位置の果物のように手を伸ばせば簡単に取れるローリスクの不正で、毎日のように頻発して見つかるまでやめません。経営者はこれらの不正も断固見逃さず不正調査をすべきと筆者は主張しています。理由は、すぐに調査できる単純な不正だし、企業としての不正予防への強いメッセージを打ち出すことができ、また彼らがもっと高度な本当の不正を手掛ける前に排除できるからです。これは日本の牛肉偽装やコメの偽装、食品偽装にちょと似ています。日常的に行われ、実行者は大したことないローリスクと思っている、しかし世間はすでにハイリスクと見なす社会に変わっていることに気付かずに割と簡単に見つかってしまう。そんなに悪気がないので見つかるまでやめない。このように本人は悪気がないのに世間の価値規範の変化で不正と断定されるケースが増えたことは社内でも留意すべきでしょう。
（上記本の内容は"Executive Roadmap to Fraud Prevention and Internal Control"-Martin T. Bieghlman, Joel T. Bartow-、Wiley & Sons, 2006, pp37-39より抜粋して訳出）

　なお上記三つの分類のうち資産横領について参考までに詳細区分を示したの

■ **図表4-27　不正の分類別スキーム：資産横領**

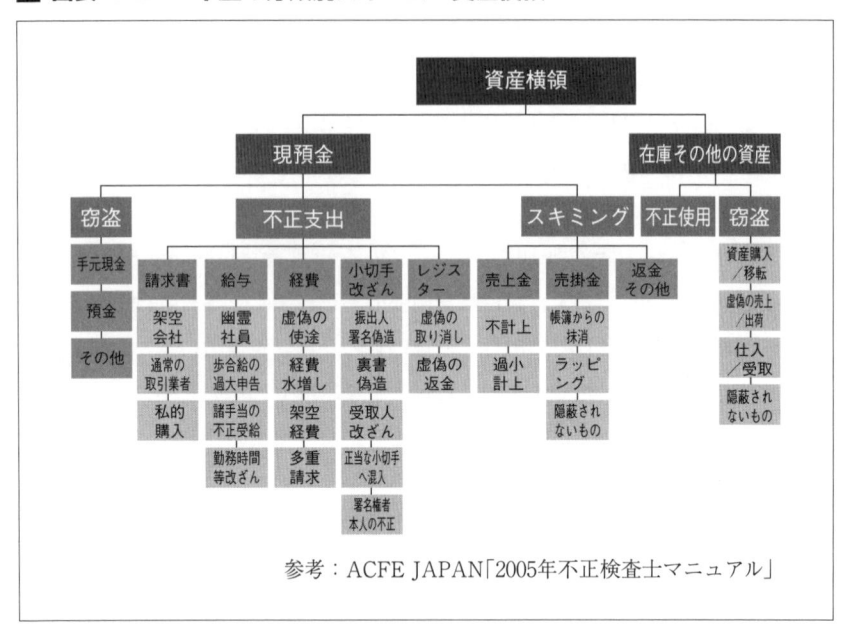

```
                              資産横領
                    ┌────────────┴────────────┐
                  現預金                  在庫その他の資産
        ┌──────────┼──────────┐        ┌─────┼─────┐
      窃盗       不正支出    スキミング  不正使用   窃盗
```

窃盗	不正支出					スキミング			不正使用	窃盗
手元現金	請求書	給与	経費	小切手改ざん	レジスター	売上金	売掛金	返金その他	資産購入/移転	
預金	架空会社	幽霊社員	虚偽の使途	振出人署名偽造	虚偽の取り消し	不計上	帳簿からの抹消		虚偽の売上/出荷	
その他	通常の取引業者	歩合給の過大申告	経費水増し	裏書偽造	虚偽の返金	過小計上	ラッピング		仕入/受取	
	私的購入	諸手当の不正受給	架空経費	受取人改ざん			隠蔽されないもの		隠蔽されないもの	
		勤務時間等改ざん	多重請求	正当な小切手へ混入						
				署名権者本人の不正						

参考：ACFE JAPAN「2005年不正検査士マニュアル」

が図表4-27です。

　この図表の中でも、最も報告件数が多いのは現預金の不正支出ですが、図表をみてもらえれば内容はほとんどわかると思います。スキミングというのは、現預金を帳簿に記録する前に着服することで、他方、帳簿に記録した後に着服するのはラーセニーと呼ばれ、これは表の左端の窃盗に該当します。この二つの内容については以下の図表4-28を参考にしてください。

⑧ 統制の整備と運用との関係

　不正対応についても整備と運用のテストが必要です。例えば、セキュリティーのためのパスワード変更のコントロールは、これが存在していたとしても、適切に運用されてなければ不正の防止に役立ってない可能性があります。重要な統制は運用まできちんと確認する必要があります。

　もう一つは、経営管理者によって統制の機能を無機能にされたり、共謀によ

図表4-28 スキミングとラーセニー

スキミング…入金処理前の現金の横領。記録に残らないため現金を横領するため、不正の発見が難しく、隠蔽されやすい

サブカテゴリー	具体例等
売上金	「不計上」⇒ 売上を計上せず全額横領する 「過小計上」⇒ 部分的に計上し、残りを横領する
売掛金	「帳簿からの抹消」⇒「貸倒損失」「割引・値引き」として処理したり、経費勘定を借方記入して横領を隠蔽する 「ラッピング」⇒ 別の顧客からの回収で横領の穴埋めをする 「隠蔽されないもの」⇒ 回収額を横領し、隠蔽しない
返金、その他	返金されてきた現金を横領する

ラーセニー…入金処理後の現預金の横領。すでに会計上で記録された資産の横領。記録と残高に矛盾が残るため、スキミングに比べて隠蔽が困難である

サブカテゴリー	具体例等
手許現金	小口現金や金庫からの窃盗や金融機関でのATMへの現金補充時の窃盗
預金	入金担当者による無断出金や無断解約など

出典:新日本有限責任監査法人安本幸治氏がACFE資料より作成。安本氏の承諾を得て掲載。

って回避される可能性があることです。不正は人をだます行為ですから、統制が予定しているように業務が流れているとは限りません。また不正の結果を他から見えないように隠すためのスキームを一般に伴います。重要な不正リスクに対する統制については、そのような事態の場合にはどうなるかまで想定して統制が十分かを判断することになります。

⑨ 不正リスク評価の記録

これには記録のための一定の書式をあらかじめ準備するのが得策です。例えば、図表4-29は、前掲プラクティス・ガイド「内部監査と不正」の付録Cに

図表4-29　不正リスク評価テンプレート（付録C）

次の表は不正リスク評価の事例のテンプレートになる。貴方の組織の不正リスクに合わせるにはカスタマイズと調整が必要となる。

責任者	不正リスク	コントロール	モニタリング	発生可能性	重要度
建設部	建設業者と下請業者との間の共謀 ・談合 ・賄賂/キックバック	・入札前に建設業者の認定をする（財務状態、評判）。 ・ジェネコン（GC）を選ぶ際には正式な競争入札手続を取る。例：確認済みビッド ・下請けの選定：限度額xxを超える工事にはすべてGCより競争入札が要求される。 ・入札手続の公正性を期するため入札確認状が下請けに送付される。 ・過去の不正や倫理違反の捜査を含めたバックグラウンド調査を実施する。またGCに倫理宣誓書に署名してもらう。 ・オンサイトの不正ホットライン番号を表示する。 ・契約の遵守を確認し異常点を探すために制定したプロジェクトの定期的内部監査が完了している。	建設部 調達部 法務部 内部監査部	中	中

出典：IPPFプラクティスガイド「内部監査と不正」、付録C不正リスク評価テンプレート（33ページ）を訳出

掲載されたサンプル例の一つです。不正リスクの評価ではここに例示された程度の項目と内容を整理するのがよいでしょう。

　不正スキームをワークショップ等によって洗い出した場合には、この表に不正スキームという欄を不正リスクの右に追加して、考えられた不正のストーリーを簡潔に記入することも望ましい実務です。また、コントロールを予防的統

制と発見的統制に分けて表示することも考えられます。

　内部統制のJ-SOX作業を通じて、同様のリスク情報の記載がリスク・コントロール・マトリクス（RCM）などにある場合には、そこから不正リスクに関連する事項をこのテンプレートにまとめるという方法もとれるでしょう。

　不正リスク評価の結果の表示については、一般のリスク評価と同様にリスクマップにまとめることができます。その際、図表4-30のように、あらかじめ発生可能性と重要度の高低に応じて四つの区分を決めておきそれぞれに想定される対応先を取るという方法があります。

　ちなみに、一般のリスク・マネジメントの考えでは、この図の1象限に分類されるリスクは赤信号です。これを放置すると組織の存続にも支障をきたすため責任者を決めて対応策が必要です。2象限はめったに起こらない地震や政変など社内では管理しにくいリスクが例となります。3象限も黄色信号ですが、

■ 図表4-30　4象限方式（Quad Method）

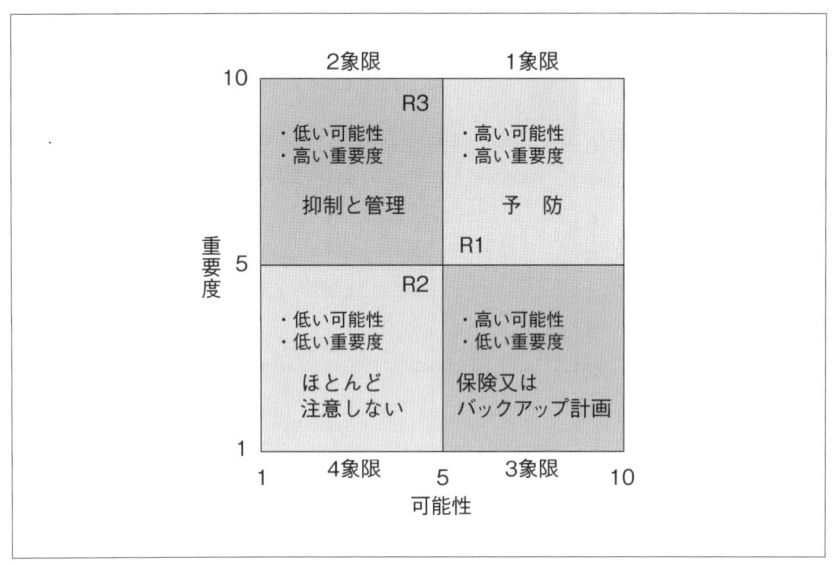

	2象限	1象限
	R3 ・低い可能性 ・高い重要度 抑制と管理	・高い可能性 ・高い重要度 予　防 R1
	4象限 R2 ・低い可能性 ・低い重要度 ほとんど注意しない	3象限 ・高い可能性 ・低い重要度 保険又はバックアップ計画

縦軸：重要度（1〜10）　横軸：可能性（1〜10）

出典：Michael Cangemi and Tommie Singleton, Managing the Audit Function, 3rd ed. (Hoboken,NJ：John Wiley&Sons, 2003), 71 より一部加工して訳出

個々には影響の小さい日常業務による事故などが該当します。

　図表4-30の方法によれば評価されたリスクの状況に関連付けて四通りの対応を組織的に行うことができます。すなわち発生可能性も重要度も高い1象限に位置するリスクには積極的に予防対策をとります。重要度は高くても発生可能性の低い2象限のリスクには発見統制及びモニタリングによって抑制し管理します。3象限にある可能性は高いが重要度は低い在庫の盗難のようなリスクは保険で対応し、4象限のリスクはほとんど何もしないというやり方です。ただこの方法の難点として指摘されるのは、例えば1象限の中でも図中のR1のように図の中心に近い左下にあるリスクと、同じく4象限の中でもR2のように右上にあるリスクとではほとんど状況が変わらないのに前者は予防対策が取られ、後者は何もしないという結果となりそれでよいかとい問題です。同様に、2象限の中でもR3のように重要度が高いリスクであっても、重要度のより低

■ 図表4-31　スタガードボックス方式（Staggered Box Method）

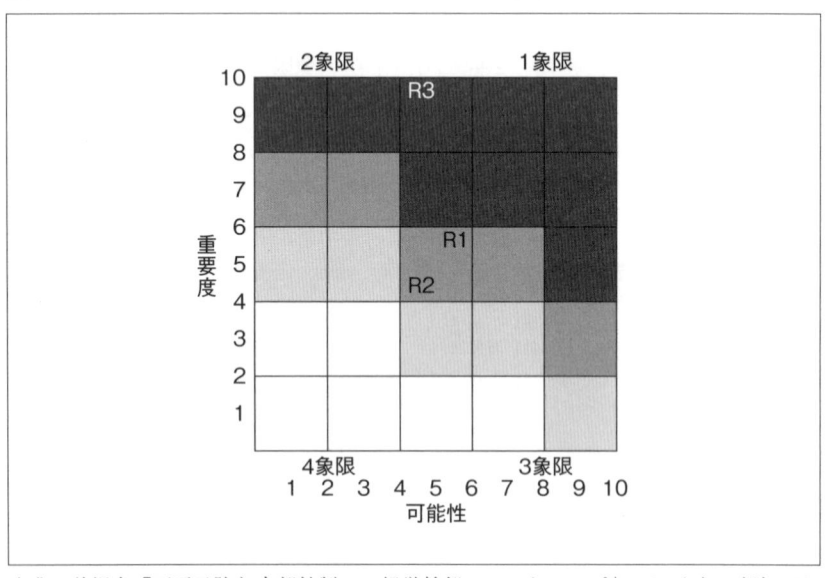

出典：前掲書「不正予防と内部統制への経営幹部のロードマップ」、135より一部加工して訳出

第 4 章　内部監査のインフラを再構築する

い1象限のR1に比べると、象限の違いによって、不正対応の優先度を下げるのが本当に正しいかという疑問です。

上記のような問題を解決する方法として、前掲書「不正予防と内部統制への経営幹部のロードマップ」では、図表4-31のような分類方法を例示しています。これなら色別に4段階に分けながら、R1とR2とは同じ優先順位に属し、またR3は最も優先度の高いリスクに分類されるわけです。

残る問題は、どうやってこの25の箱で表現された発生可能性と重要度のそれぞれの1、2、3、4、5…というレベルの重みづけをするかということです。これには図表4-32に示した不正リスク評価における「チェス盤方式」が提案されています。これにはチェス盤のように8×8＝64のマス目がありますが、

■ 図表4-32　チェス盤方式（簡略版）

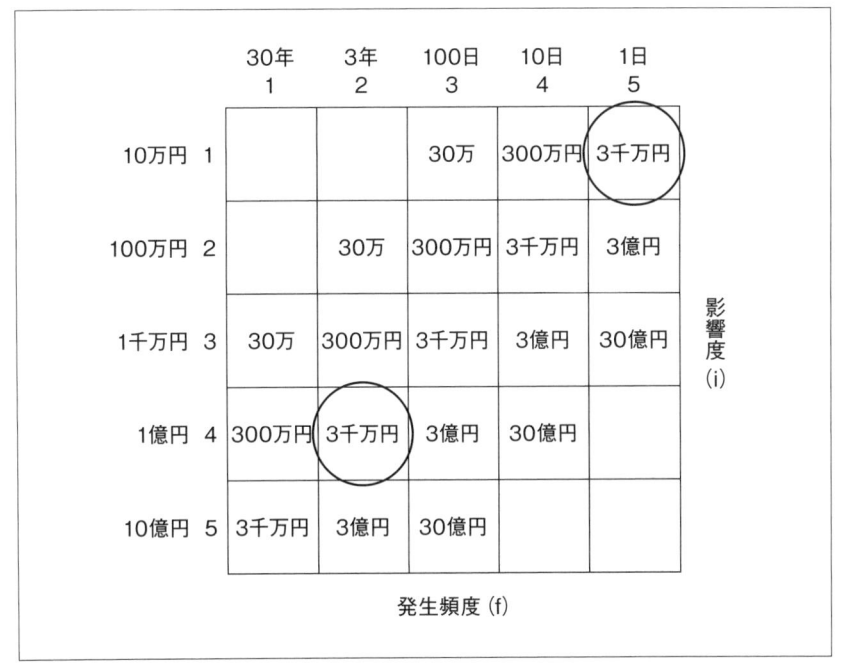

影響度(i) \ 発生頻度(f)	30年 1	3年 2	100日 3	10日 4	1日 5
10万円　1			30万	300万円	3千万円
100万円　2		30万	300万円	3千万円	3億円
1千万円　3	30万	300万円	3千万円	3億円	30億円
1億円　4	300万円	3千万円	3億円	30億円	
10億円　5	3千万円	3億円	30億円		

出典：James F. Broder, Risk Analysis and the Security Survey, 2nd ed. (Boston: Butterworth Heinemann, 2000) 24. より一部簡略化し加工して訳出

ここでは5×5に簡略化して表示しています。しかし原理は同じです。

例えば、1日に1回の頻度で起こる10万円の不正は年間約3千万円の損害をもたらします。この大きさは3年に1回起こる3億円の不正とほぼ同じ規模の損失となり、同水準の対応策を当てればよいと考えることができます。このような等比級数の表に当てはめることによって不正リスクの見積もりや相互比較が容易になります。これは頻度は30年に一度から1日に一度まで表示してありますが、更に1日に10回、1日に100回と右に拡張でき、重要度についても10倍、100倍と増加できます。

⑩ 不正の残存リスクへの対応

不正リスクとそれに対するコントロールの評価ができたら、更に残された残存リスクが見えてきます。不正リスク評価は、それをベースにした不正対策につなげることで初めて価値があります。

不正においては、よくゼロトレランスといわれます。トレランスとは許容ということですが、許容つまり全く容赦なくリスクを押さえなければいけないという意味です。不正は法令遵守等ととも最低限、対応すべきリスクであるとしてゼロトレランスを標榜する企業もあります。しかし、一方ですべての対応には労力とコストがかかりますから、そこは優先順位を付けて方策を考えるという現実的な対応が必要です。そこで使われるのはリスクマネジメントにおけるいわゆるリスク戦略です。これはJ-SOXに関する金融庁の実施基準にも触れてありますが、リスクに対して、回避、移転、低減、受容といった対応を取ることです。つまり評価されたリスクに対しては、最初から社内の内部統制の構築で対処すべきとは限らず、それをどうするかを費用対効果も考えて戦略的に決めるというプロセスです。以下はその例示です。

・**回避**：リスクを回避すること。例えば、一般事業会社の資金運用において、証券会社から資金を借りて株式を売買するいわゆる信用取引はリスクを伴うため企業として認めない、あるいは為替予約は債権債務のヘッジ目的なら認めるが投機性のあるスペキュレーション目的の取引は認めないという方針を企業として決めるということがあります。あるいは海外との事業を考える際に、トラ

ンスペアレンシーインターナショナル（Transparency International）が毎年発表している、各国の腐敗をリスト化した「腐敗認識指数」（Corruption Perceptions Index）を参考にして、腐敗認識指数の高い国については、原則として事業展開を控える、あるいは一定の条件を付けるということも考えられます。

・**移転**：リスクを他に移転させること。典型的には保険をかけることです。在庫や現金等の資産の盗難などに備えてあらかじめ保険をかけるという方法です。あるいは給与計算等をアウトソースすることも含まれます。これらは社内で内部統制を整備して行う場合に比べて、労力やコストをセーブできるだけでなく、業務に伴う不正リスクを契約によって他に移転させる効果があります。

・**低減**：これは内部統制の整備によって不正リスクに対応しようとすることです。J–SOX によって内部統制が導入されていればそれを不正対策として強化する方向で検討するのが現実的です。例えば全社統制においては以下のような内部統制がすでに整備されているはずです。これらを単に J–SOX の法対応目的だけでなく、不正対策としてどれほど有効かを吟味するという視点が重要となります。

全社統制レベルの不正対策

- ・行動規範・倫理規範
- ・グループ管理制度
- ・通報制度
- ・内部監査制度
- ・取締役会・監査役による監視
- ・人事考課制度
- ・リスク評価と管理

また、業務プロセスにおいても様々な不正対応の統制が考えられますが、一般的に共通した統制として、不正対策に重要な統制としては以下を挙げることができます。これらを J–SOX の対象である財務から非財務領域に広げるというのが一つの方策となります。

業務プロセスレベルの不正対策

- ・職務分離
- ・有給休暇の強制消化
- ・人事ローテーション

図表 4-33　SOX を前提とした不正対応の方向

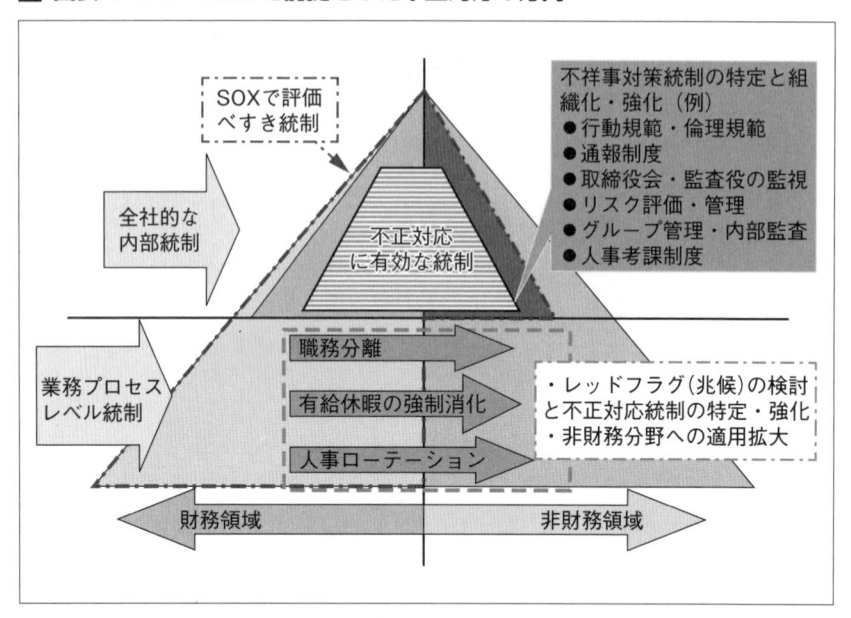

(ピラミッド図)
- SOXで評価すべき統制
- 全社的な内部統制
- 業務プロセスレベル統制
- 不正対応に有効な統制
- 不祥事対策統制の特定と組織化・強化（例）
  - 行動規範・倫理規範
  - 通報制度
  - 取締役会・監査役の監視
  - リスク評価・管理
  - グループ管理・内部監査
  - 人事考課制度
- 職務分離
- 有給休暇の強制消化
- 人事ローテーション
- ・レッドフラグ（兆候）の検討と不正対応統制の特定・強化
- ・非財務分野への適用拡大
- 財務領域　非財務領域

(3) 不正監査と不正調査への対応

① 不正監査と調査は似て非なるもの

　不正監査といっているのは、不正リスクが監査の重要課題の一つに挙がっている監査において不正及びその兆候の発見あるいは不正防止体制の確認に作業を重点的に配分をした内部監査を想定しています。

　一方、不正調査は、一般に、特定の不正に疑義のある案件についての詳細情報の入手、及び不正が起こっていたかどうか、不正による損失及び影響額、誰が不正に関与したか、どのようにそれが起こったかを決定する作業から構成されます。

　両者は一見、似通っていますが、似て非なるものと考えた方がよいでしょう。不正監査の方は、不正に重点があるとはいえ、監査ですから、監査対象が全体として不正等のリスクから問題ないことを確認することが目的となります。そ

のため母集団を設定してサンプリングによるテストも行います。不正調査は、そのような全体についての目的ではなく、不正の煙が立っているところを掘り下げてその全体像を明らかにすることが目的です。

また内部監査では、レッドフラグを手がかりにして、漠然となりがちな不正リスクとこれに対する統制の不備の洗い出しをより現実に即したものとして行うことができます。

これ以外の手法も含めた内部監査における不正の対応は一般に以下のような取組みがあります。
・レッドフラグ（不正の兆候）の設定による具体的不正リスクに焦点を当てた重点的対応
・データ分析・財務分析などの分析的手法による不正の兆候の発見と分析
・コンプライアンス活動（通報制度を含む）、リスク・マネジメント活動のモニタリング（監査）
・CSA（内部統制自己評価）の活用

② **不正調査における内部監査人の役割**

不正調査における内部監査活動の役割は、内部監査基本規程及び不正の方針及び手続において定義される必要があります（前掲プラクティス・ガイド「内部監査と不正」p23参照）。例えば、内部監査人は不正調査に主たる役割を果たすこともあり、又は部門として調査に人を出すこともあります。あるいは内部監査は、調査の有効性の評価に責任を持つ必要があることから調査に関与することを控えるということもあります。

調査活動は概ね次のような活動を含みます。
1．調査、インタビュー及び文書による声明による情報収集
2．証拠の記録と保護と証拠に関する法的ルール及び証拠のビジネスにおける使用
3．不正の範囲の決定
4．不正の実行に使われた技術の決定
5．不正案件の評価

6．実行犯の特定
③ 初めて不正調査する際の実務上の留意点

　監査と不正調査の違いという点から内部監査人が不正調査を初めて手掛ける際に留意すべき事項を、以下に挙げておきます。
１．求める証拠や重要性についての違い

　上記に述べたような監査と不正調査の違いは、求める証拠の違いから来ているともいえます。不正調査はその顛末として、報告書や関連証拠が法廷に提出されることも十分視野に入れておく必要があります。

　監査の場合は状況証拠的なものを積み上げて全体として適正とか有効といった結論を出す場合が一般的です。例えば、監査において、在庫の実在性について現物を監査人が確認したという直接的な証拠があっても、これだけでは判断できず、実は契約上、すでに転売されているという事実があればそれは会社の棚卸資産からは落とされていなければなりません。そのためその計上の適正性を監査するには、実在性、網羅性、権利と義務の帰属といったアサーションを想定して総合的に判断していきます。

　一方、法的な証拠は例えば傷害事件で現場から見つかった凶器や血のついたシャツが決定的な証拠となって有罪判決になるということがあるようです。

　以前、不正調査において、財務部長が決算操作のために秘密裏に簿外で開設した預金口座・証券口座と会社の正規の口座との取引内容を調査したことがありましたが、本人の不当利得の証拠として探していたのは、会社口座から本人個人の口座への振替でした。監査のように全体が正しいことを証明するためではないので、ランダムサンプリングなどを使うこともなく金額の重要なものに限定ぜずに調査を行います。少額でもよいので、法的に不正だと説明できる証拠、ここでは、業務上、必要のない個人口座への振替えを示す証拠が重要でした。
２．法的な対応への考慮

　上記のとおり不正調査は訴訟の準備につなげるなど法的な関わりが強いため、弁護士等の法務の専門家の関与が重要です。関わり方はプロジェクトの責任者クラスであっても作業のメンバーであってもすべての法的な面を検討してもら

います。訴訟だけではなく、警察や規制当局あるいは外部監査人等への不正に関する報告も検討が必要です。

　特に海外では独自の法体系があるため現地国の弁護士等の関与は不可欠です。とりわけ、米国の民事訴訟には日本ではなじみのない証拠開示手続（discovery）が制度化されており、訴訟になると手元にある資料は原則として全て相手方に開示することが求められます。そのため法廷に出すことを前提に証拠書類やデータの保管も必要となります。また一方で弁護士と依頼者間の秘匿特権（attorney-client privilege）によって、そのような開示の例外として弁護士とクライアントとの通信を秘匿できるという制度もあり、これらの制度を踏まえた戦略が必要となります。

3．機密事項への対応

　監査においても機密情報への配慮は必要ですが、不正調査は、関係者の利害が対立する中で情報が偏った状態で行われることもあり、機密保持を誤るのは致命的となる可能性があります。不正調査におけるインタビューにおいても、ある機密情報を誰がどこまで知っているかということを良く踏まえて実施する必要があり、監査よりも細心の注意を必要とするところです。

4．インタビューの実施

　調査ではインタビューが行われます。インタビューする人は調査に詳しいことが期待されます。面談者の回答内容は何回か聞くうちに変わってくることもあり、議事録を取って後で確認のサインを求めるのがよいでしょう。そのため、通常、もう1名が筆記役として参加します。筆記役は面談の立会人という意味もあります。

5．コンピュータフォレンジックの検討

　不正調査に関連して、入手したデータの完全な形での保管や消去されたデータの復元、あるいはデータを利用したデータ分析の準備や実施にその道の専門家の支援を必要とすることがあります。

　特に不正に使われたコンピュータは、不用意にデータに触らずに、証拠としての完全性を損なわないように保存して、そのコピーを使って分析などに使い

ます。

【参考文献】

(社)日本内部監査協会「企業の自己評価活動に関する実施状況調査結果」2005 年 8 月

(社)日本内部監査協会 (2009) INTERNAL AUDITING: Assurance & Consulting Services 内部監査:アシュアランス・サービスとコンサルティング・サービス

日本公認会計士協会監査基準委員会報告書 240「財務諸表監査における不正」平成 23 年 12 月 22 日 AICPA 監査基準書第 99 号「財務諸表監査における不正についての考察」(2002 年 10 月)

ACFE JAPAN (公認不正検査士協会) 不正検査士マニュアル 2005-2006 日本語改定版

The IIA, The American institute of Certified Public Accountants, Association of Certified Fraud Examiners, *anaging the Business Risk of Fraud: A Practical Guide*, 2008

Professional Practices Pamphlet-98-2, *A Perspective on Control Self-Assessment*, 1998, The IIA

The IIA, Control Self-Assessment: A Practical Guide, 2005

The IIA, Practice Guide: Formulating and Expressing Intetnal Audit Opinion, March 2009,

The IIA, Practice Guide: GTAG16 Data Analysis Technologies, August 2011,

The IIA, Practice Guide: GTAG13 Fraud Prevention and Detection in an Automated World, December 2009,

Kurt F. Reding, Paul J. Sobel, etc. (2007). INTERNAL AUDITING: *Assurance & Consulting Services*, The IIA Research Foundation

Martin T. Bieghlman, Joel T. Bartow (2006). *Executive Roadmap to Fraud Prevention and Internal Control*, Wiley

James F. Broder (2000). *Risk Analysis and the Security Survey*, 2nd ed. (Boston: Butterworth Heinemann

Michael Cangemi and Tommie Singleton (2003). *Managing the audit function*, 3rd ed. (Hoboken, NJ: John Wiley&Sons

Leonard W. Vona (2011). *The fraud audit: responding to the risk of fraud in core business systems*, Hoboken, NJ: John Wyley&Song Inc.

Ernst&Young, Escalating the Role of Internal Audit-Ernst&Young's 2008 Global Internal Audit Survey, 2008

第5章

内部監査の付加価値を向上させるメカニズム

　第2章から第4章まで、内部監査の活性化の解決策をガバナンス、人材そしてインフラという順番でみてきました。

　内部監査を活性化させ、実効性を挙げるには、それぞれの要素が一定の目標のもとに一体として動いていることが必要です。

　第5章では、全体のまとめとして、ガバナンス、人材及びインフラについて、自社の内部監査部門を診断するときにどのような点をみたらよいかを例示します。

　また、それぞれの領域で日本企業によくみられる問題を挙げてその対応の方向を検討します。

　更に今後の内部監査の方向付けを考える資料として、2010年のIIAの調査結果で役に立ちそうな項目でまだ紹介していない項目も一部追加して紹介することにします。

1 付加価値向上に関する課題

　本書では、内部監査を活性化させる20の解決策を説明するために、内部監査をガバナンス、人材及びインフラと運用の三つの要素に分けて検討してきました。これはアーンスト・アンド・ヤングにおいて内部監査部門の機能評価（Functional Performance Review）を行う際に利用するIA-FPAのフレームワークから来たもので、それぞれ以下のような意味があります。

■ 図表5-1　有効な内部監査機能の三つの構成要素

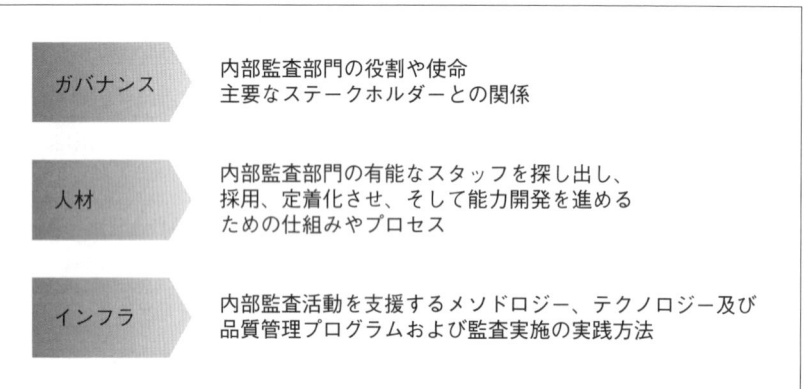

ガバナンス	内部監査部門の役割や使命 主要なステークホルダーとの関係
人材	内部監査部門の有能なスタッフを探し出し、採用、定着化させ、そして能力開発を進めるための仕組みやプロセス
インフラ	内部監査活動を支援するメソドロジー、テクノロジー及び品質管理プログラムおよび監査実施の実践方法

（出典：アーンスト・アンド・ヤング/新日本有限責任監査法人の資料より）

　また上記三つの要素を更に九つの要素に分けたのが図表5-2です。
　このうち、まずガバナンスに関しては、経営層によって当社の内部監査部門はどのような役割を担うかというミッションが決定され、経営者等の主なステークホルダーと内部監査との関係が決まります。これによってどのような内部監査をするかという大まかな監査モデルが設定されます。ここで決まった内部監査の内容は内部監査基本規程において規定されます。
　次に人材については、ガバナンスにおいて決められた内部監査を実行するためにふさわしい人材を確保し育成していくという側面です。

第5章 内部監査の付加価値を向上させるメカニズム

■ 図表5-2　内部監査の体制を分析する視点
　　　　　…内部監査機能評価（IAFPA）フレームワーク

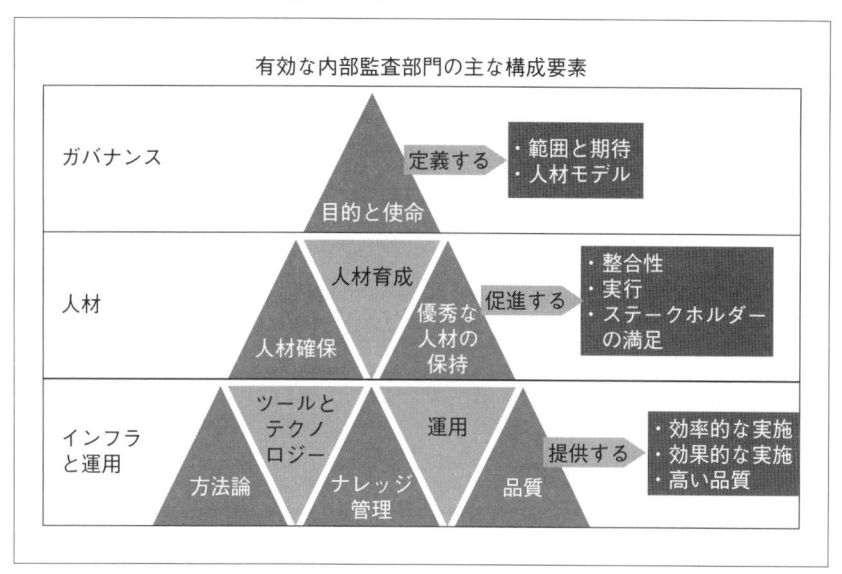

有効な内部監査部門の主な構成要素

ガバナンス　　　　　　　　　目的と使命　　定義する　・範囲と期待
　　　　　　　　　　　　　　　　　　　　　　　　　・人材モデル

人材　　　　人材育成／人材確保／優秀な人材の保持　促進する　・整合性
　　　　　　　　　　　　　　　　　　　　　　　　　　　　　・実行
　　　　　　　　　　　　　　　　　　　　　　　　　　　　　・ステークホルダー
　　　　　　　　　　　　　　　　　　　　　　　　　　　　　　の満足

インフラ　　方法論／ツールとテクノロジー／ナレッジ管理／運用／品質　提供する　・効率的な実施
と運用　　　　　　　　　　　　　　　　　　　　　　　　　　　　　　　　　　　・効果的な実施
　　　　　　　　　　　　　　　　　　　　　　　　　　　　　　　　　　　　　　・高い品質

出典：アーンスト・アンド・ヤング/新日本有限責任監査法人の資料より

　更にインフラと運用では、ガバナンスで決まった監査モデルを内部監査に配属された人材が実行する際に必要となる道具のことで、監査の方法論、ツールやテクノロジー、ナレッジ、品質などを含み、監査の運用という面もここに含めています。
　これら三つの要素がバランスよく企業の中で設定されて一体として機能しているというのが内部監査の実効性が上がっている状態となります。
　逆に、どこかうまくいっていないところがあると、内部監査全体の機能に影響を及ぼすことがあります。
　以下においては、この三つの要素ごとに、それぞれどのような点に留意したらよいか、またうまくいっていない企業はどのような問題があるかを解説していきます。

Ⅰ ガバナンスにおけるチェックポイント

ガバナンスにおいては、一般に以下の点を確認してみてください。

1. 内部監査の組織上の客観性は十分か、すべての部署が対象になっているか
   ・本社機能（人事・人材開発、総務等）、技術・研究開発、海外事業などが手付かずのケース
2. 内部監査と他のリスク管理機能（リスク・マネジメント、コンプライアンス等）との組織的な連携は適切か
   ・内部監査とリスク・マネジメント、法務等の相互関連が未整理のため十分な機能を発揮できないケース
3. J-SOX業務と内部監業務の役割分担・連携は整理できているか
   ・J-SOX評価をめぐって内部統制整備部門と内部監査部門の責任関係が不明瞭なケース
4. CAE（内部監査担当役員）の機能及びレポーティングラインは適切か
   ・担当役員と監査部長との責任分担が明確でないケース
5. 内部監査へのニーズ・期待を確認するためのCAEと経営層とのコミュニケーションは十分に確立されているか
   ・経営層の懸念事項に内部監査が何をできるか又は何をすべきか十分に説明できていないケース
6. 内部評価・外部評価の制度が整備されているか
   ・現在の体制で他企業に見劣りしないか、どの方向にベクトルを合わせるか不確かなケース
7. 内部監査部門のミッション等は基本規程等に定められているか
   ・内部監査の保証とコンサルティング活動を具体化し実効性を挙げる

第5章　内部監査の付加価値を向上させるメカニズム

ためのアプローチが確立していないケース

　ガバナンス関連について、日本企業にときどき見られる問題とその対応については、図表5-3にまとめています。

　ここで挙げているのは、一つ目の問題としては内部監査と経営層との間で、どんな内部監査をするかについてのコミュニケーションの問題です。何を目指

図表5-3　内部監査の課題と対応(例)―ガバナンス関連

経営に価値を与える内部監査を追求し、モニターする仕組みが働いているか

1．内部監査から経営層（ステークホルダー）への対応
コミュニケーションの問題－内部監査部と経営層とのコミュニケーションが十分でない企業
- 内部監査の現状の対応能力、今後、何をすべきかの意識・認識のギャップがあるケース
- 監査体制としてどの方向にどこまで手がけるか、懸念事項、監査対応等を踏まえて十分議論されていないケース

インフラの問題－内部監査の目的・使命の明確化、その実効性を担保する体制が十分でない企業
- 内部監査の保証とコンサルティング活動を具体化し実効性を上げるための体制・アプローチが脆弱なケース

　主要リスク分野への重点対応
　　⇒　内部監査の認識としての全社的リスク評価を提示（リスク評価部署の評価結果の利用を含む）
　　⇒　事業戦略・施策と関連付けたリスク評価

　優先事項の設定と合意
　　⇒　年次内部監査計画の承認だけでなく、その根拠となるリスク評価結果を経営層とシェア
　　⇒　リスクに対する処方箋を監査対応として示す。監査モデルの準備

　内部監査の成果の測定
　　⇒　成果の測定方法・書式の決定と合意、内部監査の責任範囲の合意

2．他のリスク管理部署との縦と横の連携
　－内部監査と他のリスク管理機能（リスク・マネジメント、コンプライアンス、J-SOX等）との横の連携
　－親会社による子会社内部監査機能のモニタリング・役割分担等の縦の連携

すかを明確にしておかないと実効性の上げようがありません。これをはっきりさせるためのサポート資料や成果の測定の資料を工夫して意思の疎通をうながし、経営者に内部監査の監督機能を果たしてもらうように内部監査の方から働きかけることなどを解決策で勧めています。

二つ目は、内部監査と他のリスク管理機能との関係の整理をすること、特に、リスク・マネジメントとの関係があまりに没交渉だったり、せっかくの連携の機会を活かせていないという企業がよくみられます。

すでに第2章でも、本社機能との関係で検討し、解決策でも扱っていますが、ガバナンスレベルで内部監査が他の部署と良い関係を構築し、積極的に組織の改善に向けて発言していくことが、内部監査のステータスを上げ、社内でその機能を発揮しやすい環境の醸成につながるのではないかと思われます。

第1章の最後でも触れましたが、IIAの昨年の調査結果においても、数年後には監査の対象として、リスク・マネジメント及びガバナンス領域が重視されると予測されています。また経営者の内部監査への期待も多様化し、様々なリスクに広がっており、リスクとガバナンスと今後、どう取り組んでいくかが、経営に役に立つ内部監査となるかどうかに影響してくると考えられます。これは、これからの内部監査の企業における位置付けを決める重要な領域です。

Ⅱ 内部監査の人材に関するチェックポイント

内部監査の人材に関しては、一般に以下の点を確認してください。

1. 経営層の期待に即した内部監査プログラムが計画され、それに必要な人材の確保がなされているか。
   ・内部監査部内でリソースのある領域に重点を置いて計画しているケース（企業のニーズより身の丈にあった監査）が多い
2. 監査人員のリソースの配分は企業としてのリスク認識に見合っている

か。
　　・内部監査部門はリスクの高い領域も低い領域も同様にリソースをかけているケースが多い
　　・IT関連、海外監査、不正対応など専門性が不足するケースが多い
3．内部監査部員のスキルの棚卸しは適切になされ、プロジェクトごとに必要なスキルの保有者でチームが編成されているか
　　・内部監査部に配属された部員の属人的能力に合わせて監査業務をアサインし展開しているケース
4．内部監査活動に必要な研修制度が企画・運用されているか
　　・研修はあっても組織として必要な能力・専門性が十分検討され研修計画に反映されていないケース
7．チーム内のレビューないしコーチング制度は適切に整備されているか
　　・ベテランがいないため有効なレビュー・コーチングができてないケース
8．過去の内部監査調書等は後任者の育成に役立つよう、十分な記録が残され、人材育成に活用されているか

　また、日本企業における人材に関する内部監査の課題と対応は、図表5-4に示したように大きく三つの項目に分かれています。
　解決策で触れていない話として、「今後5年間で内部監査人の役割は変化すると思いますか」という質問が2010年のIIAの調査に含まれています（図表5-5参照）。結果をみると、二つの領域について今後5年間で重要性を増すだろうという予測でした。それはリスク・マネジメント（80％）とガバナンス（65％）でしたが、実は2006年の調査のときも、それぞれ80％と63％と同じように高い予測が示されていました。地域差は多少ありますが、この二つは内部監査のプロフェッションに最も重要な基礎として今後もリスクマネジメントとガバナンスにおける内部監査の役割は高まるだろうと考えられています。これに対して、財務プロセスのレビューや業務監査はほぼ横ばいでした。

図表 5-4　内部監査の課題と対応（例）―人材関連

リスク管理のための組織になっているか
1. 経営層のニーズにかなう内部監査プログラムを計画し、その実施に必要な人材を確保しているか
    ⇒ 内部監査スタッフの属人的能力よりも、企業のリスクに合わせた監査計画
2. 監査人員のリソースの配分は企業としてのリスク認識に見合っているか
    ⇒ リスク水準に応じたリソースの配分（監査日数、専門家の担当、往査以外の手法による効率化）
    ⇒ IT関連、海外監査、不正対応など専門能力が不足しがちな領域への人材調達戦略（社内開発か、外注か）

組織的監査体制ができているか
3. プロジェクトごとに必要なスキル保有者によるチーム編成
    ⇒ 内部監査部員のスキルの棚卸と監査計画との関連付け
4. チーム内のレビューないしコーチング制度が未整備
    ⇒ アシュアランス目的の監査における品質管理と専門家育成の両面から重要
    ⇒ 過去の内部監査調書等を活用した後任者の育成

内部監査の使命に合った人材戦略
5. 内部監査のローテーションプログラムの設定
6. 内部監査に必要な専門性を育成する研修制度の企画・運用
    ⇒ ハードスキルとソフトスキルのバランス

図表 5-5　内部監査活動の五つの役割について予想される増加（回答者のパーセント）

世界全体平均	財務プロセスのレビュー	リスクマネジメント	ガバナンス	法令等遵守	業務監査
	41 %	80 %	65 %	50 %	47 %

出典：THE IIA'S GLOBAL INTERNAL AUDIT SURVEY, "What's Next for Internal Auditing?"（The Institute of Internal Auditors Research Foundation）, page 14, Table2-1 Expected Increase in the Five Role of the Internal Audit Activity per region（Percentage of Respondents）より全体平均の部分のみ訳出

Ⅲ 内部監査のインフラに関するチェックポイント

内部監査のインフラに関しては、一般に以下の点を確認してください。

1. 内部監査の目的ないし使命を達成をするために、目的に合った監査アプローチ等の方法論・プロセスが開発され整備されているか（経営監査、業務監査、準拠性監査の整理等）
   ・監査の目的別アプローチと書式・ツール等が整備されていないケース
2. 企業グループの各組織にどのようなリスク評価をして監査アプローチを適用するかというグランドデザインが構想されているか
   ・企業のリスクに対する内部監査の認識と監査アプローチとの関係があいまいなケース
3. 部門内の方針・手続は確立されているか
   ・企業のリスクを内部監査の方針につなげるノウハウが不足しているケース

日本企業に関する内部監査のインフラに関する課題と対応については、図表5-6にまとめています。

インフラについては、監査ツールとテクニックに関するIIAの調査結果を紹介しておきましょう。

先のIIA調査の質問の中で、将来5年間で今よりもっと使われると予想されるツールのトップ5はどれですかという質問についての回答が図表5-7です。

このうち回答者の63％を占めて最も高いのがCAATs（Computer Assisted Audit Techniques：コンピュータ利用監査技法）でした。これには、**解決策19**で扱ったデータ分析も含まれています。

図表 5-6　内部監査の課題と対応(例)―インフラ関連

内部監査の実効性を担保するインフラ（手法・ナレッジ・ツール・品質管理）が十分か
1. 目的別監査モデルの整備 　―内部監査の目的に合った監査の方法論・プロセスの開発・整備 　―経営監査、業務監査、準拠性監査等のパターン別アプローチの用意 2. 年次監査計画のグランドデザイン 　―企業グループ内の組織別のどのようなリスク評価をして監査アプローチを適用するかというグランドデザインの構想（リスクと監査対応との関連付け） 3. 監査アプローチの整備 　・企業のリスクを内部監査の手続につなげるノウハウ 　・監査の種類（アシュアランスかコンサルか）に応じた、監査プロセス、品質管理、成果物等の標準化
パフォーマンスの客観的な確認により責任解除と継続的改善が実行されているか
4. 経営層の期待と実施結果の比較、進捗状況、スタッフの稼働率の確認などの工夫によって、内部監査の実効性が測定され、責任解除とともに継続的改善のベースとして利用する体制とツール（書式等）

図表 5-7　今後5年間に現在よりもっと使われると予想するトップ5の監査ツール及びテクノロジー（回答者のパーセンテッジ）

世界全体平均	CAAT	電子調書	継続/リアルタイム監査	データマイニング	リスクベース監査計画
	63 %	55 %	54 %	50 %	52 %

出典：THE IIA'S GLOBAL INTERNAL AUDIT SURVEY, "What's Next for Internal Auditing?" (The Institute of Internal Auditors Research Foundation), page 53, Table4-1 Top Five Tools and Techniques to be Used More Than Now or Less Than Now per Region in Next Five Years (Percentage of Respondents) より全体平均の部分のみ訳出

反対に今後5年間でより使われなくなるだろうと予想されるのは次の順位でした。
- ・プロセス・モデル・ソフトウエア（回答者の 55 %）
- ・トータル・クオリティ・マネジメント・テクニック（同じく 48 %）
- ・バランス・スコアカードまたは類似フレームワーク（同じく 48 %）
- ・プロセス・マッピング・アプリケーション（同じく 41 %）
- ・フローチャート・ソフトウエア（同じく 34 %）

　この結果は、監査人はもはやプロセスやコントロールの文書化作業を以前ほどはしないだろうということを示しています。これは過去においては大きなガバナンス規制の変更によって多くの企業がコントロールフレームワークの導入に関わったことを物語っています。

【参考文献】
2010 IIA Global Internal Audit Survey：A Component of the CBOK Study, Report IV, What's Next for Internal Auditing? (Altamonte Spring, FL：The IIA Research Foundation, 2011)

索　引

━━━━ アルファベット ━━━━

Advise ……………………………………… 113
agreed-upon procedures ……………… 195, 197
alignment ……………………………………… 64
attorney-client privilege …………………… 261
background check ………………………… 211
Centralized Approach …………………………… 77
Champion ………………………………… 113
Coach …………………………………… 113
common language ………………………… 65
conflict of interest ……………………… 210
Core competencies for today's internal
　　auditor ……………………………… 126
CRO ……………………………………… 73, 74
CSA ……………………………… 170, 171, 175, 229
discovery ………………………………… 261
Enterprise Risk Management ……………… 39
ERM ……………………………………… 17, 39, 95
facilitate ………………………………… 113
FCPA …………………………………… 188, 239
Findings and Recommendations …………… 197
Formulating and Expressing Internal
　　Audit Opinions ………………………… 198
IIA ……………………………………… 16, 84
IIA, Position Paper, "The Role of Internal
　　Auditing in Enterprise-wide Risk
　　Management", January, 2009 ………… 54
Imperative for Change …………………… 17, 47
Integrated & Aligned Approach …………… 77
International Professional Practices
　　Framework ……………………………… 84
IPPF ……………………………………… 84
J-SOX …………………………………… 39, 208

key internal audit governance documents … 43
mail receipts …………………………… 210
Measuring Internal Audit Effectiveness
　　and Efficiency, December 2010 ………… 129
Measuring Internal Auditing's Value ……… 126
metrics …………………………………… 126
PA ………………………………………… 84
PDCA …………………………………… 36, 40, 41
Planning the Expression of an Opinion …… 159
Practice Advisories ……………………… 84
Risk Universe ……………………………… 62
segregation of duties …………………… 211
Silo Approach …………………………… 77
The Institute of Internal Auditors ……… 16, 84

━━━━━ あ　行 ━━━━━

ISO31000を利用したリスクマネジメントの
　　妥当性の評価 ………… 86, 92, 97, 98, 101, 104
アサーション ……………………………… 98
アシュアランス ……………… 96, 97, 98, 158, 159, 161
アシュアランスマップ ……………… 91, 114, 128
アシュアランスマップのイメージ ………… 117
アシュアランスマップの作成 ……………… 116
アシュアランスとコンサルティング
　　………………………………… 12, 24, 156
アドバイザー ……………………………… 113
アラインメント ………………………… 64, 65
ERMと内部監査部門との段階的連携 ……… 121
ERMの効果を高める7つの共通課題 ……… 79
意見表明 ………………………………… 160
一元管理アプローチ ……………………… 77
インフラ ……………………………… 31, 150
エクスポージャー ………………………… 102

質問書送付	188
指標	126
社長	73
重点スキル（選択的）	146
主要な内部監査ガバナンス文書	43, 47
準拠性監査	15, 17, 154
消極的アシュアランス	161, 163
証拠開示手続	261
情報伝達ツール	66
職務分離の意味	211
書面監査を使った海外監査体制の構築	223
人材	31
人材育成プラン	144
人材関連の課題	134
スキミング	251
スタガードボックス方式	254
ステークホルダー	45, 156
ステークホルダーの期待	44
成果の測定	125
整合	64
成功するリスクモデルと失敗するリスクモデル	66
成熟度モデルアプローチ	104, 106
世界内部監査調査	17, 126
世界内部監査調査レポートⅢ「内部監査の価値の測定」	127
積極的アシュアランス	159, 161, 162
全社的リスクマネジメントにおける内部監査	54, 85, 95
全社的リスク管理	39, 55
全社統制レベルの不正対策	257
専門職的実施の国際フレームワーク	84
戦略計画	47
総合化アプローチ	77
総合リスク管理	70
総合リスク管理体制における各機能	73

総合的リスク管理体制の例	72
組織階層別PDCA活動のイメージ	69
組織単位の内部監査のデザインの例	168
組織的監査体制	141, 142
組織的監査の付加価値モデル	144
SOXを前提とした不正対応の方向	258

――― た 行 ―――

チェス盤方式	255
チャンピオン	113
定性分析	165, 207
定量分析	165, 207
データ分析	188, 207, 225, 229, 243
データ分析・CSAを活用した海外監査のバリューアップ	201
テーマ監査	14, 15
統制自己評価	170
独立性	28, 54, 92
取締役会	73

――― な 行 ―――

内部監査アプローチ	50, 150
内部監査アプローチの例	165
内部監査アプローチ類型化	153
内部監査意見の形成と表明	103, 158, 198
内部監査活動の業績を測定	127
内部監査活動の成果を測る方法	126
内部監査規程	43, 43, 46, 47
内部監査人材の問題	132
内部監査戦略計画	43, 48
内部監査と経営層及び各部署	31, 52
内部監査と他のリスク管理機能との関わり	53
内部監査と内部統制との協調と連携	7, 8
内部監査との関連	75
内部監査と不正	241, 259
内部監査とリスクマネジメント	89, 92

内部監査とリスクマネジメントの最適化 ···· 119
内部監査人協会 ························· 16, 84
内部監査人の役割 ························ 237
内部監査のアプローチ ····················· 12
内部監査の価値の測定 ···················· 126
内部監査の成果を見える化 ················ 125
内部監査の専門職的実施の国際基準 ········ 84
内部監査のバリューチェーン ·········· 40, 41
内部監査のミッションフレームワーク ····· 151
内部監査の有効性と効率性 ················ 129
内部監査ビジョンステートメント ······ 43, 48
内部監査部門 ···························· 73
内部監査部門とコンプライアンス部との連携
 ······································ 53
内部監査部門とリスク管理部門とのリスク
 評価 ································· 33
内部監査部門とリスク管理部門の連携 ·· 34, 53
内部監査部門の機能評価 ·················· 264
内部監査ミッション ······················ 156
内部監査ミッションステートメント ···· 43, 47
内部監査ミッションフレームワーク ······· 138
内部統制の準拠性対応 ···················· 226
2010年 COSO の調査結果 ················· 57
年次監査のグランドデザイン ·············· 167
年次リスク評価 ·························· 165

━━━━━━━ は 行 ━━━━━━━

バランストスコアカード ·················· 127
バランストスコアカードの例 ·············· 128
バリュー ································· 41
バリューチェーン ··················· 42, 138
PDCA による責任体制 ················ 36, 37
PDCA を回す組織単位 ···················· 68
非財務領域の内部監査の要請 ··············· 3
ビジネスリスク ·························· 216
ビジョンステートメント ············· 47, 49

ファシリテーション ·········· 113, 170, 171
ファシリテーター ················ 113, 172
不正 ···································· 247
不正・腐敗リスク ························ 206
不正監査 ································ 258
不正関連の法規 ·························· 217
不正スキーム ···························· 244
不正対応 ···························· 4, 226
不正調査 ··························· 258, 259
不正の残存リスクへの対応 ················ 256
不正の樹形図 ···························· 247
不正のトライアングル ···················· 244
不正方針決定マトリクスのサンプル ······· 235
不正リスク管理体制 ······················ 233
不正リスク評価 ····················· 238, 240
不正リスク評価の記録 ···················· 251
プラクティスガイド ········· 86, 92, 97, 198
プロセス改善対応 ························ 226
プロセス監査 ···························· 12
プロセス思考 ···························· 11
プロセス分析 ······················ 165, 207
プロセス要素アプローチ ············ 104, 105
プロセスリスク ·························· 209
プロトコール ···························· 191
米国海外腐敗防止法 ················ 188, 239
米国贈収賄禁止法 ························ 239
変化のための要請 ················ 17, 47, 48
弁護士と依頼者間の秘匿特権 ·············· 261
報告言語 ································ 199
法務リスク ······························ 216
ポジションペーパー ············· 54, 85, 95
本社機能等 ······························· 35

━━━━━━━ ま 行 ━━━━━━━

マクロレベル ······················ 103, 159
マクロレベルの意見表明 ·················· 160

内部監査とリスクマネジメントの最適化 …… 119
内部監査人協会 ……………………… 16, 84
内部監査人の役割 …………………… 237
内部監査のアプローチ ………………… 12
内部監査の価値の測定 ………………… 126
内部監査の成果を見える化 …………… 125
内部監査の専門職的実施の国際基準 ……… 84
内部監査のバリューチェーン ………… 40, 41
内部監査のミッションフレームワーク …… 151
内部監査の有効性と効率性 …………… 129
内部監査ビジョンステートメント ……… 43, 48
内部監査部門 …………………………… 73
内部監査部門とコンプライアンス部との連携
　………………………………………… 53
内部監査部門とリスク管理部門とのリスク
　評価 …………………………………… 33
内部監査部門とリスク管理部門の連携 … 34, 53
内部監査部門の機能評価 ……………… 264
内部監査ミッション …………………… 156
内部監査ミッションステートメント …… 43, 47
内部監査ミッションフレームワーク …… 138
内部統制の準拠性対応 ………………… 226
2010年COSOの調査結果 ……………… 57
年次監査のグランドデザイン ………… 167
年次リスク評価 ………………………… 165

──────── は　行 ────────

バランストスコアカード ……………… 127
バランストスコアカードの例 ………… 128
バリュー ………………………………… 41
バリューチェーン …………………… 42, 138
PDCAによる責任体制 ………………… 36, 37
PDCAを回す組織単位 ………………… 68
非財務領域の内部監査の要請 …………… 3
ビジネスリスク ………………………… 216
ビジョンステートメント …………… 47, 49

ファシリテーション ……………… 113, 170, 171
ファシリテーター ………………… 113, 172
不正 ……………………………………… 247
不正・腐敗リスク ……………………… 206
不正監査 ………………………………… 258
不正関連の法規 ………………………… 217
不正スキーム …………………………… 244
不正対応 ………………………………… 4, 226
不正調査 …………………………… 258, 259
不正の残存リスクへの対応 …………… 256
不正の樹形図 …………………………… 247
不正のトライアングル ………………… 244
不正方針決定マトリクスのサンプル …… 235
不正リスク管理体制 …………………… 233
不正リスク評価 …………………… 238, 240
不正リスク評価の記録 ………………… 251
プラクティスガイド ……… 86, 92, 97, 198
プロセス改善対応 ……………………… 226
プロセス監査 ……………………………… 12
プロセス思考 ……………………………… 11
プロセス分析 …………………… 165, 207
プロセス要素アプローチ ………… 104, 105
プロセスリスク ………………………… 209
プロトコール …………………………… 191
米国海外腐敗防止法 ……………… 188, 239
米国贈収賄禁止法 ……………………… 239
変化のための要請 ………………… 17, 47, 48
弁護士と依頼者間の秘匿特権 ………… 261
報告言語 ………………………………… 199
法務リスク ……………………………… 216
ポジションペーパー ………… 54, 85, 95
本社機能等 ………………………………… 35

──────── ま　行 ────────

マクロレベル ……………………… 103, 159
マクロレベルの意見表明 ……………… 160

ミクロレベル ……………………… 103, 159
ミッション ………………………………… 12
ミッションフレームワーク ……………… 137
ミッションステートメント …… 42, 45, 46, 47, 48
ミッション設定 …………………………… 157

─────── や 行 ───────

郵便による入金 …………………………… 210
予防措置 …………………………… 95, 114
4象限方式 ………………………………… 253

─────── ら 行 ───────

ラーセニー ……………………………… 251
利害相反 ………………………………… 210
リスク …………………………… 94, 102
リスクアプローチ ……………… 9, 203, 204, 231
リスクアペタイト ………… 98, 99, 100, 101, 102
リスク一覧表の例 ………………………… 62
リスクエクスポージャー ………………… 94
リスク管理委員会 …………………… 73, 74
リスク管理機能 ………………… 35, 51, 52
リスク管理のオーナーシップ …………… 75
リスク管理部 ……………………………… 73
リスク管理部門と内部監査部門との連携 …… 32
リスクトレランス ………………… 99, 100, 101
リスク認識の表現様式 …………………… 124
リスク評価チーム ………………………… 243
リスク評価の実施 ………………………… 165
リスク評価プロジェクトのスポンサー …… 242
リスク分析 ………………………… 165, 207
リスクベース ……………………………… 203
リスクベースの監査 ……………………… 124
リスクマネジメント ………… 17, 18, 59, 96
リスクマネジメント関連文書の品質の評価
　……………………………………… 91, 106
リスクマネジメントにおけるPDCAの
　イメージ ………………………………… 67
リスクマネジメントのアシュアランスの
　方法論 …………………………………… 104
リスクマネジメントの原則に基づく
　アプローチ ……………………………… 104
リスクマネジメントの最適化 …………… 115
リスクマネジメントの成功要因 ………… 78
リスクマネジメントの整備と活動の流れ … 64
リスクマネジメントの組織体制 ………… 70
リスクマネジメントのチェックポイント …… 78
リスクマネジメントの発展過程 ………… 119
リスクマネジメントの評価 ……………… 90
リスクマネジメントプロセスの妥当性の評価
　…………………………………………… 101
リスクモデル ………………… 60, 124, 165
リスクモデルの成功例と失敗例 ………… 65
リスクモデルのリスクマネジメントにおける
　働き ……………………………………… 61
リスクレベル別の監査アプローチ ……… 141
リストマネジメント ……………………… 65
レーティング ……………………… 160, 197
労働法違反 ………………………… 216, 217
ローテーションプログラム ……………… 145

─────── わ 行 ───────

ワークショップ形式 ……………… 170, 171
ワークショップ形式CSA-内部監査・
　リスク管理・内部統制における事例 …… 176
ワークショップ方式CSA-失敗のパターンと
　成功のパターン ………………………… 182

藤井　範彰　公認会計士　公認内部監査人　米国公認会計士（現在 inactive）

現在、ABボルボ　コーポレート・オーディット日本担当ダイレクター／UDトラックス株式会社監査役

1954年6月福岡県飯塚市生まれ。1977年慶応義塾大学商学部卒業後、実家で独学し、80年公認会計士2次試験合格の後、上京してアーンスト・アンド・ウイニー会計事務所（87―89はサンフランシスコ事務所）に勤務し会計監査に従事。90年、監査マネジャーとしてアーサーアンダーセン（英和監査法人）に転職し、翌年、同監査法人社員、99年アンダーセン・パートナー就任。同年、BRC事業設立上に参画後、ビジネスプロセス・リスクコンサルティング担当部長、内部監査プロダクトリーダーとして、内部監査、リスク関連業務に特化し、不正調査グループの責任者も兼務。02年8月、アンダーセン消滅を機に朝日監査法人代表社員を辞任し、翌月から中央青山監査法人事業開発本部経営監査担当部長、その後、監査一部代表社員として国内外の内部監査サービスに従事。05年8月、現新日本有限責任監査法人（アーンスト・アンド・ヤング）に復帰し、内部統制支援本部統括部長、ビジネスリスクサービス部長、FIDS（不正対策・係争サポート）部長等を歴任し、2012年1月末同法人シニアパートナーを退任。同年3月中旬より現職。

著者との契約により検印省略

平成24年3月30日　初版発行

経営者と会社を動かす
内部監査の課題解決法20

著　者　　藤　井　範　彰
発　行　者　　大　坪　嘉　春
製　版　所　　美研プリンティング株式会社
印　刷　所　　税経印刷株式会社
製　本　所　　牧製本印刷株式会社

発　行　所　東京都新宿区下落合2丁目5番13号　株式会社　税務経理協会
郵便番号 161-0033　振替 00190-2-187408　電話 (03)3953-3301（編集部）
FAX (03)3565-3391　(03)3953-3325（営業部）
URL http://www.zeikei.co.jp/
乱丁・落丁の場合はお取替えいたします。

© 藤井範彰 2012　　　　　　　　　　　　　　Printed in Japan

本書を無断で複写複製（コピー）することは、著作権法上の例外を除き、禁じられています。本書をコピーされる場合は、事前に日本複写権センター（JRRC）の許諾を受けてください。
JRRC〈http://www.jrrc.or.jp　eメール：info@jrrc.or.jp
電話：03-3401-2382〉

ISBN978―4―419―05778―7　C3034